Ein halbes Leben

Das Buch

In einer Region Indiens, die von der Auflehnung gegen die Kolonialmacht unberührt bleibt, fristet Willie Chandrans Vater ein Dasein nach den Vorstellungen seiner Vorfahren. Insgeheim träumt er jedoch von Taten, die seine wahre Größe bezeugen könnten. Vergebens – seine kärglichen Versuche spiritueller Erneuerung führen ins Verstummen und auch seine Heirat mit einer Frau aus einer niederen Kaste, die er nicht einmal liebt, hat nur ein Ergebnis: Chandran wird Opfer seiner eigenen Rebellion.
Aus dieser unglücklichen Verbindung geht Willie Chandran hervor. Eigenwillig wie sein Vater, sucht er begierig nach einem eigenen Weg, der ihn fort von zu Hause führt. Es verschlägt ihn in das England der Nachkriegszeit, in das London der Immigranten, der anrüchigen West-End-Clubs mit ihren sexuellen Verheißungen, verlassene Gegenden in Notting Hill und auch in das Milieu exzentrischer Schriftsteller. Doch erst die Liebe zu Ana, seiner zukünftigen Frau, bringt ihn der Erfüllung näher, nach der er so verzweifelt sucht ...
Einfühlsam und doch voller Humor und Leichtigkeit entwirft V. S. Naipaul das Porträt eines immer nur »halb gelebten« Lebens. Ein provozierendes und vielschichtiges Buch, das den Einzelnen gefangen in Herkunft und Abstammung zeigt und die Frage nach den Grundlagen des menschlichen Zusammenlebens auf atemberaubende Weise neu stellt.

Der Autor

Vidiadhar Surajprasad Naipaul wurde am 17. August 1932 auf Trinidad geboren und lebt seit 1950 in Großbritannien. Der Romancier, Reiseschriftsteller und Journalist gilt als bedeutendster Vertreter der englischsprachigen Autoren aus dem früheren Empire und hat alle nur denkbaren literarischen Auszeichnungen erhalten, zuletzt 2001 den Nobelpreis für Literatur. V. S. Naipaul lebt in England.

In unserem Hause sind von V. S. Naipaul bereits erschienen:

Abschied von Eldorado
An der Biegung des großen Flusses
Auf der Sklavenroute
Ein Haus für Mr. Biswas
Ein Weg in der Welt
Eine islamische Reise
Guerillas
Land der Finsternis
Miguel Street
Der mystische Masseur
Wahlkampf auf karibisch

V. S. Naipaul

Ein halbes Leben

Roman

Aus dem Englischen
von Sabine Roth und Dirk van Gunsteren

List Taschenbuch

Besuchen Sie uns im Internet:
www.list-taschenbuch.de

Umwelthinweis:
Dieses Buch wurde auf chlor- und säurefreiem Papier gedruckt.

List Verlag
List ist ein Verlag des Verlagshauses Ullstein Heyne List
GmbH & Co. KG.
1. Auflage Oktober 2003

Titel der englischen Originalausgabe: *Half a Life* (Picador, London)
Übersetzung: Sabine Roth, Dirk van Gunsteren
Umschlagkonzept: HildenDesign, München – Stefan Hilden
Umschlaggestaltung: Hauptmann und Kampa Werbeagentur,
München – Zürich
Titelabbildung: Roland und Sabrina Michaud/Agentur Focus
Druck und Bindearbeiten: Elsnerdruck, Berlin
Printed in Germany
ISBN 3-548-60357-2

Diese Geschichte ist frei erfunden.
Sie nimmt es nicht genau mit den Ländern, Zeiten und Situationen, die sie zu beschreiben scheint.

N. K. N.

EINS

Besuch von Somerset Maugham

WILLIE CHANDRAN fragte seinen Vater eines Tages: »Warum heiße ich mit zweitem Namen Somerset? Die Jungen in der Schule haben es herausbekommen, und jetzt ziehen sie mich auf.«

Sein Vater antwortete missmutig: »Du heißt nach einem großen englischen Schriftsteller. Seine Bücher hier im Haus wirst du ja gesehen haben.«

»Aber ich habe keines gelesen. Hast du ihn so sehr verehrt?«

»Ich weiß nicht. Hör zu, und bilde dir dein eigenes Urteil.«

Und Willie Chandrans Vater begann folgende Geschichte zu erzählen. Er brauchte lange dafür. Die Geschichte veränderte sich mit Willies Heranwachsen. Immer mehr wurde hinzugefügt, und als Willie Indien schließlich verließ, um nach England zu gehen, war dies die Geschichte, die er gehört hatte.

***

DER SCHRIFTSTELLER (sagte Willie Chandrans Vater) reiste durch Indien, um Material für einen Roman über Spiritualität zu sammeln. Das war in den dreißiger Jahren. Der Rektor, der die Schule des Maharadschas leitete, führte ihn zu mir. Ich leistete Buße für etwas, das ich getan hatte, und lebte als Bettler im äußeren Vorhof des großen Tempels. Es war ein viel besuchter Ort, eben darum hatte ich ihn gewählt. Meine Feinde unter den Beamten des Maharadschas waren hinter mir her, und inmitten all der Menschen, die im Tempelhof kamen und gingen, fühlte ich mich sicherer als in meinem Amtszimmer. Die Verfolgung setzte mir einigermaßen zu, und so hatte ich, um meine Nerven zu beruhigen, überdies ein Schweigegelübde abgelegt. Das hatte mir in meiner Umgebung ein gewisses Maß an Achtung, wenn nicht sogar Ruhm eingetragen. Die Menschen kamen, um mir beim Schweigen zuzusehen, und manche brachten mir Geschenke. Die Behörden mussten mein Gelübde respektieren, und als sich mir nun der Rektor mit dem kleinen, alten Weißen näherte, vermutete ich sofort ein Komplott, das mich zum Sprechen bringen sollte. Das machte mich störrisch. Die Menschen merkten, dass sich etwas anbahnte, und blieben stehen, damit ihnen nichts entging. Ich wusste, sie waren auf meiner Seite. Ich sagte kein Wort. Der Rektor und der Schriftsteller übernahmen das Reden. Sie redeten über mich und sahen mich dabei an, und ich saß da und sah durch sie hindurch, als wäre ich blind und taub, und die Menge sah auf uns alle drei.

So fing es an. Ich sagte kein Wort zu dem berühmten Mann. Das ist jetzt schwer zu glauben, aber vor dieser ersten Begegnung hatte ich noch nie von ihm gehört. Ich kannte an englischer Literatur nur Browning und Shelley und so weiter – Dichter, die ich an der Universität studiert hatte, ehe ich so töricht war, auf den Aufruf des Mahatma hin dem britischen Ausbildungswesen nach kaum mehr als einem Jahr den Rücken zu kehren und mich damit untauglich fürs Leben zu machen, während ich gleichzeitig zusehen musste, wie meine Freunde und Feinde stetig an Ansehen und Wohlstand gewannen. Aber das gehört nicht hierher. Davon erzähle ich dir ein andermal.

Erst möchte ich auf den Schriftsteller zurückkommen. Ich habe nicht ein Wort zu ihm gesagt, glaub mir das. Aber dann, etwa anderthalb Jahre später, handelten in den Reiseerinnerungen, die der Schriftsteller veröffentlichte, zwei, drei Seiten von mir. Auch sonst fand der Tempel ausführlich Erwähnung: die vielen Menschen und die Kleider, die sie trugen, die Gaben, die sie darbrachten – Kokosnüsse, Mehl und Reis –, das Nachmittagslicht auf den alten Steinen im Vorhof. Alles, was der Rektor des Maharadschas ihm erzählt hatte, kam vor, ergänzt um ein paar weitere Einzelheiten. Offenbar hatte der Rektor, um den Schriftsteller zu beeindrucken, viel Gutes über meine verschiedenen Gelübde zur Selbstkasteiung zu sagen gehabt. Einige Zeilen, vielleicht sogar ein ganzer Absatz, beschrieben außerdem – im gleichen Stil, in dem auch die Steine und das Nachmittagslicht beschrieben worden waren – die Reinheit und Glätte meiner Haut.

Und so wurde ich berühmt. Nicht in Indien, wo so viel Neid herrscht, aber in anderen Ländern. Und als dann im Krieg der berühmte Roman des Schriftstellers erschien und ausländische Kritiker erklärten, ich hätte den Autor von *Auf Messers Schneide* zu dem Buch inspiriert, wurde Neid zu Wut.

Man hörte auf, mich zu verfolgen. Der Schriftsteller – zu jedermanns Überraschung ein Gegner des Imperialismus – hatte sich in den Reiseaufzeichnungen, seinem ersten Buch über Indien, sehr schmeichelhaft über den Maharadscha, seinen Staat und seine Beamten geäußert, nicht zuletzt über den Rektor der Schule. Also schwenkten alle um. Sie gaben vor, in mir das zu sehen, was der Schriftsteller gesehen hatte: den Mann, der – aus einer hohen Kaste stammend, mit einem hohen Posten im Finanzamt des Maharadschas und einer Reihe von Vorfahren, die im Dienst des Herrschers geheiligte Rituale ausgeführt hatten – einer glänzenden Laufbahn entsagt hatte, um sich als Bettler von den Almosen der Ärmsten der Armen zu ernähren.

Es war eine Rolle, die ich nicht leicht wieder abstreifen konnte. Eines Tages ließ der Maharadscha selbst mir durch einen der Palastsekretäre seine guten Wünsche übermitteln. Das beunruhigte mich sehr. Ich hatte gehofft, früher oder später würde es in der Stadt anderen religiösen Zündstoff geben, sodass ich fortgehen und meinen eigenen Weg suchen könnte. Doch als während eines bedeutenden Tempelfests der Maharadscha mit bloßem Rücken wie ein Büßer in der heißen Nachmittagssonne zu mir kam und mir eigenhändig Kokosnüsse und Tuch darreichte, die ein livrierter Höfling ihm nachtrug – ein mir nur allzu gut bekannter Schuft –, begriff ich, dass an ein Ausbrechen nicht mehr zu denken war, und ich fügte mich in das seltsame Leben, das das Schicksal mir zugeteilt hatte.

Reisende aus dem Ausland begannen mich aufzusuchen. Die meisten von ihnen waren Freunde des großen Schriftstellers. Sie kamen aus England, um zu finden, was schon der Schriftsteller gefunden hatte. Sie kamen mit Empfehlungsschreiben des Schriftstellers. Oder sie kamen mit Empfehlungsschreiben von hohen Beamten des Maharadschas. Oder sie kamen mit Empfehlungsschreiben von Leuten, die vor ihnen dagewesen waren. Zum Teil waren es Schriftsteller, und Wochen oder Monate nach ihrem Besuch erschienen in Londoner Zeitschriften kleine Artikel darüber. Mit diesen Besuchern übte ich die Neufassung meines Lebens so gründlich ein, dass sie mir bald völlig vertraut war. Manchmal kam das Gespräch auf frühere Besucher, und die Menschen, die bei mir saßen, sagten ganz stolz: »Den kenne ich. Wir sind gut befreundet.« Oder dergleichen. Sodass ich fünf Monate lang, von November bis März, für die Dauer unseres Winters oder der »kalten Zeit«, wie die Engländer sagten, um diese indische Jahreszeit von der entsprechenden englischen zu unterscheiden, das Gefühl hatte, etwas darzustellen, eine Persönlichkeit am Rand eines kleinen ausländischen Netzes von Bekanntschaften und Klatschgeschichten geworden zu sein.

Ab und zu kommt es vor, dass man einen Versprecher nicht korrigiert. Man versucht so zu tun, als sei das Gesagte auch das Gemeinte. Und dann erkennt man nicht selten, dass in dem Irrtum ein Körnchen Wahrheit steckt. Man begreift beispielsweise, dass einen anderen zu verleugnen gleichzeitig auch bedeuten kann, diesen anderen zu verleumden. Auf ganz ähnliche Weise dämmerte mir, während ich über das seltsame Leben nachsann, in das die Begegnung mit dem großen englischen Schriftsteller mich hineingezwungen hatte, dass dieses Leben mir das gab, was ich schon seit Jahren herbeisehnte: eine Möglichkeit, mich zu entziehen, mich zu verstecken, davonzulaufen vor den Schwierigkeiten, in die ich mich gebracht hatte.

Ich muss weiter ausholen. Wir stammen aus einem Priestergeschlecht. Wir gehörten einem Tempel an. Ich weiß nicht, wann der Tempel erbaut wurde oder welcher Herrscher ihn erbauen ließ und wie lange wir ihm schon angehörten; über solches Wissen verfügt unsereins nicht. Wir Tempelpriester und unsere Familien bildeten eine Gemeinschaft. Einst, nehme ich an, waren wir eine sehr reiche, blühende Gemeinde, auf vielfältige Art unterstützt von den Gläubigen, denen wir dienten. Doch als die Muslime das Land eroberten, wurden wir alle arm. Die Menschen, denen wir dienten, konnten uns nicht mehr ernähren. Noch schlimmer wurde es, als die Briten kamen. Die Gesetze galten weiter, aber die Bevölkerung wuchs. Wir waren viel zu viele in unserer Tempelgemeinschaft. So hat mein Großvater es mir erzählt. All die ausgeklügelten Regeln der Gemeinschaft wurden befolgt, aber es gab kaum etwas zu essen. Die Menschen wurden schwach und mager und erkrankten viel zu leicht. Welch ein Los für unsere Priestergemeinde! Die Geschichten, die mein Großvater aus jener Zeit gegen Ende des neunzehnten Jahrhunderts erzählte, waren nicht schön.

Mein Großvater war nur noch Haut und Knochen, als er beschloss, den Tempel und die Gemeinde zu verlassen. Sein Ziel war die große Stadt, wo der Palast des Maharadschas stand und wo es einen berühmten Tempel gab. Er traf seine Vorbereitungen, so gut er es vermochte; sparte sich kleine Mengen von Reis und Mehl und Öl vom Munde ab, legte hier und dort ein Geldstück beiseite. Er verriet niemandem etwas. Als der Tag gekommen war, stand er sehr früh auf, in der Dunkelheit noch, und machte sich in Richtung der Bahnstation auf. Sie lag viele, viele Meilen entfernt. Drei Tage dauerte der Fußmarsch. Die Leute, die er auf seinem Weg traf, waren sehr arm. Er war in einem erbärmlicheren Zustand als die meisten von ihnen, aber einige erkannten, dass dieser Halbverhungerte ein junger Priester war, und gaben ihm Almosen und Obdach. Schließlich gelangte er zur Bahnstation. Zu diesem Zeitpunkt, erzählte er mir, war er so verängstigt und verzweifelt, so gänzlich am Ende seiner Kräfte und seines Muts, dass er von der Welt ringsum nichts mehr wahrnahm. Der Zug kam am Nachmittag. Er erinnerte sich undeutlich an Gedränge, an Lärm, und dann war es Nacht. Er war nie zuvor Zug gefahren, aber sein Blick war während der ganzen Reise nur nach innen gerichtet.

Am Morgen erreichten sie die große Stadt. Er fragte sich zu dem großen Tempel durch, und dort blieb er, im Vorhof, und hielt sich im Schatten. Abends, nach dem Tempelgebet, wurden geweihte Speisen ausgeteilt. Auch er bekam davon. Viel war es nicht, aber mehr, als er vorher zum Überleben gehabt hatte. Er versuchte, sich zu benehmen wie die Pilger. Niemand sprach ihn an, und so vergingen die ersten Tage. Doch dann wurde man auf ihn aufmerksam. Man stellte Fragen. Er erzählte seine Geschichte. Die Tempeldiener vertrieben ihn nicht. Und einer dieser Tempeldiener, ein gütiger Mann, schlug meinem Großvater vor, sich als Briefschreiber zu verdingen. Er versah ihn mit dem einfachen Rüstzeug – Feder, Kiele, Tinte, Papier –, und von da an saß mein Großvater mit den anderen Schreibern auf dem Gehsteig vor den Tempelhöfen, nicht weit vom Palast des Maharadschas.

Die meisten Schreiber dort schrieben auf Englisch. Sie fassten Gesuche aller Art ab und halfen den Leuten beim Ausfüllen von allen möglichen amtlichen Formularen. Mein Großvater konnte kein Englisch. Er sprach Hindi und die Sprache seiner Heimatregion. In der Stadt gab es viele Menschen, die aus den Hungergebieten geflohen waren und nun ihren Familien Nachricht zukommen lassen wollten. So bekam mein Großvater zu tun, und niemand missgönnte ihm die Arbeit. Die Leute wandten sich auch deshalb an ihn, weil er ein Priestergewand trug. Nach einer Weile hatte er ein ganz passables Auskommen. Er hörte auf, sich abends in den Tempelhöfen herumzudrücken. Er bezog ein richtiges Zimmer, und er schickte nach seiner Familie. Über das Briefeschreiben und seine Freundschaften im Tempel lernte er immer mehr Leute kennen, und so fand er nach einiger Zeit eine ordentliche Anstellung als Schreiber im Palast des Maharadschas.

Es war eine Stelle, die Sicherheit bot. Viel zu verdienen gab es nicht, aber es wurde auch niemand entlassen, und die Leute erwiesen einem Respekt. Mein Vater gewöhnte sich rasch an dieses Leben. Er lernte Englisch und machte einen Abschluss an der höheren Schule, und bald schon bekleidete er einen wesentlich höheren Posten als sein Vater. Er wurde einer der Sekretäre des Maharadschas. Davon gab es sehr viele. Sie trugen eine eindrucksvolle Livree und wurden in der Stadt wie kleine Götter behandelt. Mein Vater hätte es wohl gern gesehen, wenn ich diesen Weg weitergegangen wäre, wenn ich den Aufstieg, den er begonnen hatte, fortgesetzt hätte. Ihm schien sein Posten etwas von der Sicherheit der Tempelgemeinschaft zurückzugeben, aus der mein Großvater hatte fliehen müssen.

Aber in mir regte sich ein Funke der Rebellion. Vielleicht hatte ich meinen Großvater zu oft von seiner Flucht und seiner Angst vor dem Unbekannten erzählen hören, von dieser schrecklichen Zeit, in der er nur nach innen blicken konnte und die Welt ringsum nicht mehr wahrnahm. Je älter er wurde, desto zorniger wurde mein Großvater. Sie seien sehr töricht gewesen in seiner Tempelgemeinde, sagte er jetzt. Sie hätten das Unheil nahen sehen und nichts dagegen unternommen. Er selbst, sagte er, habe seine Flucht bis zum letzten Augenblick hinausgeschoben, nur deshalb habe er, als er endlich in der großen Stadt angekommen war, im Tempelhof herumschleichen müssen wie ein halb verhungertes Tier. Das waren schreckliche Worte aus seinem Mund. Sein Zorn steckte mich an. Mich beschlich eine Ahnung, dass dieses Leben, das wir alle in der großen Stadt, in der Nähe des Maharadschas und seines Palastes lebten, nicht von Dauer sein konnte – dass auch diese Sicherheit trügerisch war. Bei solchen Gedanken erfasste mich manchmal Panik, weil mir nicht einfiel, wie ich mich vor dieser Katastrophe schützen könnte.

Im Grunde wäre ich wohl bereit zu politischen Aktionen gewesen. Ganz Indien war politisiert. Aber im Staat des Maharadschas gab es die Unabhängigkeitsbewegung nicht. Sie war verboten. Und obgleich wir von den großen Namen und bedeutsamen Entwicklungen dort draußen wussten, nahmen wir sie nur aus der Ferne wahr.

Ich ging jetzt auf die Universität. Es war geplant, dass ich den Bachelor-Abschluss machen und dann nach Möglichkeit mit einem Stipendium des Maharadschas Medizin oder Maschinenbau studieren sollte. Danach würde ich die Tochter des Schulrektors heiraten. All das war bereits abgesprochen. Ich ließ es geschehen, aber ohne innere Anteilnahme. Ich vernachlässigte meine Kurse immer mehr. Mein Studium sagte mir nichts. Ich verstand den *Bürgermeister von Casterbridge* nicht. Ich verstand weder die Figuren noch die Handlung, noch wusste ich, in welcher Zeit die Geschichte spielte. Shakespeare war besser, aber mit Shelley, Keats und Wordsworth konnte ich überhaupt nichts anfangen. Wenn ich diese Dichter las, war mein einziger Gedanke: ›Aber das ist doch nichts als ein Haufen Lügen. Kein Mensch empfindet so.‹ Der Professor verlangte, dass wir seine Ausführungen mitschrieben. Er diktierte sie uns, Seiten über Seiten, und hauptsächlich erinnere ich mich daran, dass er, weil er diktierte und die Aufzeichnungen knapp sein sollten und er wollte, dass wir sie exakt notierten, niemals den Namen Wordsworth aussprach. Er sagte immer W, nur den Anfangsbuchstaben, nie Wordsworth. W tat dies, W schrieb das.

Ich haderte mit allem – dieser trügerischen Sicherheit, in der wir lebten, meiner eigenen Nutzlosigkeit und dem verhassten Studium, mit dem ich meine Zeit vertat, während anderswo große Dinge geschahen. Meine Helden waren die führenden Männer der Unabhängigkeitsbewegung. Ich schämte mich meiner Untätigkeit und des unterwürfigen Lebens, das mir zugedacht war. Und als ich 1931 oder 1932 hörte, der Mahatma habe die Studenten zum Boykott ihrer Universitäten aufgerufen, beschloss ich, dem Aufruf zu folgen. Doch damit nicht genug: Im Vorhof der Universität veranstaltete ich ein kleines Autodafé für den *Bürgermeister von Casterbridge* und Shelley und Keats und die Skripte des Professors, und dann ging ich nach Hause und wartete auf den Sturm, der nun losbrechen musste.

Nichts geschah. Niemand schien meinem Vater etwas gesagt

zu haben. Der Brief vom Dekan blieb aus. Vielleicht war mein Autodafé zu kümmerlich gewesen. Bücher brennen nicht gut, es sei denn, die Flammen lodern ohnehin schon. Und in dem lärmenden Durcheinander des Vorhofs, so nah an der belebten Straße, hatte das, was ich da in meiner kleinen Ecke trieb, möglicherweise gar nicht so absonderlich gewirkt.

Ich kam mir nutzloser vor denn je. In anderen Teilen Indiens gab es große Männer. Diesen großen Männern folgen oder wenigstens einen Blick auf sie werfen zu dürfen, hätte mir alles bedeutet. Ich war zu allem bereit, um mit ihrer Größe in Fühlung zu kommen. Hier gab es nur das Domestikenleben im Dunstkreis des Maharadschapalasts. Nacht für Nacht grübelte ich darüber, was ich tun sollte. Der Mahatma selbst, das wusste ich, hatte wenige Jahre zuvor in seinem Aschram eine ganz ähnliche Krise durchgemacht. Scheinbar im Frieden lebend, im Gleichmaß täglicher Abläufe und von allen verehrt, hatte er sich doch im Stillen gesorgt, ja den Kopf zermartert, wie er das Land entflammen könnte. Und er war auf die ausgefallene und grandiose Idee gekommen, einen Marsch zum Meer zu unternehmen, jenen langen Marsch von seinem Aschram bis zur Küste, um dort Salz zu gewinnen.

Und dann hatte auch ich – noch immer geborgen unter dem Dach meines Vaters, des livrierten Höflings, noch immer (um den Schein zu wahren) Student an der Universität, aber dabei in besagter Weise innerlich zerrissen – endlich eine Eingebung. Der Entschluss, der daraus reifte, war, das spürte ich mit absoluter Gewissheit, gut und richtig, und ich wollte ihn ohne Zögern in die Tat umsetzen. Er forderte von mir nicht weniger als ein Selbstopfer. Kein nichtiges Opfer, kein Akt von Sekunden – jeder Narr kann sich von einer Brücke stürzen oder vor den Zug werfen –, sondern ein Opfer dauerhafterer Natur, etwas, das der Mahatma gutgeheißen hätte. Er hatte sich oft gegen die Übel des Kastenwesens gewandt. Niemand hatte ihm widersprochen, aber nur wenige hatten auch gehandelt.

Mein Entschluss war einfach. Ich würde mich lossagen von unseren Vorfahren, den törichten, unter fremder Herrschaft lebenden Hungerleider-Priestern, von denen mein Großvater mir erzählt hatte, mich lossagen von den törichten Hoffnungen meines Vaters, der mich als hohen Beamten des Maharadschas sah, den törichten Hoffnungen des Rektors, der mich als Gatten seiner Tochter sah. Ich würde alle diese Wege zum Tode verschmähen und das einzig Hochherzige tun, das in meiner Macht lag, nämlich die niederste Person heiraten, die ich nur finden konnte.

Ich hatte sogar schon jemanden im Sinn. Es gab da ein Mädchen an der Universität. Ich kannte sie nicht. Ich hatte nicht mit ihr gesprochen. Ich hatte sie lediglich bemerkt. Sie war klein und auffallend schwarz, vom Aussehen her fast eine Wilde, mit groben Gesichtszügen und zwei großen, sehr weiß leuchtenden Schneidezähnen. Die Farben, die sie trug, waren manchmal sehr grell und manchmal so dunkel und stumpf, dass sie mit der Schwärze ihrer Haut zu verlaufen schienen. Sie musste einer der untersten Kasten angehören. Der Maharadscha vergab eine bestimmte Anzahl von Stipendien an die »Rückständigen«, wie sie genannt wurden. Der Maharadscha war bekannt für seine Frömmigkeit, und diese Stipendien waren nur ein Beispiel seiner vielen Akte der Barmherzigkeit. In der Tat war das mein erster Gedanke, als mir das Mädchen mit ihren Büchern und ihrem Schreibzeug im Hörsaal ins Auge fiel. Viele sahen sie an. Sie sah niemanden an. Von da an bemerkte ich sie oft. Sie hielt den Stift auf eine seltsam entschlossene, kindliche Art und schrieb mit, was der Professor zu Shelley und natürlich zu W diktierte, zu Browning, Arnold und der Bedeutung des Monologs – *soliloquy*, sagte er – in *Hamlet*.

Dieses Wort *soliloquy* bereitete uns einige Schwierigkeiten. Der Professor sprach es, je nach Laune, auf drei oder vier unterschiedliche Arten aus, und wenn er uns abfragte und wir das Wort laut sagen mussten, war jeder sozusagen auf sich gestellt. Überhaupt blieb die Literatur vielen von uns ein Rätsel. Aus irgendeinem Grund dachte ich, das Mädchen mit dem Stipendium müsste, da sie doch Stipendiatin war, mehr begreifen als die meisten. Aber als der Professor sie eines Tages aufrief – für gewöhnlich schenkte er ihr kaum Beachtung –, zeigte sich, dass sie weit weniger begriff. Sie wusste so gut wie gar nichts über die Handlung von *Hamlet.* Sie hatte Worte gelernt, aber sonst nichts. Sie dachte, das Stück spiele in Indien. Sie war ein leichtes Opfer für den Spott des Professors, und die anderen Studenten lachten, als wären sie selbst viel schlauer.

Nach diesem Vorfall begann ich das Mädchen genauer zu betrachten. Ich war fasziniert und abgestoßen zugleich. Sie musste zu den ganz Niederen gehören. Unerträglich, sich ihre Familie, ihre Verwandten vorzustellen, die Arbeiten, die sie verrichten mochten. Wenn Menschen wie sie den Tempel besuchten, dann durften sie das Heiligtum, die Kammer im Innern, wo sich das Bildnis der Gottheit befand, nicht betreten. Der amtierende Priester würde sich hüten, sie zu berühren. Er würde ihnen die geweihte Asche hinwerfen, wie man einem Hund einen Brocken hinwarf. Solche und ähnliche Gedanken gingen mir durch den Kopf, wenn ich das Mädchen beobachtete, das all die fremden Blicke auf sich spürte und keinen erwiderte. Sie behauptete sich, so gut sie es vermochte. Es hätte so wenig bedurft, ihr das Rückgrat zu brechen. Und allmählich schlich sich in die Faszination etwas wie Anteilnahme ein, der Wunsch, die Welt mit ihren Augen zu sehen.

Diesem Mädchen also gedachte ich meinen Antrag zu machen, um an seiner Seite ein Leben in Selbstverleugnung zu führen.

Es gab ein Café oder Restaurant, in dem viele Studenten verkehrten. Wir sagten dazu Hotel. Es lag in einer der Gassen, die von der Hauptstraße abgingen, und war sehr billig. Wenn man den Kellner um Zigaretten bat, legte er eine offene Fünferpackung auf den Tisch, und man bezahlte nur so viele, wie man herausnahm. In diesem Café sah ich eines Tages das Mädchen in seinen tristen Kleidern allein an dem kleinen, mit eingetrockneten Ringen verunzierten Tisch unter dem Deckenventilator sitzen. Ich ging hin und setzte mich zu ihr. Sie hätte erfreut dreinschauen sollen, aber sie wirkte erschrocken. Da erst wurde mir klar, dass sie mich, obgleich ich sie so genau beobachtet hatte, vielleicht gar nicht kannte. Schließlich tat ich mich im Hörsaal durch nichts hervor.

Es begann also gleich mit einer kleinen Warnung. Ich registrierte sie, aber ich nahm sie nicht ernst.

Ich sagte zu ihr: »Ich kenne dich aus der Englischvorlesung.« Ich war mir nicht sicher, ob das klug war. Für sie machte mich das vielleicht nur zum Zeugen ihrer Erniedrigung an dem Tag, als der Professor ihr etwas über *Hamlet* zu entlocken versucht hatte. Sie sagte nichts. Der dünne Kellner mit dem glänzenden Gesicht und der schmutzstarrenden weißen Jacke (seit Tagen dieselbe) kam und stellte ein tropfendes Glas Wasser vor mich hin und fragte, was ich wolle. Das half mir über die schlimmste Verlegenheit hinweg. Ihr nicht. Sie befand sich in einer ungewohnten Situation, und das vor aller Augen. Ihre tiefdunkle Oberlippe glitt langsam – feucht wie eine Schnecke, dachte ich – über ihre großen weißen Zähne hinab. Zum ersten Mal bemerkte ich, dass sie Puder benutzte. Ein schwacher weißer Schimmer lag über ihren Wangen und ihrer Stirn; er ließ die schwarze Haut matt wirken, und man sah, wo der Puder aufhörte und die glänzende Haut wieder zum Vorschein kam. Ich fühlte mich abgestoßen, beschämt, gerührt.

Ich wusste nicht, worüber ich reden sollte. Ich konnte nicht sagen: »Wo wohnst du? Was ist dein Vater von Beruf? Hast du Brüder? Was sind sie von Beruf?« All diese Fragen hätten Probleme aufgeworfen, und um ehrlich zu sein, wollte ich die Antworten auch nicht wissen. Die Antworten hätten mich in einen Abgrund gestürzt. Ich wollte dort nicht hinunter. Also nippte ich nur an meinem Kaffee und rauchte eine dünne, billige Zigarette aus der Fünferpackung, die der Kellner mir hingelegt hatte, und sagte nichts. Als ich nach unten sah, fiel mein Blick auf ihre mageren schwarzen Füße in den billigen Slippern, und erneut war ich wider Erwarten gerührt.

Von da an ging ich in das Café, so oft ich es einrichten konnte, und wenn ich sie dort sah, setzte ich mich immer zu ihr an den Tisch. Wir sprachen nicht miteinander. Einmal kam sie nach mir herein. Sie setzte sich nicht zu mir. Das brachte mich in ein Dilemma. Ich sah mich unter den anderen Leuten im Café um, Leuten, vor denen ein normales, sicheres Leben lag, und ich muss gestehen, dass mich ein, zwei lange Minuten eine leichte Bangigkeit befiel und ich nahe daran war, das mit der Selbstverleugnung einfach sein zu lassen. Ich hätte nur an meinem Tisch zu bleiben brauchen. Aber dann trieben mich ein Gefühl des Versagens und der Unmut über ihre Gleichgültigkeit doch dazu, aufzustehen und mich an ihren Tisch zu setzen. Sie schien es erwartet zu haben, sie schien sogar eine Spur zur Seite zu rücken, wie um mir Platz zu machen.

So ging es das Semester hindurch. Wir redeten nicht, wir trafen uns nie außerhalb des Cafés, und doch entspann sich eine ganz eigene Beziehung. Im Café begann man uns seltsame Blicke zuzuwerfen, und bald zog ich diese Blicke auch auf mich, wenn ich allein dort war. Das Mädchen litt Qualen. Sie stand der allgemeinen Verurteilung sichtlich wehrlos gegenüber. Aber was sie quälte, hatte für mich etwas seltsam Befriedigendes. Ich sah in dieser Verurteilung – durch Kellner, Studenten, einfaches Volk – die erste süße Frucht meines Opferlebens. Nur die erste, wohlgemerkt. Ich wusste, dass größere Schlachten meiner harrten, schwerere Prüfungen, und noch süßere Frucht.

Die erste dieser Schlachten ließ nicht lang auf sich warten. Eines Tages richtete das Mädchen im Café das Wort an mich. Ich hatte mich an das Schweigen zwischen uns gewöhnt – es schien eine vollkommene Art der Verständigung –, und diese Direktheit seitens eines Menschen, den ich als einen der »Rückständigen« betrachtete, überrumpelte mich. In das Gefühl der Überrumpelung mischte sich Schrecken über ihre Stimme. Mir wurde klar, dass ich sie im Kurs, selbst als der Professor sie mit seinen Fragen zu *Hamlet* bloßgestellt hatte, immer nur hatte murmeln hören. Jetzt, aus der Nähe, nur mit dem viereckigen Teetischchen zwischen uns, klang ihre Stimme nicht leise und scheu und um Sanftheit bemüht, wie man es von einer so kleinen, schmalen, schüchternen Person hätte erwarten sollen, sondern laut und grob und krächzend. Es war genau die Stimme, die ich bei Leuten ihres Schlages erwartete. Bei ihr, der Stipendiatin, hatte ich sie nicht erwartet.

Die Stimme erfüllte mich auf Anhieb mit Hass. Nicht zum ersten Mal hatte ich das Gefühl zu ertrinken. Aber solche Ängste gehörten nun einmal zu einem Leben in Selbstverleugnung, wie ich es gewählt hatte, und an eine Umkehr war nicht zu denken.

Ich war so in Anspruch genommen von diesen Empfindungen – ihre Direktheit, die Scheußlichkeit ihrer Stimme (die mir wie das Pendant ihrer großen weißen Schneidezähne und der gepuderten dunklen Haut vorkam), meine Furcht um mich selbst –, dass ich sie bitten musste, ihren Satz zu wiederholen.

Sie sagte: »Jemand hat es meinem Onkel erzählt.«

Onkel? Sie hatte kein Recht, fand ich, mich in solch unappetitliche Tiefen hinabzuziehen. Wer war dieser Onkel? In welchem Loch hauste er? Schon das Wort »Onkel« – ein Wort, mit dem andere Menschen eine manchmal kostbare Beziehung bezeichneten – war anmaßend.

Ich sagte: »Wer ist dieser Onkel?«

»Er ist in der Arbeitergewerkschaft. Ein *firebrand.*«

Sie gebrauchte das englische Wort, und es klang seltsam und aggressiv aus ihrem Munde. Es gab keine nationalistische Bewegung in unserem Staat – das ließ der Maharadscha nicht zu –, aber dafür diesen vorgeschobenen Quasi-Nationalismus, der gefällige Worte wie *workers* und *labourers* für die unschöneren Worte fand, die im Alltag vorherrschten. Und mit einem Mal begriff ich, wie alles zusammenhing. Sie war verwandt mit diesem Radikalen, diesem *firebrand*, und das erklärte auch, warum sie vom Maharadscha ein Stipendium bekommen hatte. In ihren Augen war sie eine Person mit Macht und Einfluss, im Aufstieg begriffen.

Sie sagte: »Er sagt, er will einen Marsch gegen dich organisieren. Wegen Kastenunterdrückung.«

Das hätte gepasst wie die Faust aufs Auge. Es hätte meinen Bruch mit den alten Werten publik gemacht. Mein Bekenntnis zu den Lehren des Mahatma, mein Entschluss mich zu opfern – alles wäre bekannt geworden.

Sie sagte: »Er will einen Marsch gegen dich organisieren und dein Haus niederbrennen. Alle Welt hat dich Woche um Woche mit mir im Café sitzen sehen. Was wirst du tun?«

Mir wurde angst und bange. Ich kannte diese Radikalen. Ich sagte: »Was meinst du, dass ich tun soll?«

»Du musst mich irgendwo verstecken, bis sich alles beruhigt hat.«

Ich sagte: »Aber dazu müsste ich dich ja entführen.«

»Das musst du dann wohl.«

Sie war völlig ruhig. Ich war ein Ertrinkender.

Wenige Monate zuvor war ich noch ein ganz gewöhnlicher, pflichtvergessener Student gewesen, Sohn eines Höflings und wohnhaft in dessen staatseigenem Häuschen der Klasse C, wo ich von den großen Männern unseres Landes geträumt und mich danach gesehnt hatte, einer der ihren zu werden, ohne freilich in der Eingeengtheit unseres Daseins einen Weg hin zu dieser Größe zu sehen, sodass ich nur Filmmelodien lauschen und mich den Gefühlen überlassen konnte, die diese Melodien in mir wachriefen, um danach, geschwächt von einem beschämenden heimlichen Laster (über das ich nichts weiter sagen will, da jeder damit vertraut ist), umso mehr an dem Bewusstsein der Nichtigkeit unserer Welt und unserer kriecherischen Existenz im Allgemeinen zu leiden. Jetzt plötzlich hatte sich mein Leben in nahezu jeder Hinsicht verändert. Es war, als hätte ich, wie ein Kind, wenn es den Himmel nach einem Regenguss in einer Pfütze gespiegelt sieht und im Wissen um seine Geborgenheit den Kitzel der Gefahr sucht, einen Zeh in die Pfütze getaucht, die sich auf diese Berührung hin in eine schäumende Flut verwandelte und mich mit sich fortriss. Das war das Gefühl, das sich meiner von einer Minute auf die andere bemächtigte. Und es war das neue Gesicht, das die Welt von einer Minute auf die andere für mich annahm: kein fader, gewöhnlicher Ort mehr, an dem gewöhnliche Menschen ihrer Wege gingen, sondern ein Fluss voller verborgener Strömungen, die den Leichtsinnigen unversehens davontragen konnten. Solcherart waren meine Gedanken, als ich das Mädchen nun ansah. All ihren Merkmalen wuchs eine neue Bedeutung zu: den mageren schwarzen Füßen, den großen Zähnen, der tiefdunklen Haut.

Ich musste einen Platz für sie finden. Es war ihre Idee. Ein Hotel oder eine Pension konnte ich vergessen. Ich überlegte, wen ich kannte. Freunde der Familie, Freunde von der Universität kamen nicht in Frage. Schließlich beschloss ich, es bei dem Bildnismacher in der Stadt zu versuchen. Es bestand eine alte Verbindung zwischen der Werkstatt und dem Tempel meiner Vorfahren. Ich war oft dort gewesen. Ich kannte den Meister. Er war ein kleiner, staubbedeckter Bursche mit einer Brille. Er sah aus wie blind, aber das lag daran, dass seine Brille immer beschlagen war von dem Gipsstaub, den seine Arbeiter losklopften. Zehn oder zwölf von ihnen hielten sich stets im Hof auf, kleine, unauffällige Gesellen mit bloßen Oberkörpern, die unentwegt Steine bearbeiteten, Hammer auf Meißel, Meißel auf Stein, sodass pausenlos zwanzig bis vierundzwanzig Geräusche gleichzeitig erschallten. Der Lärm war kaum zu ertragen. Aber ich glaubte nicht, dass er dem Mädchen viel ausmachen würde.

Die Bildnismacher gehörten einer neutralen Kaste an, keiner der niederen, aber erst recht keiner hohen, weshalb sie für meine Zwecke ideal waren. Viele der Handwerker wohnten mit ihren Familien auf dem Grundstück des Meisters.

Der Meister arbeitete an einem komplizierten Entwurf für eine Tempelsäule. Er war wie immer erfreut, mich zu sehen. Ich betrachtete seinen Entwurf, und er zeigte mir andere, und nach und nach brachte ich das Gespräch auf das Mädchen, eine »Rückständige«, die von ihrer Familie verstoßen und bedroht worden war und nun eine Unterkunft brauchte. Ich beschloss, mein Anliegen nicht zaghaft vorzutragen, sondern mit Bestimmtheit. Der Meister wusste um meine Abstammung. Er hätte mich niemals mit solch einer Frau in Verbindung gebracht, und ich ließ durchblicken, dass ich im Auftrag einer außerordentlich hochgestellten Persönlichkeit handelte. Jeder wusste, dass der Maharadscha den Rückständigen wohlgesinnt war. Und der Meister reagierte wie ein Mann von Welt.

Das Lagerhaus hatte einen Hinterraum, in dem Bildnisse aufbewahrt wurden, Statuen und Büsten aller Art. Der staubige kleine Bursche mit den blinden Brillengläsern war begabt. Er stellte nicht nur komplizierte Bildnisse von Gottheiten her, die nach präzisen Vorgaben gearbeitet werden mussten, sondern auch Skulpturen von wirklichen Menschen, lebenden wie toten. Er fertigte viele Statuen des Mahatmas und anderer Größen der nationalistischen Bewegung an, aber auch (nach Photographien) Büsten von den Eltern und Großeltern seiner Kunden. Manche dieser Werke trugen die echten Brillen ihrer Vorbilder. Es war ein Ort voller Augen, der mich zunehmend verstörte. Da war es ein Trost, zu wissen, dass jede dieser Gottheiten mit irgendeinem Makel behaftet war, sodass ihre furchtbare Macht nicht Realität werden und uns alle vernichten konnte.

Am liebsten hätte ich das Mädchen einfach dort gelassen und wäre nie zurückgekehrt, aber immerzu drohte im Hintergrund ihr Onkel, der Radikale. Und je länger sie dablieb, desto schwieriger wurde es für mich, sie fortzuschicken; desto mehr schien es, als seien wir fürs Leben vereint, obgleich ich sie niemals auch nur berührt hatte.

Ich wohnte zu Hause. Ich ging in die Universität und tat so, als besuchte ich meine Vorlesungen, und hin und wieder schaute ich in der Werkstatt des Bildhauers vorbei. Ich blieb nie lange. Ich wollte nicht, dass der Meister Verdacht schöpfte.

Das Leben dort kann nicht leicht für sie gewesen sein. Bei einem meiner Besuche in dem lichtlosen Raum, wo der Staub aus dem Hof alles überzog und sich wie Puder auf ihre Haut legte, kam sie mir besonders melancholisch vor.

Ich fragte sie: »Was ist los?«

Und sie antwortete mit dieser schrecklichen, rauhen Stimme: »Ich dachte nur gerade, wie mein Leben sich verändert hat.«

Ich sagte: »Was ist mit meinem Leben?«

Sie sagte: »Wenn ich draußen wäre, hätte ich jetzt meine Prüfungen. Sind sie leicht?«

»Ich boykottiere die Universität.«

»Wie willst du Arbeit finden? Wer soll dir Geld geben? Geh, mach dein Examen.«

»Ich bin völlig unvorbereitet. Ich kann den Stoff jetzt nicht mehr lernen. Es ist zu spät.«

»Du kommst trotzdem durch. Du hast Beziehungen.«

Als die Ergebnisse bekannt gegeben wurden, sagte mein Vater: »Das ist mir unbegreiflich. Du wußtest überhaupt nichts über die Romantiker und den *Bürgermeister von Casterbridge*? Sie hätten dich fast durchfallen lassen. Der Schulrektor konnte es ihnen gerade noch ausreden.«

Ich hätte erwidern müssen: »Ich habe meine Bücher schon lange verbrannt. Ich folge dem Aufruf des Mahatma. Ich boykottiere das englische Bildungswesen.« Aber ich war zu schwach. In diesem entscheidenden Moment versagte ich. Ich brachte nur heraus: »Mich haben im Prüfungssaal plötzlich all meine Kräfte verlassen.« Und ich hätte weinen mögen über meine Schwäche.

Mein Vater sagte: »Wenn du Schwierigkeiten mit Hardy und Wessex hattest, hättest du zu mir kommen sollen. Ich habe meine sämtlichen Aufzeichnungen aufbewahrt.«

Er war außer Dienst. Er saß in dem heißen kleinen Vorderzimmer unseres Häuschens der Klasse C, ohne Turban oder Livree, nur mit einem Unterhemd und dem Lendentuch bekleidet. Trotz ihrer Turbane, trotz ihrer Livreen mit verschiedenen Jacken für Tag und Abend gingen die Höflinge des Maharadschas immer barfuß, und die Fußsohlen meines Vaters waren schwarz und hornig und über einen Zentimeter dick.

Er sagte: »Dann bleibt dir wohl nur das Grundsteueramt.«

Und so begann ich meine Arbeit für die Verwaltung des Maharadschas. Das Grundsteueramt hatte etliche Zweigstellen. Jeder, der auch nur das kleinste Fleckchen Land besaß, musste eine jährliche Steuer bezahlen. Überall im ganzen Staat vermaßen Beamte das Land, stellten Eigentumsverhältnisse fest, trieben Steuern ein, führten Buch. Ich arbeitete im Hauptgebäude. Es war ein hübscher weißer Marmorbau mit einer hohen Kuppel und vielen Zimmern. Ich saß zusammen mit zwanzig anderen in einem großen, hohen Raum. Unterlagen stapelten sich auf den Schreibtischen und in tiefen Regalen, die an die Regale in den Fundbüros der Bahnhöfe erinnerten. Die Unterlagen steckten in Pappdeckeln und waren mit Schnüren zusammengebunden; manchmal waren auch mehrere Akten mit Tuch in einem Bündel zusammengefasst. Die Akten in den obersten Fächern, die schon viele Jahre dort lagen, waren dunkel verfärbt von Staub und Zigarettenrauch. Die Decke war gelbbraun von diesem Rauch. Die ganzen oberen Regionen des Zimmers waren nikotinbraun, in den unteren herrschte das Mahagonibraun der Türen, Schreibtische und Dielen vor.

Das Herz tat mir weh. Diese Art unterwürfiger Fron war ganz und gar nicht das, was ich mir unter einem Opferleben vorgestellt hatte. Aber nun musste ich froh darum sein. Ich brauchte das Geld, so wenig es auch war. Ich war hochverschuldet. Ich hatte mir meines Vaters Namen und Stellung im Palast zunutze gemacht und bei einer Reihe von Geldverleihern Kredite aufgenommen, um das Mädchen in ihrer Kammer beim Bildnismacher zu unterstützen.

Sie hatte den Raum wohnlich eingerichtet. Das hatte Geld gekostet; und dazu waren Küchengegenstände zu bezahlen gewesen, und dann ihre Kleider. So hatte ich all die Unkosten eines verheirateten Mannes und lebte doch wie ein Asket in dem Häuschen meines Vaters.

Das Mädchen glaubte mir nie, dass ich kein Geld hatte. Sie glaubte, Menschen meines Standes verfügten über geheime Reserven. Das war Teil der Propaganda gegen unsere Kaste, und ich erduldete ihre spitzen Bemerkungen ohne jeden Kommentar. Sooft ich mit einem kleinen Betrag von einem der Geldverleiher zu ihr kam, nahm sie ihn ohne Verwunderung entgegen. Zuweilen sagte sie, ironisch (oder sarkastisch; ich weiß nicht, wie unser Professor es genannt hätte): »Du siehst sehr traurig aus. Aber deine Kaste ist immer traurig, wenn sie gibt.« Sie konnte wie ihr radikaler Onkel klingen.

Das Herz tat mir weh. Aber sie freute sich über meine neue Arbeit.

Sie sagte: »Ich muss schon sagen, es wäre schön, zur Abwechslung einmal regelmäßig Geld zu bekommen.«

Ich sagte: »Ich weiß nicht, wie lange ich es dort aushalten werde.«

Sie sagte: »Ich habe schon genug durchgemacht. Ich bin nicht bereit, noch viel mehr mitzumachen. Ich könnte jetzt einen Abschluss haben. Wenn du mich nicht von der Universität fortgeholt hättest, hätte ich das Examen geschrieben. Meine Familie hat große Opfer gebracht, um mich auf die Universität zu schicken.«

Ich hätte heulen mögen vor Wut.

Nicht so sehr ihrer Äußerungen wegen, nein, wegen dieses Gefängnisses, in dem ich nun zu leben gezwungen war. Tag für Tag verließ ich das Haus meines Vaters, um zur Arbeit zu gehen. Ich kam mir wieder wie ein Kind vor. Es gab eine Geschichte aus meiner Kindheit, die mein Vater und meine Mutter früher gern ihren Bekannten erzählt hatten. Eines Tages hatten sie zu mir gesagt: »Heute bringen wir dich in die Schule.« Am Ende des Tages fragten sie dann: »Hat es dir in der Schule gefallen?« – »Ja, sehr«, sagte ich. Am nächsten Morgen weckten sie mich früh. Als ich wissen wollte, warum, sagten sie: »Du musst in die Schule.« Und ich sagte weinend: »Aber ich bin doch schon gestern zur Schule gegangen.« Genau so ging es mir nun mit der Arbeit im Grundsteueramt, und die Vorstellung, dorthin gehen zu müssen, Tag für Tag, Jahr für Jahr bis zu meinem Tod, machte mir Angst.

Eines Tages im Büro kam mein Vorgesetzter zu mir und sagte: »Sie werden in die Revisionsabteilung versetzt.«

Das war die Abteilung, die nach Korruption unter den Steuereintreibern und Landvermessern fahndete. Die Beamten kassierten die Grundsteuer von armen Leuten, die nicht lesen konnten, und verweigerten ihnen die Quittung, und dann musste der arme Bauer mit seinen drei oder vier Morgen Land die Steuer noch einmal zahlen. Oder er musste eine Bestechungssumme zahlen, um seine Quittung zu bekommen. Unglaublich, diese vielen kleinen Betrügereien, die unter den Armen üblich waren. Die Beamten waren kaum reicher als die Bauern. Wem schadete es, wenn die Steuer nicht bezahlt wurde? Je mehr dieser schmuddeligen Fetzen Papier ich in die Hände bekam, desto mehr fühlte ich mit den Betrügern. Ich begann die anklagenden kleinen Zettel zu vernichten oder wegzuwerfen. Ich wurde zu einer Art Saboteur, und es erfüllte mich mit großer Befriedigung, in diesem Amt so still und leise meine eigene Art zivilen Ungehorsams zu betreiben.

Dann sagte mein Vorgesetzter eines Tages zu mir: »Der Oberinspektor möchte Sie sprechen.«

Mein Mut schwand schlagartig. Ich dachte an die Schulden, an die Geldverleiher, das Mädchen in der Kammer des Bildnismachers.

Der Oberinspektor saß an einem Schreibtisch, umgeben von seinen Akten, lauter Akten voller Verfehlungen, die an einem halben Dutzend Schreibtischen gesiebt und wieder gesiebt worden waren, bis sie sich zuletzt hier eingefunden hatten, um das gestrenge Urteil dieses Mannes zu erwarten.

Er wippte auf seinem Stuhl ein Stück nach hinten, fasste mich durch seine dicken Brillengläser ins Auge und sagte: »Sind Sie zufrieden mit Ihrer Arbeit hier?«

Ich neigte den Kopf. Ich sagte nichts.

Er sagte: »Ab nächster Woche sind Sie Hilfsinspektor.«

Das war eine ansehnliche Beförderung. Ich vermutete eine Falle dahinter. Ich sagte: »Ich weiß nicht, Sir. Ich glaube nicht, dass ich dafür qualifiziert bin.«

Er sagte: »Wir machen ja keinen vollen Inspektor aus Ihnen. Wir machen Sie nur zum Hilfsinspektor.«

Das war die erste meiner Beförderungen. So schlampig ich meine Arbeit auch versah, so hartnäckig ich auch sabotierte, ich wurde immer weiter befördert. Es schien wie eine Art ziviler Ungehorsam von oben.

Ich war beunruhigt. Eines Abends sprach ich mit meinem Vater darüber.

Er sagte: »Der Rektor hat große Pläne für seinen Schwiegersohn.«

Ich sagte: »Ich kann nicht sein Schwiegersohn werden. Ich bin schon verheiratet.«

Ich weiß nicht, was mich dazu trieb, das zu sagen. Strenggenommen stimmte es natürlich nicht. Aber so sah ich meine Beziehung zu dem Mädchen beim Bildnismacher mittlerweile.

Mein Vater war außer sich. All seine Langmütigkeit, all seine Güte waren wie weggeblasen. Es traf ihn mitten ins Herz. Eine lange Zeit verging, ehe er mich auch nur nach den Einzelheiten fragen konnte.

»Wer ist das Mädchen?«

Ich sagte es ihm. Er war sprachlos. Ich glaubte, er würde zusammenbrechen. Ich wollte ihn beschwichtigen. Also erzählte ich von dem radikalen Onkel des Mädchens. Ich versuchte ihm – auf eine törichte, meinen Vorstellungen von Selbstverleugnung ganz und gar zuwiderlaufende Weise – den Eindruck zu vermitteln, dass das Mädchen etwas darstellte, dass sie kein völliger Niemand war. Es verschlimmerte die Sache noch. Die Existenz des radikalen Onkels tröstete ihn keineswegs. Er streckte sich auf einer alten Bambusmatte auf dem Betonboden unseres kleinen Vorderzimmers aus, und er rief nach meiner Mutter. Überdeutlich sah ich die dicken Hornhautplatten an seinen Fußsohlen. Sie waren schmutzig und rissig, und an den Seiten schälten sich kleine Fetzen ab. Ihm, dem Höfling, war es nie gestattet gewesen, Schuhe zu tragen. Aber mir hatte er Schuhe gekauft.

Schließlich sagte er: »Du hast Schande über uns alle gebracht. Und jetzt werden wir alle den Zorn des Rektors zu spüren bekommen. Du hast seine Tochter entehrt, denn in aller Augen seid ihr so gut wie verheiratet.«

Obgleich ich keine von beiden jemals berührt hatte, obgleich ich mit keiner der beiden durch irgendeine Zeremonie verbunden war, gab es nun also zwei Frauen, die ich entehrt hatte.

Am Morgen hatte mein Vater tiefe Schatten unter den Augen. Er hatte schlecht geschlafen. Er sagte: »Jahrhundertelang sind wir uns treu geblieben. Selbst als die Muslime kamen. Selbst als wir dem Verhungern nahe waren. Jetzt hast du unser Erbe weggeworfen.«

Ich sagte: »Es ist Zeit, Opfer zu bringen.«

»Opfer, Opfer. Weshalb?«

»Ich folge dem Aufruf des Mahatma.«

Das brachte meinen Vater zum Schweigen, und ich sagte: »Ich opfere das Einzige, das zu opfern in meiner Macht steht.« Dieser Satz war mir am Abend vorher noch eingefallen.

Mein Vater sagte: »Der Rektor ist ein einflussreicher Mann, und ich bin mir sicher, er wird Mittel und Wege finden, uns unter Druck zu setzen. Ich weiß nicht, wie ich es ihm beibringen soll. Ich weiß nicht, wie ich ihm unter die Augen treten soll. Opfer – du hast leicht reden. Du kannst von hier weggehen. Du bist jung. Deine Mutter und ich werden mit den Folgen leben müssen. Im Grunde wäre es sogar das Beste, wenn du gingest. Hier dürftest du mit einer Rückständigen ohnehin nicht zusammenleben. Hast du das bedacht?«

Und mein Vater hatte Recht. Noch hatte ich leicht reden. Noch lebte ich nicht mit der Frau zusammen. Diese Zukunft rückte mit jedem Tag näher, und mein Abscheu davor wurde immer stärker. So befand ich mich in einer seltsamen Lage.

Ein paar Wochen ging alles seinen üblichen Gang. Ich wohnte im staatseigenen Haus meines Vaters. Ich schaute gelegentlich in der Werkstatt des Bildnismachers vorbei. Ich tat meine Arbeit im Grundsteueramt. Mein Vater lebte in ständiger Angst vor dem Rektor, aber nichts geschah.

Dann sagte der Bote eines Tages zu mir: »Der Oberinspektor will Sie sprechen.«

Der Oberinspektor hatte einen Stapel Akten vor sich auf dem Schreibtisch liegen. Ein paar davon erkannte ich wieder. Er sagte: »Wenn ich Ihnen die Mitteilung machen würde, dass man Sie für eine neue Beförderung vorgeschlagen hat, würde Sie das überraschen?«

»Nein. Doch. Aber ich bin dafür nicht qualifiziert. Ich bin diesen Beförderungen nicht gewachsen.«

»Den Eindruck habe ich auch. Ich habe einige Ihrer Unterlagen durchgesehen. Ich bin bestürzt. Dokumente sind vernichtet worden, Quittungen fehlen.«

Ich sagte: »Ich weiß auch nicht. Irgendwelche Vandalen.«

»Ich sage es Ihnen lieber gleich. Gegen Sie ist eine Untersuchung wegen Korruption eingeleitet worden. Es liegen Beschwerden von Ihren Vorgesetzten vor. Korruption ist eine ernste Angelegenheit. Sie können ins Gefängnis kommen. Verschärfte Haftbedingungen. Was in diesen Akten steht, reicht für eine Verurteilung.«

Ich ging zu dem Mädchen in der Werkstatt des Bildnismachers. Sie war der einzige Mensch, an den ich mich wenden konnte.

Sie sagte: »Du hast den Betrügern geholfen?« Das schien ihr zu gefallen.

»Ja. Doch. Ich habe nicht geglaubt, dass es je herauskommt. Es gibt solche Berge von Papier dort. Sie könnten jedem aus irgendetwas einen Strick drehen. Der Schulrektor hat etwas gegen mich, sollte ich dazusagen. Er wollte, dass ich seine Tochter heirate.«

Sie erfasste die Lage sofort. Ich brauchte nichts hinzuzufügen. Sie begriff sämtliche Zusammenhänge.

Sie sagte: »Mein Onkel soll einen Marsch organisieren.«

Onkel, Marsch: eine Meute Rückständiger mit ihren plumpen Transparenten, die vor dem Palast und dem Sekretariat meinen Namen grölten. »Nein«, sagte ich. »Nein. Bitte keinen Marsch.«

Sie ließ nicht locker. Ihr Kampfgeist war erwacht. Sie sagte: »Er kann die Massen mobilisieren. Er ist ein *crowdpuller.*«

Die Vorstellung, von diesem Radikalen beschützt zu werden, war unerträglich. Und ich wusste, nach all den Schlägen, die ich meinem Vater schon versetzt hatte, wäre das sein Tod gewesen. Und das war der Moment, in dem mir – gefangen zwischen dem Mädchen und dem Schulrektor, dem radikalen Onkel und der drohenden Gefängnishaft, zwischen Skylla und Charybdis sozusagen – erstmals der Gedanke an Flucht kam. Der Gedanke, es meinem Großvater nachzutun und in dem berühmten alten

Tempel der Stadt Zuflucht zu suchen. In dieser Stunde, die mir das höchste Opfer abverlangte, trat ich wie von einem Instinkt geleitet in die vertrauten Fußstapfen.

Ich traf meine Vorbereitungen im Geheimen. Viel war nicht zu tun. Das Schwierigste war, mir den Kopf kahl zu scheren. Und eines Morgens verließ ich in aller Frühe – wie der große Buddha, als er sich aus dem schwelgerischen Leben im väterlichen Palast davonstahl – das Haus meines Vaters und ging, gekleidet wie ein Mann meiner Kaste, barfuß und mit bloßem Rücken zum Tempel. Mein Vater hatte nie Schuhe getragen. Ich hatte stets welche getragen, außer zu bestimmten religiösen Anlässen, und meine Fußsohlen waren dünnhäutig und weich, ohne die schützende Hornhaut, die mein Vater hatte. Schon bald fühlten sie sich wund an, und ich fragte mich, wie es erst sein würde, wenn die Sonne höher stieg und die Pflastersteine im Tempelhof sich aufheizten.

Wie mein Großvater viele Jahre zuvor, rückte auch ich den Tag über im Vorhof von einem Schattenplatz zum nächsten. Nach dem Abendgebet nahm ich an der Speisung teil. Und als die Zeit reif war, gab ich mich den Tempelpriestern als Bettler zu erkennen und ersuchte sie um Asyl, während ich ihnen gleichzeitig meine Abstammung enthüllte. Ich unternahm keinen Versuch, mich zu verstecken. Der Tempelhof war so belebt wie die Hauptstraße. Ich dachte, je sichtbarer ich für die Öffentlichkeit war, je mehr Einblick sie in mein Opferleben gewann, desto sicherer war ich. Aber mein Fall war nicht sehr bekannt, und so dauerte es einige Zeit, drei oder vier Tage, bis meine Anwesenheit im Tempel sich herumgesprochen hatte und der Skandal da war.

Der Schulrektor und die Beamten des Grundsteueramts schickten sich schon zum Schlag an, da organisierte der radikale Onkel einen Marsch. Alle bekamen es mit der Angst. Keiner wagte Hand an mich zu legen. Und so musste ich, zu meinem Entsetzen und meinem Leidwesen und voller Trauer um meinen Vater und unsere Vergangenheit, erleben, wie ich von den Rückständigen auf ihren Schild gehoben wurde.

Zwei oder drei Wochen ging das so. Ich wusste nicht, wie ich mich verhalten sollte, ich hatte keine Ahnung, wie das Ganze enden mochte, keine Ahnung, wie lange ich in dieser sonderbaren Lage durchhalten konnte. Die Anwälte der Regierung waren am Werk, und ich wusste, wäre der radikale Onkel nicht gewesen, dann hätte kein Tempelasyl mich vor einem Prozess zu bewahren vermocht. Ich verfiel darauf, etwas zu tun, was auch der Mahatma irgendwann getan hatte: Ich legte ein Schweigegelübde ab. Das kam meinem Naturell entgegen, und außerdem schien es der unkomplizierteste Ausweg. Die Nachricht von diesem Schweigegelübde machte die Runde. Einfache Leute, die von weither kamen, um die Tempelgottheit zu verehren, blieben nun stehen, um auch mich zu verehren. Aus mir war ein heiliger Mann geworden, und gleichzeitig, durch den Radikalen und seine Nichte draußen, auch ein Politikum.

Mein Fall erlangte beinahe solche Berühmtheit wie der eines berüchtigten Rechtsanwalts in einem anderen Staat – ein Emporkömmling aus einer niederen Kaste mit Namen Madhavan. Dieser unverschämte Bursche hatte, Sitte und Anstand mit Füßen tretend, darauf bestanden, am Tempel vorbeizugehen, während die Priester eine lange und beschwerliche Folge von geheiligten Zeremonien durchführten. Machte man dabei auch nur den kleinsten Fehler, so musste man wieder von vorn beginnen. Bei solchen Anlässen störten die Rückständigen mit ihrem Geplapper natürlich nur, und so war die ganze Tempelstraße für sie gesperrt.

Überall sonst im Lande sprach man von Gandhi und Nehru und den Briten. Hier im Staat des Maharadschas waren die Menschen von der Politik abgeschnitten. Sie waren halbe Nationalisten, Viertelnationalisten, wenn nicht noch weniger. Ihre gute Sache war der Kastenkrieg. Eine Zeit lang kämpften sie mit zivilem Ungehorsam für den Anwalt und mich – dafür, dass der Anwalt am Tempel vorbeigehen und ich die Nichte des Radikalen heiraten durfte, beziehungsweise sie mich.

Die Märsche und Ein-Tages-Streiks schützten mich vor dem Schulrektor und der Justiz, und vor dem Mädchen ebenfalls.

Aber es kränkte mich unsagbar, mit diesem Anwalt in einen Topf geworfen zu werden. Es schien mir ungerecht, dass es mit meinem schlichten Leben der Selbstverleugnung eine solche Wendung genommen hatte. Schließlich hatte ich nichts anderes gewollt, als es den Großen im Lande gleichzutun. Nun hatte mich das Schicksal mutwillig zum Helden von Menschen gemacht, die, in ihrem eigenen kleinlichen Kastenkrieg befangen, diese Großen in den Staub zu ziehen trachteten.

Drei Monate etwa lebte ich so, nahm die Huldigung der Tempelbesucher entgegen und übersah ihre Gaben, immer schweigend, versteht sich. Im Grunde war es keine unangenehme Art, die Zeit zu verbringen. Es entsprach mir. Und in meiner Lage war mir das Schweigegelübde natürlich auch eine große Hilfe. Ich hatte keine Ahnung, wie das alles enden sollte, aber nach einer Weile hörte ich auf, mir deswegen Sorgen zu machen. Und nach und nach fand ich, wenn mein Schweigen übermächtig wurde, sogar Gefallen an diesem Gefühl des Losgelöstseins, diesem Gefühl, dahinzutreiben ohne eine Verbindung zu jemandem oder etwas. Es kam vor, dass ich meine Situation zehn Minuten, fünfzehn Minuten, vielleicht auch länger vergaß. Manchmal vergaß ich sogar, wo ich war.

Und dann erschienen der große Schriftsteller und sein Freund in Begleitung des Rektors, und mein Leben nahm abermals eine neue Wendung.

Der Rektor war gleichzeitig der Leiter des staatlichen Fremdenverkehrsamts und führte bisweilen berühmte Besucher herum. Er warf mir hasserfüllte Blicke zu – all meine alten Ängste flackerten aufs Neue auf – und wollte schon an mir vorübergehen, als der Freund des Schriftstellers, Mr Haxton, sich erkundigte, was es mit mir auf sich habe. Der Rektor sagte mit einer gereizten, wegwerfenden Handbewegung: »Nichts. Gar nichts.« Aber Mr Haxton ließ nicht locker und fragte, warum die Menschen mir Gaben brachten. Der Rektor erzählte ihnen, ich hätte ein Schweigegelübde abgelegt und bereits hundert Tage geschwiegen. Das interessierte den Schriftsteller sehr. Der Rektor sah das, und wie es die Art von Menschen seines Schlages ist, begann er als treuer Diener des Fremdenverkehrsamts des Maharadschas all die Dinge zu sagen, von denen er vermutete, dass der alte Schriftsteller und sein Freund sie zu hören wünschten. Er fixierte mich mit seinem harten, hasserfüllten Blick und rühmte meine fromme Familie und unsere Tempelvorfahren. Er rühmte die Anfänge meiner Laufbahn, die glänzenden Aussichten, die ich gehabt hatte. All das hätte ich unerklärlicherweise gegen das Leben eines Asketen eingetauscht, der sein Dasein im Tempelhof von den Almosen der Pilger fristete.

Das Loblied des Rektors machte mir Angst. Ich dachte, er müsse etwas Niederträchtiges im Schilde führen, und sah weg, während er redete, als würde ich seine Sprache nicht verstehen.

Der Rektor sagte verbissen: »Er fürchtet eine schwere Strafe in diesem Leben und im nächsten. Und er fürchtet sie zu Recht.«

Der Schriftsteller fragte: »Wie meinen Sie das?« Er stotterte stark.

Der Rektor antwortete: »Büßt nicht ein jeder von uns tagtäglich für vergangene Sünden, während er zugleich Strafen für die Zukunft anhäuft? Ist nicht ein jeder in dieser Falle gefangen? Es ist die einzige Erklärung, die ich für mein eigenes Ungemach habe.«

Ich überhörte den Vorwurf in seiner Stimme. Ich sah ihn nicht an.

Der Schriftsteller und sein Freund kamen tags darauf wieder, ohne den Rektor. Der Schriftsteller sagte: »Ich weiß, Sie haben gelobt zu schweigen. Aber würden Sie mir schriftlich einige Fragen beantworten?« Ich nickte nicht, noch machte ich sonst eine zustimmende Geste, aber er bat seinen Freund um einen Notizblock und schrieb mit Bleistift darauf: »Sind Sie glücklich?« Die Frage ging mir nahe, und ich nahm den Block und den Bleistift und schrieb ganz ernst: »In meinem Schweigen fühle ich mich frei. Das ist Glück.«

Es folgten noch einige Fragen dieser Art. Eigentlich war es nicht weiter schwierig, als ich einmal in Fahrt gekommen war.

Die Antworten gingen mir leicht von der Hand. Es machte mir sogar Spaß. Ich merkte, dass der Schriftsteller zufrieden war. Er sagte zu seinem Freund (ziemlich laut, als müsste ich, nur weil ich nicht redete, auch taub sein): »Das erinnert mich ein bisschen an Alexander und den Brahmanen. Kennen Sie die Geschichte?« Mr Haxton erwiderte verdrossen: »Nein, die kenne ich nicht.« Er hatte an diesem Morgen rote Augen und schlechte Laune. Das mochte an der Hitze liegen. Das Licht war gleißend, und die ausgebleichten Steine des Tempelhofs strahlten sehr viel Hitze ab. Der Schriftsteller sagte boshaft und ohne zu stottern: »Auch recht.« Dann wandte er sich wieder mir zu, und wir schrieben noch ein bisschen mehr.

Am Ende dieser Zusammenkunft hatte ich das Gefühl, eine Prüfung bestanden zu haben. Ich wusste, die Sache würde sich herumsprechen, und da der große Schriftsteller hohes Ansehen genoss, würden der Rektor und all die anderen Regierungsbeamten mir nichts mehr anhaben können. Genauso war es. Mehr noch, sie mussten jetzt plötzlich stolz auf mich sein, solange sich der Schriftsteller hier aufhielt. Wie vor ihnen der arme Rektor, mussten sie nun alle ein wenig mit mir prahlen.

Nach einer Weile schrieb der Schriftsteller sein Buch. Dann kamen auch andere Ausländer. Und so erlangte ich, wie gesagt, während andere den großen Kampf um die Unabhängigkeit ausfochten, mit der Zeit so etwas wie Berühmtheit – eine bescheidene, aber dennoch unleugbare Berühmtheit in gewissen, nicht ganz einflusslosen intellektuellen oder spirituellen Kreisen des Auslands.

Jetzt gab es kein Entkommen mehr aus dieser Rolle. Anfangs hatte ich das Gefühl, mir meine eigene Grube gegraben zu haben. Aber sehr bald entdeckte ich, dass die Rolle zu mir passte. Ich fand mich immer besser in ihr zurecht, und eines Tages begriff ich, dass eine Kette von Zufällen mich, der ich wie ein Träumer aus einer unwirklichen Situation in die nächste getaumelt war, geleitet nur von jähen Eingebungen und dem Widerwillen gegen unser Domestikendasein, ohne klare Vorstellung von den Folgen meines Handelns – dass eine Kette von Zufällen mich auf den Weg meiner Vorfahren gebracht hatte. Staunen und Ehrfurcht erfüllten mich. Mir war, als hätte eine höhere Macht mich bei der Hand genommen und mir den rechten Weg gewiesen.

Mein Vater und der Rektor dachten da anders. In ihren Augen – ungeachtet all des Lobes, das der Rektor mir von Amts wegen aussprechen musste – war ich auf ewig befleckt, ein Gefallener, und mein Wandel ein Hohn auf die Pfade der Heiligkeit. Aber ich scherte mich nicht um sie. Ihr Kummer war nicht der meine.

Für mich wurde es Zeit, in geregelte Bahnen zurückzufinden. Ich konnte nicht für immer im Tempel bleiben. Ich musste mich irgendwo niederlassen, und ich musste die Angelegenheit mit dem Mädchen in Ordnung bringen. Von ihr konnte ich ebenso wenig loskommen wie von meiner Rolle. Sie im Stich zu lassen hätte die Schmach noch vergrößert, und ich durfte die Rechnung nicht ohne ihren radikalen Onkel machen. Ich konnte nicht einfach allen mein Bedauern ausdrücken und zu meinem alten Leben zurückkehren.

All diese Monate hindurch hatte sie beim Bildnismacher gewohnt, in ihrer kleinen Kammer hinter der Lagerhalle mit den fertigen Gottheiten und den weißen Marmorattrappen örtlicher Honoratioren. Mit jedem Tag schien unser Bund, von dem inzwischen die ganze Stadt wusste, endgültiger, und mit jedem Tag schämte ich mich ihrer ein bisschen mehr. Ich schämte mich ihrer genauso, wie meine Eltern und der Rektor und all die anderen Menschen unseres Standes sich meiner schämten. Diese Scham wich nie von mir – ein kleiner, nagender Kummer im Hintergrund, der mir, gleich einer unheilbaren Krankheit, all meine Stunden, all meine kleinen Triumphe vergällte: eine weitere Erwähnung in einem Buch, ein weiterer Zeitschriftenartikel, ein weiterer hochrangiger Besucher. Ich begann mich – so seltsam das klingen mag – in Melancholie zu flüchten. Ich suchte sie, und verlor mich in ihr. Die Melancholie wurde so sehr Teil meiner selbst, dass ich für lange Zeit ihre Ursache vergessen konnte.

So wurde aus mir schließlich ein Mann mit einem eigenen Hausstand. Ein Gutes gab es: Alle nahmen an, ich sei mit dem Mädchen verheiratet. Dadurch blieb mir die Zeremonie erspart. Ich glaube nicht, dass ich sie über mich hätte ergehen lassen können. Eine solche Entweihung hätte mein Herz nicht verkraftet. Heimlich, in meinem tiefsten Inneren, gelobte ich *brahmacharya*, sexuelle Enthaltsamkeit. Wie der Mahatma. Im Gegensatz zu ihm brach ich mein Gelübde. Ich war tief beschämt. Und die Strafe folgte auf dem Fuß. Schon bald danach musste ich erkennen, dass das Mädchen schwanger war. Diese Schwangerschaft, das Anschwellen dieses Bauches, die Veränderung dieses ohnehin schon unschönen Körpers marterte mich, ließ mich beten, das, was ich hier sah, möge nicht wahr sein.

Meine ganze Sorge nach der Geburt des kleinen Willie galt der Frage, wie viel von seinem niederen Erbe sich in seinen Zügen niederschlug. Wer mich über das Kind gebeugt sah, musste annehmen, dass ich das kleine Wesen voller Stolz betrachtete. Doch all meine Gedanken waren nach innen gerichtet, und mir sank das Herz.

Später dann, als er heranwuchs, ließ ich immer wieder wortlos den Blick auf ihm ruhen und fühlte mich den Tränen nahe. ›Kleiner Willie‹, dachte ich, ›kleiner Willie, was habe ich dir nur angetan? Wie konnte ich dir diesen Makel aufbürden?‹ Dann wieder dachte ich: ›Was für ein Unsinn. Er ist nicht du, und er ist nicht von deinem Blut. Sein Gesicht ist der deutliche Beweis. Du hast ihm keinerlei Makel aufgebürdet. Was immer du ihm mitgegeben hast, ist in seinem übrigen Erbe untergegangen.‹ Aber ein Fünkchen Hoffnung glomm in mir immer weiter. So konnte es geschehen, dass ich jemanden aus unserer Kaste sah und dachte: ›Er sieht wie Willie aus. Er ist das Ebenbild des kleinen Willie.‹ Und mit dieser Hoffnung im Herzen betrachtete ich dann meinen Sohn, und schon beim ersten Blick wurde mir klar, dass ich mir wieder einmal etwas vorgemacht hatte.

All dies spielte sich im Verborgenen ab. Es ging ein in meine Melancholie. Ich vertraute mich niemandem an. Ich frage mich, was Willies Mutter wohl gesagt hätte, wenn sie davon gewusst hätte. Mit der Geburt ihres Sohnes blühte sie auf schauerliche Weise auf. Sie schien das Wesen meiner Berufung zu vergessen. Der Haushalt wurde ihr ganzer Stolz. Sie nahm Unterricht im Blumenstecken bei der Frau eines englischen Offiziers – dies war noch vor der Unabhängigkeit, deshalb gab es in der Stadt eine britische Garnison – und Unterricht in Kochen und Hauswirtschaft bei einer parsischen Dame. Sie versuchte meine Besucher zu bewirten. Ich litt Qualen. Ich erinnere mich an einen besonders grauenhaften Vorfall. Sie hatte den Tisch auf ihre neumodische Art gedeckt. Auf den Brotteller eines jeden Gastes hatte sie ein Handtuch gelegt. Das konnte natürlich nur verkehrt sein. Ich hatte noch nie von Handtüchern auf dem Esstisch gelesen, noch kannte ich dergleichen aus den ausländischen Kinofilmen, die ich gesehen hatte. Sie blieb hartnäckig. Sie gebrauchte ein Wort wie »Serviette«, glaube ich. Sie war furchtbar selbstbewusst geworden und redete törichtes Zeug über meine Vorfahren, die keine Ahnung von moderner Haushaltsführung gehabt hätten. Die Sache war noch nicht entschieden, da kam schon der erste Gast (ein Franzose, der an einem Buch über Romain Rolland arbeitete, den wir in Indien verehrten, weil es hieß, er sei ein Bewunderer des Mahatma), und ich musste mich in meine Melancholie zurückziehen und den ganzen Abend diese Handtücher auf dem Tisch dulden.

So sah mein Leben aus. Man stelle sich meine Zerknirschung vor, meinen Selbstekel, als – nach all dem bisher Geschilderten und trotz meines heimlichen, mir aus tiefstem Herzen kommenden *brahmacharya*-Gelübdes – Willies Mutter erneut schwanger wurde. Diesmal war es ein Mädchen, und diesmal konnte ich mich keiner wie auch immer gearteten Selbsttäuschung hingeben. Das Mädchen war das Ebenbild ihrer Mutter. Es erschien mir wie eine göttliche Strafe. Ich nannte es Sarojini nach der Dichterin der Unabhängigkeitsbewegung, in der Hoffnung, dass ihm eine ähnliche Gabe zuteil werden möge, denn die Dichterin Sarojini, eine große Patriotin und deshalb sehr verehrt, war gleichfalls bemerkenswert ungestalt.

***

Das war die Geschichte, die Willie Chandrans Vater erzählte. Er brauchte an die zehn Jahre dafür. Zu unterschiedlichen Zeiten mussten unterschiedliche Dinge gesagt werden. Willie Chandran wurde darüber erwachsen.

Sein Vater sagte: »Vor vielen Jahren, bevor ich die Geschichte begonnen habe, wolltest du von mir wissen, ob ich den Schriftsteller, nach dem du benannt bist, wirklich verehrt habe. Ich habe damals gesagt, ich sei mir nicht sicher und du müsstest dir dein eigenes Urteil bilden. Nun hast du gehört, was ich zu sagen habe – was meinst du also?«

Willie Chandran sagte: »Ich verachte dich.«

»Aus dir spricht deine Mutter.«

Willie Chandran sagte: »Was habe *ich* von dem, was du gesagt hast? Du bietest mir nichts.«

Sein Vater sagte: »Mein Leben war ein Leben der Opfer. Ich kann dir keine Reichtümer bieten. Alles, was ich besitze, sind meine Freundschaften. Das ist mein Reichtum.«

»Und was soll aus der armen Sarojini werden?«

»Ich will ganz offen sein. Ich glaube, sie ist uns als Prüfung auferlegt worden. Über ihr Äußeres brauche ich dir nichts zu sagen, was du nicht ohnehin weißt. Ihre Aussichten in diesem Land sind trübe. Aber Fremde haben ihre eigene Vorstellung von Schönheit und gewissen anderen Dingen, und die einzige Hoffnung, die ich für Sarojini sehe, ist eine Heirat ins Ausland.«

ZWEI

Der erste Abschnitt

WILLIE CHANDRAN und seine Schwester Sarojini gingen auf die Missionsschule. Eines Tages fragte einer der kanadischen Lehrer Willie freundlich und lächelnd: »Was arbeitet dein Vater?« Es war eine Frage, die er auch anderen Jungen zuweilen schon gestellt hatte, und sie alle hatten bereitwillig über die verschiedenen entwürdigenden Berufe ihrer Väter Auskunft gegeben. Willie hatte gestaunt über ihre Schamlosigkeit. Aber als die Frage nun an ihn gerichtet wurde, merkte Willie, dass er nicht wusste, was er über die Arbeit seines Vaters sagen sollte. Er merkte außerdem, dass er sich schämte. Der Lehrer wartete, immer noch lächelnd, auf seine Antwort, und schließlich sagte Willie Chandran verdrossen: »Alle wissen doch, was mein Vater arbeitet.« Die Klasse lachte. Sie lachte nicht über seine Worte, sondern über seine Verdrossenheit. Und Willie Chandran begann seinen Vater zu verachten.

Auch Willie Chandrans Mutter hatte die Missionsschule besucht, und auf ihren Wunsch gingen die Kinder dorthin. Die meisten Schüler waren Kinder niederer Abkunft, die in den örtlichen Kastenschulen nicht aufgenommen wurden oder dort ihres Lebens nicht froh geworden wären. Sie selbst war anfangs auf eine Kastenschule gegangen, eine heruntergekommene, staubige Bruchbude in der Vorstadt, fernab vom Palast des Maharadschas und seinen guten Absichten. Doch Bruchbude oder nicht, die Lehrer und die Schuldiener wollten Willie Chandrans Mutter nicht haben. Die Schuldiener wehrten sich sogar noch heftiger als die Lehrer. Sie erklärten, lieber verhungern zu wollen als in einer Schule zu arbeiten, die Rückständige aufnahm. Sie drohten mit Streik. Zu guter Letzt jedoch schluckten sie ihren Stolz und ihre Streikdrohungen hinunter, und das Mädchen durfte kommen. Das Unglück begann gleich am ersten Tag. In der Pause lief das Mädchen mit den anderen Kindern auf den Schulhof, wo ein zerlumpter, halb verhungerter Schuldiener Wasser aus einer Tonne ausschenkte. Er hatte eine langstielige Bambuskelle, mit der er, sooft ein Schüler vor ihn hintrat, entweder eine Schale aus Messing oder Aluminium voll schöpfte. Willie Chandrans Mutter überlegte arglos, was sie wohl bekommen würde, Messing oder Aluminium. Aber von einer solchen Wahl konnte keine Rede sein. Der zerlumpte, halb verhungerte Mann wurde furchtbar wütend, er drohte und machte Geräusche, als wollte er einen streunenden Hund wegprügeln. Ein paar der Kinder protestierten, woraufhin der Mann den Boden abzusuchen begann und schließlich eine rostige, dreckige Blechdose aufhob, deren Ränder schartig vom Büchsenöffner waren. Es war eine blaue Wood-Dunn-Butterdose aus Australien. Dahinein goss er das Wasser für das Mädchen. So lernte Willie Chandrans Mutter, dass draußen in der Welt Aluminium für Muslime und Christen und dergleichen Leute bestimmt war, Messing für Kastenangehörige und für sie selbst eine rostige alte Dose. Sie spuckte auf die Dose. Der halb verhungerte Mann an der Tonne holte mit seiner Bambuskelle aus, und sie rannte in Todesangst vom Schulhof, während der Mann ihr Flüche nachschrie. Einige Wochen später wechselte sie auf die Missionsschule. Dort hätte sie von vornherein hingehört, aber ihre Familie, ihre Leute, kannten sich nicht aus. Sie wussten nichts über die religiösen Überzeugungen der höheren Kasten, nichts über die Muslime, nichts über die Christen. Sie wussten nicht, was im Land und in der Welt vor sich ging. Sie hatten jahrhundertelang in Unwissenheit gelebt, abgeschnitten von der Welt.

Willie packte jedes Mal die Wut, wenn er die Geschichte von

der Wood-Dunn-Butterdose hörte. Er liebte seine Mutter, und als kleiner Junge kaufte er, sooft er ein wenig Geld in die Finger bekam, hübsche Dinge für sie und das Haus: einen bambusgerahmten Spiegel, eine Bambuskonsole, auf die man eine Vase stellen konnte, ein schönes Stück bedrucktes Tuch, eine Messingvase, ein bemaltes Pappmachékistchen aus Kaschmir, Krepppapierblumen. Aber je älter er wurde, desto mehr lernte er die Missionsschule und ihren Status einzuschätzen. Er lernte seine Mitschüler einzuschätzen. Er begriff, dass es ein Makel war, auf die Missionsschule zu gehen, und allmählich betrachtete er seine Mutter mit distanzierterem Blick. Je mehr Erfolg er im Unterricht hatte – er war besser als seine Kameraden –, desto größer wurde die Distanz.

Er begann sich nach Kanada zu sehnen, dem Land, aus dem seine Lehrer kamen. Er stellte sich sogar vor, wie es wohl wäre, zu ihrem Glauben überzutreten und als Lehrer durch die Welt zu reisen wie sie. Und als er eines Tages einen Aufsatz über seine Ferien schreiben sollte, machte er aus sich einen kanadischen Jungen mit Eltern, die Mom und Pop hießen. Mom und Pop hatten beschlossen, mit den Kindern einen Ausflug ans Meer zu machen. Frühmorgens waren sie nach oben ins Kinderzimmer gegangen, um sie zu wecken, und die Kinder hatten ihre neuen Feiertagskleider angezogen, und dann waren sie im Familienauto zum Strand gefahren. Der Strand war voller Ausflügler, und die Familie hatte den Feiertagskuchen gegessen, den sie sich mitgenommen hatten, und am Ende des Tages waren sie braungebrannt und zufrieden wieder heimgefahren. Alle Eigenheiten dieses fremdländischen Lebens – das Haus mit dem Obergeschoss, das Kinderzimmer – stammten aus den amerikanischen Comic-Heften, die in der Missionsschule herumgereicht wurden. Diese Eigenheiten waren vermengt mit einheimischen Details wie etwa den Feiertagskleidern und dem Feiertagskuchen, von dem Mom und Pop im Übermaß ihrer Zufriedenheit auch einige Bröckchen an ein paar halb nackte Bettler verteilt hatten. Der Aufsatz erhielt die volle Punktzahl, zehn von zehn, und Willie durfte ihn der ganzen Klasse vorlesen. Die anderen Jungen, von denen viele in großer Armut lebten, hatten keine Ahnung gehabt, worüber sie schreiben sollten, und da sie nichts von der Welt wussten, hatten sie sich auch nichts ausdenken können. Sie lauschten Willies Geschichte voller Ehrfurcht. Er nahm das Heft mit heim und zeigte es seiner Mutter, und sie war erfreut und stolz. Sie sagte zu Willie: »Zeig es auch deinem Vater. Schließlich hat er Literatur studiert.«

Willie ging mit dem Heft nicht direkt zu seinem Vater. Er legte es auf den Tisch auf der Veranda, die auf den Innenhof des Aschrams hinausging. Dort trank der Vater morgens seinen Kaffee.

Sein Vater las den Aufsatz. Er schämte sich. Er dachte: ›Lügen, Lügen. Woher hat er bloß diese Lügen?‹ Dann dachte er: ›Aber ist er deshalb schlimmer als Shelley und W und all die anderen? Das war doch auch alles gelogen.‹ Er las von Neuem. Dass es ihn in dem Aufsatz nicht gab, bekümmerte ihn, und er dachte: ›Kleiner Willie, was habe ich dir nur angetan?‹ Er trank seinen Kaffee und hörte, wie die ersten Bittsteller sich im Haupthof seines kleinen Tempels sammelten. Er dachte: ›Gar nichts habe ich ihm angetan. Er ist nicht ich. Er ist der Sohn seiner Mutter. Dieser Unsinn von wegen Mom und Pop – das kommt alles von ihr. Sie kann nichts dafür. Es ist ihre Erziehung. Sie hat diese Missionsschul-Ambitionen. Noch ein paar hundert Wiedergeburten, dann erreicht sie vielleicht ein höheres Stadium. Aber sie kann nicht warten, bis sie an der Reihe ist. Wie so viele der Niederen heutzutage versucht sie, sich vorzudrängen.‹

Willie gegenüber erwähnte er den Aufsatz mit keiner Silbe, und Willie fragte auch nicht. Er verachtete seinen Vater mehr denn je.

An einem Morgen etwa eine Woche später, als sein Vater mit Besuchern drüben im Aschram war, legte Willie Chandran sein Aufsatzheft wieder auf den Tisch auf der Veranda zum Innenhof. Sein Vater bemerkte das Heft um die Mittagszeit, und Unbehagen erfasste ihn. Sein erster Gedanke war, dass in dem Heft der nächste anstößige Aufsatz wartete, noch mehr

Geschichten über Mom und Pop. Der Junge, ein echter Sohn seiner Mutter, wollte ihn herausfordern, dachte er, ihn herausfordern mit all der Hinterhältigkeit der Rückständigen, und er wusste nicht recht, was tun. Er fragte sich: ›Was würde der Mahatma tun?‹ Er kam zu dem Schluss, dass der Mahatma einer so hinterhältigen Aggression mit einem entsprechenden Akt zivilen Ungehorsams begegnet wäre: Er hätte gar nichts getan. Also tat er gar nichts. Er rührte das Heft nicht an. Er ließ es einfach liegen, und Willie sah es, als er in der Mittagspause von der Schule heimkam.

Willie dachte bei sich, dass sein Vater nicht nur ein Scharlatan, sondern auch ein Feigling sei. Er dachte es auf Englisch: *He is not only a fraud, but a coward.* Der Satz klang nicht ganz richtig; irgendetwas daran schien unlogisch. Also formulierte er ihn um: *Not only is he fraud, but he is also a coward.* Jetzt störte ihn die Inversion am Satzanfang, auch das *but* kam ihm komisch vor, und das *also* ebenfalls. Auf dem Rückweg zur kanadischen Missionsschule beschäftigten ihn diese grammatikalischen Spitzfindigkeiten der Aufsatzstunde immer mehr. Er probierte im Geist andere Fassungen durch, und als er in der Schule angekommen war, hatte er seinen Vater und den Anlass vergessen.

Aber Willie Chandrans Vater hatte Willie nicht vergessen. Das selbstgefällige Schweigen des Jungen am Mittagstisch ließ ihm keine Ruhe. In dem Heft konnte nur etwas Abgefeimtes stehen, und am Nachmittag wurde aus dem Verdacht Gewissheit. Er verließ einen Besucher mitten in einer läppischen Konsultation und ging hinüber auf die Veranda. Er schlug das Heft auf und sah den Aufsatz dieser Woche. Der trug die Überschrift: »König Kophetua und das Bettlermädchen«.

Vor langer Zeit, als eine Hungersnot und auch sonst großes Elend im Lande herrschten, machte sich ein Bettlermädchen auf den weiten, gefahrenreichen Weg zum Hof des Königs Kophetua, um dort Almosen zu erbitten. Man führte sie vor den König. Ihr Haupt war verhüllt, ihr Blick gesenkt, und sie sprach mit so wohlgesetzten Worten und solcher Schicklichkeit, dass der König darum bat, ihr Gesicht sehen zu dürfen. Sie war von unvergleichlicher Schönheit. Der König verliebte sich auf der Stelle in sie und schwor vor seinem versammelten Hofstaat einen königlichen Eid, dass er das Bettlermädchen zu seiner Frau machen werde. Und er hielt Wort. Aber das Glück seiner Königin war nicht von Dauer. Niemand behandelte sie wie eine echte Königin, alle wussten, dass sie eine Bettlerin war. Ihre Verwandten wurden ihr fremd. Manchmal tauchten sie am Tor des Palastes auf und riefen nach ihr, aber sie durfte nicht zu ihnen hinausgehen. Die Familie des Königs und die Höflinge beleidigten sie unverhüllt. Kophetua schien davon nichts zu bemerken, und seine Königin schämte sich zu sehr, um etwas zu sagen. Nach einer Weile wurde Kophetua und seiner Königin ein Sohn geboren. Daraufhin schmähte man sie bei Hofe noch ärger, und ihre Bettler-Verwandtschaft verwünschte sie. Als der Sohn heranwuchs, hatte auch er um seiner Mutter willen zu leiden. Er gelobte, es ihnen allen heimzuzahlen, und als er ein Mann geworden war, setzte er sein Gelöbnis in die Tat um: Er tötete Kophetua. Alle waren glücklich, die Menschen bei Hofe, die Bettler vor den Toren des Palasts.

Damit endete die Geschichte. Am Heftrand kündete ein rotes Häkchen ums andere vom Wohlgefallen des Missionslehrers. Willie Chandrans Vater dachte: ›Wir haben ein Ungeheuer in die Welt gesetzt. Er hasst seine Mutter und die Verwandtschaft seiner Mutter, und sie ahnt es nicht. Aber der Onkel seiner Mutter war der Aufwiegler der Rückständigen. Das darf ich nicht vergessen. Der Junge wird mein ganzes restliches Leben vergiften. Ich muss ihn fortschaffen von hier.‹

Nicht viel später sagte er, so sanft, wie es ihm nur möglich war (es fiel ihm nicht leicht, sanft mit diesem Jungen zu reden): »Wir müssen uns über deine Ausbildung Gedanken machen, Willie. Du sollst nicht so werden wie ich.«

Willie sagte: »Wieso? Du bist doch ziemlich zufrieden mit dir.«

Sein Vater ging auf die Provokation nicht ein. »Ich bin dem Aufruf des Mahatma gefolgt. Ich habe meine englischen Bücher im Vorhof der Universität verbrannt.«

Willie Chandrans Mutter sagte: »Nur hat es keiner gemerkt.«

»Rede du nur. Ich habe meine englischen Bücher verbrannt, und jetzt habe ich keinen Abschluss. Ich will lediglich sagen, wenn du gestattest, dass Willie ein abgeschlossenes Studium haben sollte.«

Willie sagte: »Ich möchte in Kanada studieren.«

Sein Vater sagte: »Mein Leben war ein Leben voller Opfer. Ich habe kein Vermögen erwirtschaftet. Ich kann dich nach Benares oder Bombay oder Kalkutta gehen lassen, sogar nach Delhi. Aber nicht nach Kanada.«

»Die Patres kommen dafür auf.«

»Eine so mindere Idee kann nur von deiner Mutter stammen. Warum sollten die Patres dich nach Kanada gehen lassen?«

»Sie machen einen Missionar aus mir.«

»Sie machen ein Dressuräffchen aus dir, und dann schicken sie dich auf schnellstem Wege hierher zurück, und du darfst dich mit der Familie deiner Mutter und den anderen Rückständigen abrackern. Du bist ein Narr.«

Willie Chandran sagte: »Meinst du?« Und beendete das Gespräch.

Einige Tage darauf lag das Heft erneut auf der Veranda. Willie Chandrans Vater verlor keine Zeit. Er blätterte die häkchenübersäten Seiten durch bis zu dem neuesten Eintrag.

Es war eine Geschichte. Es war der längste Aufsatz im ganzen Heft, und er sah aus, als wäre er sehr schnell geschrieben worden. Die enge, eilige Handschrift hatte sich so fest ins Papier gedrückt, dass die Seiten sich wellten, und der Lehrer mit dem roten Stift fand alles gelungen; teilweise hatte er ganze Absätze oder Seiten angestrichen und mit einem roten Häkchen versehen.

Die Geschichte spielte ebenso wie Willies andere Geschichten oder Fabeln an keinem bestimmten Ort und zu keiner bestimmten Zeit. Sie begann während einer Hungersnot. Selbst die Brahmanen litten Hunger. Ein zum Skelett abgemagerter Brahmane verlässt seine Gemeinschaft und zieht hinaus in die heiße, steinige Wildnis, um sein Leben allein und in Würde zu beenden. Als seine Kräfte schwinden, kommt er zu einer niedrigen, dunklen Höhle in einer Felswand. Hier beschließt er zu sterben. Er reinigt sich, so gut er es vermag, und legt sich nieder, um ein letztes Mal zu schlafen. Etwas an dem Fels unter seinem Nacken und Kopf lässt den Brahmanen stutzig werden. Er streckt die Hand hinter sich und streicht über den Stein, einmal, noch einmal, und da merkt er, dass der Stein gar kein Stein ist. Es ist ein Sack, hart und schmutzig und kantig, und als der Brahmane sich aufsetzt, entdeckt er, dass er auf einem uralten Sack mit einem Schatz gelegen hat.

Kaum hat er das begriffen, da ertönt eine Geisterstimme: »Dieser Schatz wartet schon seit Jahrhunderten auf dich. Er ist dein, und er wird auf ewig dein sein, wenn du auch etwas für mich tust. Bist du dazu bereit?« Der zitternde Brahmane fragt: »Was muss ich tun?« Der Geist antwortet: »Du musst mir jedes Jahr ein kleines Kind opfern. Solange du das tust, bleibt der Schatz dein. Versäumst du es, so wird der Schatz verschwinden und hierher zurückkehren. Im Lauf der Jahrhunderte hat es viele wie dich gegeben, und alle sind sie gescheitert.« Der Brahmane weiß nicht, was er antworten soll. Der Geist sagt ungehalten: »Sterbender Mann, bist du dazu bereit?« Der Brahmane fragt: »Wo soll ich die Kinder hernehmen?« Der Geist sagt: »Von mir darfst du keine Hilfe erwarten. Wer entschlossen ist, der findet einen Weg. Bist du bereit?« Und der Brahmane sagt: »Ich bin bereit.« Darauf der Geist: »Schlaf, reicher Mann. Wenn du erwachst, wirst du in deinem alten Tempel sein, und die Welt wird dir zu Füßen liegen. Aber vergiss dein Versprechen nicht.«

Der Brahmane erwacht in seinem alten Haus, wohlgenährt und kräftig. Und er erwacht in dem Wissen, dass er reicher ist als in seinen habgierigsten Träumen. Und fast augenblicklich, ehe Freude in ihm aufkommen kann, beginnt ihn der Gedanke an sein Versprechen zu quälen. Es quält ihn ohne Unterlass. Es vergällt ihm jede Stunde, jede Minute einer jeden Stunde.

Eines Tages sieht er eine Gruppe von Stammesleuten am Tempel vorüberziehen. Sie sind schwarz und kleinwüchsig, klapperdürr und so gut wie nackt. Der Hunger hat diese Menschen aus ihren Behausungen getrieben und lässt sie die alten Regeln missachten. Sie haben nichts verloren so nahe beim Tempel, denn ihr Schatten, ihr bloßer Anblick, ja schon der Klang ihrer Stimmen ist eine Entweihung. Der Brahmane hat eine Eingebung. Er bringt in Erfahrung, wo sie ihr Lager haben. In der Nacht schleicht er sich hin, das Gesicht mit seinem Tuch verhüllt. Er sucht den Anführer auf und erbietet sich im Namen der Barmherzigkeit und Nächstenliebe, dem Stamm eines der halb verhungerten Kinder abzukaufen. Er schließt einen Handel mit dem Stammesführer ab: Das Kind soll betäubt und zu einer bestimmten niedrigen Höhle in der steinigen Wildnis gebracht und dort zurückgelassen werden. Sind sämtliche Weisungen treu und redlich ausgeführt, so wird der Anführer in der Woche darauf ein paar alte Goldstücke in der Höhle vorfinden, genug, um all die Seinen von ihrer Not zu befreien.

Das Opfer wird vollzogen, das Gold niedergelegt; und dieses Ritual wiederholt sich Jahr für Jahr. Sowohl der Brahmane als auch die Stammesleute halten sich daran.

Eines Tages erscheint der Anführer im Tempel des Brahmanen, besser genährt jetzt, besser gekleidet und mit glänzend geöltem Haar. Der Brahmane begegnet ihm schroff. Er sagt: »Wer bist du?« Der Anführer sagt: »Du kennst mich. Und ich kenne dich. Ich weiß, was für Dinge du treibst. Ich habe es von Anfang an gewusst. Ich habe dich gleich in dieser ersten Nacht erkannt und alles durchschaut. Ich will die Hälfte von deinem Schatz.« Der Brahmane sagt: »Gar nichts weißt du. Du und dein Stamm, ihr opfert seit fünfzehn Jahren in einer Höhle Kinder. Das gehört zu euren Stammessitten. Nun, da ihr es zu Wohlstand gebracht habt und Städter geworden seid, schämt ihr euch und habt Angst. Darum bist du zu mir gekommen und hast gebeichtet und mich um Nachsicht gebeten. Die sei dir gewährt, denn ich habe Verständnis für eure Stammessitten, aber ich kann nicht leugnen, dass ich entsetzt bin, und wenn es mir beliebte, könnte ich die Menschen zu einer Höhle mit den Gebeinen vieler Kinder führen. Und jetzt fort mit dir. Dein Haar mag geölt sein, aber dein bloßer Schatten verunreinigt diesen heiligen Ort.« Der Anführer zieht den Kopf ein und weicht zurück. Er sagt: »Vergib, vergib.« Der Brahmane sagt: »Und vergiss dein Versprechen nicht.«

Die Zeit für das jährliche Opfer des Brahmanen rückt heran. Im Dunkeln macht er sich auf zu der Höhle voller Knochen. Er denkt sich alle möglichen Ausreden aus, für den Fall, dass der Stammesführer ihn angezeigt hat und schon jemand auf ihn wartet. Es wartet niemand. Das überrascht ihn nicht. In der dunklen Höhle liegen zwei betäubte Kinder. Der Anführer hat seine Schuldigkeit also getan. Mit geübter Hand opfert der Brahmane die beiden dem Geist der Höhle. Als er daran geht, die kleinen Leichname zu verbrennen, erkennt er im Licht der Fackel seine eigenen Kinder.

Damit war die Geschichte zu Ende. Willies Vater hatte ohne Unterbrechung gelesen. Und als er mechanisch zum Anfang zurückblätterte, sah er – was ihm während des Lesens entfallen war –, dass die Geschichte den Titel »Ein Opferleben« trug.

Er dachte: ›Sein Hirn ist krank. Er hasst mich, und er hasst seine Mutter, und jetzt wendet er sich auch noch gegen sich selbst. Dafür haben die Missionare gesorgt, mit ihrem Mom und Pop und Dick Tracy und dem Comic-Magazin der Justice Society of America und den Passionsfilmen in der Karwoche und Bogart und Cagney und George Raft in den anderen Wochen. Mit dem Verstand kann ich diesem Hass nicht begegnen. Ich werde ihm nach Art des Mahatma begegnen. Ich werde ihn ignorieren. Ich werde diesem Jungen gegenüber ein Schweigegelübde ablegen.‹

Zwei oder drei Wochen später kam die Mutter des Jungen zu ihm und sagte: »Ich wünschte, du würdest dein Schweigegelübde brechen. Es macht Willie sehr unglücklich.«

»Der Junge ist nicht zu retten. Es gibt nichts, was ich für ihn tun kann.«

Sie sagte: »Du musst ihm helfen. Außer dir kann es niemand. Vor zwei Tagen bin ich hereingekommen, da saß er im Dunkeln. Ich habe Licht gemacht und gesehen, dass er weint. Als ich ihn gefragt habe, warum, hat er gesagt: ›Weil alles auf der

Welt so traurig ist. Und außer der Welt gibt es ja nichts. Ich weiß einfach nicht, was ich tun soll.‹ Mir ist nichts eingefallen, was ich ihm sagen könnte. Das ist etwas, das er von dir hat. Ich habe versucht, ihn zu trösten. Ich habe ihm gesagt, alles wird gut, irgendwie kommt er schon nach Kanada. Er hat gesagt, er will nicht mehr nach Kanada. Er will nicht mehr Missionar werden. Und in die Schule will er auch nicht mehr.«

»Es muss etwas vorgefallen sein in der Schule.«

»Ich habe ihn gefragt. Er war offenbar wegen irgendetwas im Büro des Direktors. Da lag eine Zeitschrift auf dem Tisch. Es war eine Missionarszeitschrift. Sie hatte ein buntes Bild auf dem Titelblatt. Ein Priester mit Brille und Armbanduhr, der einen Fuß auf eine Buddhastatue gestellt hat. Er hat sie gerade eben mit einer Axt umgehauen, und er lächelt und stützt sich auf die Axt wie ein Holzfäller. Ich habe solche Zeitschriften und Bilder in meiner Schulzeit auch gesehen. Mir hat es nie etwas ausgemacht. Aber Willie hat sich plötzlich geschämt, als er das Bild gesehen hat. Er hatte plötzlich das Gefühl, dass die Patres ihn diese ganzen Jahre zum Narren gehalten haben. Er hat sich geschämt, dass er je Missionar werden wollte. Er wollte ja nur nach Kanada, weg von hier. Bevor er das Bild gesehen hat, war ihm nicht klar, was es bedeutet, ein Missionar zu sein.«

»Wenn er nicht mehr auf die Missionsschule will, muss er auch nicht hingehen.«

»Wie der Vater, so der Sohn.«

»Das mit der Missionsschule war deine Idee.«

Also ging Willie Chandran nicht mehr auf die Missionsschule. Er saß untätig zu Hause.

Eines Tages fand sein Vater ihn schlafend über den Tisch gesunken, neben sich eine zugeklappte Ausgabe des *Landpredigers von Wakefield.* Seine Füße waren über Kreuz geschlagen – die rötlichen Fußsohlen so viel heller als der Rest seines Körpers. Es lag so viel Unglück und so viel Energie in dem Anblick, dass den Vater Mitleid überkam. Er dachte: ›Früher habe ich geglaubt, du seist ich, und mich darum gesorgt, was ich dir angetan habe. Aber jetzt weiß ich, dass du nicht ich bist. In dir gehen andere Dinge vor als in mir. Du bist ein anderer, jemand, den ich nicht kenne, und ich sorge mich um dich, weil du eine Reise angetreten hast, auf der ich dir nicht folgen kann.‹

Einige Tage später ging er zu Willie und sagte: »Ich bin nicht vermögend, wie du weißt. Aber wenn du möchtest, schreibe ich an ein paar von den Leuten, die ich in England kenne, und wir werden sehen, was sie für dich tun können.«

Willie freute sich, doch er zeigte es nicht.

Der berühmte Schriftsteller, dessen Namen Willie trug, war inzwischen sehr alt. Nach mehreren Wochen kam eine Antwort von ihm aus Südfrankreich. Der Brief bestand nur aus einem einzelnen kleinen Bogen Papier, maschinengeschrieben, mit breiten Rändern und großen Abständen zwischen den Zeilen. *Lieber Chandran, Ihr Brief hat mich sehr gefreut. Ich habe sehr schöne Erinnerungen an Indien, und es ist immer schön, von indischen Freunden zu hören. Verbindlichst der Ihre ...* Von Willie stand nichts in dem Brief. Es war, als hätte der alte Schriftsteller nicht verstanden, worum er gebeten worden war. Er hatte natürlich Sekretäre. Die Sekretäre hatten im Weg gestanden. Aber Willies Vater war enttäuscht und beschämt. Er beschloss, Willie nichts davon zu sagen, aber Willie konnte sich recht gut vorstellen, was passiert war; er hatte den Brief mit der französischen Marke gesehen.

Von dem berühmten Kriegsberichterstatter, der durch Indien gereist war, um über die Unabhängigkeit, die Teilung des Landes und die Ermordung des Mahatma zu berichten, und der ausnehmend liebenswürdig gewesen war, kam überhaupt keine Reaktion. Einige andere antworteten unbeschönigt, sie könnten nichts tun. Manche schickten lange, freundliche Briefe, in denen sie, wie der Schriftsteller, die Bitte um Hilfe übergingen.

Willies Vater versuchte es stoisch zu ertragen, aber das war nicht leicht. Er sagte zu seiner Frau – obwohl er es sich zur Regel gemacht hatte, seine düsteren Gedanken für sich zu behalten: »Nachdem ich so viel für sie getan habe, als sie hier waren! Sie durften im Aschram aus- und eingehen. Ich habe sie allen vorgestellt.« Seine Frau sagte: »Sie haben auch viel für dich getan. Sie waren dein täglich Brot. Das kannst du nicht leugnen.« Er dachte: ›Ich werde mit ihr nie wieder über diese Dinge reden. Es war falsch von mir, meine Regel zu durchbrechen. Sie kennt keine Scham. Sie ist durch und durch niedrig. Lässt sich von mir durchfüttern und macht mich dafür schlecht.‹

Er wusste nicht recht, wie er Willie die Nachricht beibringen sollte. Seit er um die Schwäche des Jungen wusste, konnte dessen Geringschätzung ihn nicht mehr treffen. Trotzdem mochte er – und ein wenig überraschte ihn das nach wie vor – sein Unglück nicht noch vergrößern. Er konnte das Bild nicht vergessen: der ehrgeizige, geknickte Junge, eingeschlafen neben der öden alten Schulausgabe des *Landpredigers von Wakefield*, mit vornübergesunkenem Kopf und übereinander geschlagenen Füßen, diesen Füßen, die so dunkel waren wie die seiner Mutter.

Doch die Demütigung einer Absage von allen Seiten blieb ihm erspart. In einem blauen Umschlag traf ein Brief aus London ein, von einem berühmten Mitglied des Oberhauses, einem Mann, der dem Aschram unmittelbar nach dem Eintritt Indiens in die Unabhängigkeit einen kurzen Besuch abgestattet hatte. Wegen seiner Berühmtheit und seines Adelstitels hatte er sich Willie Chandrans Vater eingeprägt. Die große, flüssige Handschrift auf dem blauen Briefpapier des Oberhauses kündete von Macht und dem Willen, diese Macht zu bezeigen, und der Inhalt des Briefes hielt, was die Handschrift versprach. Es hatte dem großen Mann gefallen, seine Macht Willie Chandran zu bezeigen, sich Dankbarkeit und Anerkennung in jenem fernen Winkel der Erde zu sichern, indem er seinen Zauberstab schwang – einen kleinen Finger hob (die anderen Finger hatten wichtigeres zu tun), der viele kleine Männer tätig werden ließ. Der Brief enthielt ein wenig von dem Gold, das die kleinen Männer gesponnen hatten: Willie Chandran wurde ein Studienplatz und ein Stipendium an einem Londoner College für Pädagogik angeboten.

Und so kam es, dass Willie Chandran, der Missionsschüler

ohne Schulabschluss – der keinerlei Zukunftspläne hatte außer dem Vorsatz, dem, was er kannte, zu entkommen, und keinerlei Vorstellung davon, was jenseits des ihm Bekannten existierte außer den Phantasien der Hollywood-Filme aus den dreißiger und vierziger Jahren, die er in der Missionsschule gesehen hatte –, im Alter von zwanzig Jahren nach London fuhr.

***

Er fuhr mit dem Schiff. Und alles an der Überfahrt – die Größe seines eigenen Landes, die Menschenmassen in der Hafenstadt, die Anzahl der Schiffe im Hafenbecken, die Selbstsicherheit der Passagiere auf dem Schiff – schüchterte ihn so ein, dass er den Mund nicht aufmachte, aus schierer Verzagtheit zunächst und nach einer Weile, als er entdeckte, dass das Schweigen ihm Kraft gab, mit Bedacht. So schaute er denn, ohne sehen zu wollen, und hörte, ohne zuzuhören, und doch sollte er später – so wie es vorkommt, dass jemand nach einer Krankheit sich all der Dinge erinnert, die er nur dämmernd wahrgenommen hat – feststellen, dass sein Gedächtnis alle Einzelheiten dieser wundersamen ersten Überfahrt bewahrt hatte.

Er wusste, dass London eine Metropole war. Eine Metropole, darunter stellte er sich ein schillerndes Wunderland vor, und als er nach London kam und durch Londons Straßen lief, fühlte er sich betrogen. Er konnte nichts anfangen mit dem, was er sah. Die Faltblätter und Broschüren, die er sich an den U-Bahnhöfen nahm oder kaufte, halfen ihm nicht weiter; sie setzten voraus, dass die darin geschilderten Sehenswürdigkeiten dem Leser bekannt und vertraut waren, doch für Willie war London kaum mehr als ein Name.

Die beiden einzigen Örtlichkeiten, von denen er eine Vorstellung hatte, waren der Buckingham-Palast und Speakers' Corner. Der Buckingham-Palast enttäuschte ihn. Der Maharadschapalast in seinem Heimatstaat erschien ihm viel großartiger, viel überzeugender, und in einem kleinen Winkel seines Herzens fand er, dass die Könige und Königinnen von England

Hochstapler waren und ihr Reich nichts als eine hohle Fassade. Aus der Enttäuschung wurde ein Gefühl der Beschämung – über sich selbst, seine Einfalt –, als er zur Speakers' Corner kam. Diesen Ort hatten sie in der Missionsschule in Allgemeinkunde durchgenommen, und er hatte in mehr als einer Klausur kenntnisreich darüber geschrieben. Er hatte große, aufgebrachte, schreiende Menschenmengen erwartet, ähnlich den Massen, vor denen der Onkel seiner Mutter, der Aufwiegler der Rückständigen, seine Reden gehalten hatte. Stattdessen stand da ein Häuflein müßiger Passanten um ein halbes Dutzend Redner geschart, während Autos und große Busse gleichgültig vorbeirollten. Einige der Redner trugen sehr persönliche religiöse Ansichten vor, und Willie, der an das Leben in seinem Elternhaus denken musste, sagte sich, dass die Familien dieser Männer wahrscheinlich heilfroh waren, sie für den Nachmittag loszusein.

Er wandte sich ab von dem bedrückenden Bild und schlug einen der parallel zur Bayswater Road verlaufenden Fußwege ein. Er ging, ohne etwas zu sehen, in Gedanken mit der Hoffnungslosigkeit daheim und seiner eigenen unklaren Gegenwart beschäftigt. Doch plötzlich fand er sich dem allen wie durch Zauberhand entrückt. Denn auf dem Pfad, beim Gehen halb auf seinen Stock gestützt, kam ihm ein Mann entgegen, ein über die Maßen berühmter Mann, der hier zwanglos und einsam und imposant zwischen den Nachmittagsspaziergängern dahinschritt. Willie starrte ihn an. Alte Empfindungen regten sich in ihm, und genau wie manche der Besucher, die in den Aschram kamen, nur um seinen Vater sehen zu dürfen, fühlte er sich schon allein durch den Anblick und die Nähe dieses Mannes beschenkt.

Der Mann war hoch gewachsen und schlank, sehr dunkel, eine auffallende Erscheinung in dem formellen tiefschwarzen Zweireiher, der seine Schlankheit noch betonte. Sein welliges Haar über dem langen schmalen Gesicht mit der enormen Adlernase war glatt zurückgekämmt. Willie erkannte jede Einzelheit von den Photographien wieder. Krishna Menon war das, der Freund und Berater Nehrus und Vertreter Indiens bei internationalen Gremien. Er hatte den Kopf gesenkt, tief in Gedanken. Dann blickte er auf, sah Willie, und aus dem umwölkten Gesicht blitzte ein freundliches, diabolisches Lächeln. Willie hätte nie und nimmer erwartet, dass der große Mann ihn zur Kenntnis nehmen würde. Und ehe er irgendwie reagieren konnte, waren er und Krishna Menon aneinander vorbeigegangen, der überwältigende Moment war vorüber.

Am nächsten Tag, vielleicht auch am übernächsten, las er in dem kleinen Aufenthaltsraum des Colleges in einer Zeitung, dass Krishna Menon auf seinem Weg nach New York zu den Vereinten Nationen in London Station gemacht hatte. Er war im Claridge Hotel abgestiegen. Willie zog Stadtpläne und Telephonbücher zu Rate und kam zu dem Schluss, dass Krishna Menon an jenem Nachmittag möglicherweise einfach von seinem Hotel in den Park gegangen war, um über die Rede nachzudenken, die er in Kürze halten würde. Die Rede befasste sich mit der Invasion Englands, Frankreichs und einiger anderer Staaten in Ägypten.

Von einer solchen Invasion hörte Willie zum ersten Mal. Verursacht hatte sie offenbar die Verstaatlichung des Suezkanals, und auch davon hatte Willie noch nichts gehört. Den Suezkanal selbst kannte er aus dem Erdkundeunterricht, und einer der Hollywood-Filme, den sie in der Missionsschule gezeigt bekommen hatten, war *Suez* gewesen. Aber weder die Schulgeographiekenntnisse noch *Suez* waren für Willie im eigentlichen Sinne real. Das eine hatte so wenig mit dem Hier und Jetzt zu tun wie das andere; all das blieb ohne Auswirkungen auf ihn, seine Familie oder seine Heimatstadt, und er hatte keine Ahnung von der Geschichte des Kanals oder Ägypten. Colonel Nasser, der ägyptische Staatspräsident, war ihm dem Namen nach zwar geläufig, aber auf die gleiche Art wie auch Krishna Menon: Er wusste, dass man ihn kennen musste, aber nicht, warum. Zwar hatte er zu Hause Zeitung gelesen, aber auf seine eigene Weise. Er hatte sich angewöhnt, die Schwerpunktthemen auszublenden, die Berichte über Kriege in fernen Ländern oder Wahlkämpfe in den Vereinigten Staaten, die ihm ohnehin gleichgültig waren, die sich zäh und monoton über Wochen hinzogen und oft so lahm endeten, dass all der Aufwand, all die Aufmerksamkeit ähnlich wie bei einem schlechten Buch oder Film durch wenig oder gar nichts gerechtfertigt waren. So wie er es auf dem Schiff fertig gebracht hatte, zu sehen und zu hören, ohne etwas wahrzunehmen, hatte Willie daheim viele Jahre lang Zeitung gelesen, ohne die Nachrichten zu verarbeiten. Er erkannte die großen Namen; hin und wieder las er eine Schlagzeile, doch das war alles.

Jetzt, nach der Begegnung mit Krishna Menon im Park, staunte er plötzlich, wie wenig er von der Welt wusste. Er sagte sich: »Diese Angewohnheit des Nicht-Sehens habe ich von meinem Vater.« Er begann die Suezkrise in den Zeitungen zu verfolgen, verstand aber nicht, was er las. Er wusste zu wenig über die Hintergründe, und mit den Berichten verhielt es sich wie mit Fortsetzungsromanen: Man musste wissen, was vorher geschehen war. Also las er in der Collegebibliothek über Ägypten nach und war hinterher so ratlos wie zuvor. Ihm war, als befände er sich in rasender Fahrt, ohne irgendwelche Orientierungspunkte, die ihm ein Gefühl für die Geschwindigkeit und die eigene Position vermittelten. Je mehr er las, desto größer erschien ihm seine Beschränktheit. Schließlich versuchte er es mit einer billigen, noch aus dem Krieg stammenden Weltgeschichte. Er begriff so gut wie nichts. Es war wie mit den Faltblättern über London, die in den U-Bahnhöfen auslagen: Das Buch setzte beim Leser eine Kenntnis der wichtigsten Ereignisse voraus. Willie hatte das Gefühl, in einem Meer der Unwissenheit zu schwimmen, gelebt zu haben, ohne irgendetwas von seiner Zeit mitzubekommen. Der Onkel seiner Mutter hatte immer gesagt, die Niederen, die »Rückständigen«, seien so lange aus der Gesellschaft ausgeschlossen gewesen, dass sie nichts über Indien wüssten, nichts über andere Religionen, nicht einmal etwas über die Religion der Kasten, denen sie dienten. Und er dachte: ›Diese Unbedarftheit, das ist etwas, das ich von meiner Mutter habe.‹

Sein Vater hatte ihm die Namen etlicher Leute mit auf den

Weg gegeben, bei denen er sich melden sollte. Willie hatte nicht vorgehabt, das zu tun. Kaum einer der Namen sagte ihm etwas, und hier in London wollte er allein zurechtkommen, ohne die Empfehlungen seines Vaters. Das hatte ihn jedoch nicht davon abgehalten, im College damit hausieren zu gehen. Er hatte die Namen erwähnt, unschuldig, probeweise, und anhand der Reaktion seiner Zuhörer zu ermessen versucht, welches Gewicht sie besaßen. Nun aber, getrieben von diesem neuen Gefühl der Unwissenheit und Beschämung, der immer klareren Erkenntnis, dass die Welt, in der er lebte, zu groß für ihn war, schrieb Willie an den berühmten alten Schriftsteller, nach dem er benannt war, und an einen Journalisten, dessen Namen er fett gedruckt in einer der Zeitungen gelesen hatte.

Der Journalist antwortete als Erster. *Lieber Chandran! Selbstverständlich erinnere ich mich an Ihren Vater. Mein Lieblingsbabu ...* »Babu«, ein Inder mit englischer Bildung, war das falsche Wort; was er meinte, war »Sadhu«, Asket. Aber das störte Willie nicht. Der Brief klang freundlich. Der Journalist lud Willie ein, ihn in der Redaktion zu besuchen, und so ging Willie etwa eine Woche später am frühen Nachmittag in die Fleet Street. Der Tag war sonnig und mild, aber Willie hatte eingetrichtert bekommen, dass es in England immerzu regnete, darum trug er einen Regenmantel. Der Regenmantel war sehr dünn, aus gummiertem Stoff, dessen glatte Innenseite zu schwitzen begann, kaum dass man mit ihr in Berührung kam, und als Willie vor dem großen schwarzen Zeitungsgebäude stand, war seine Jacke an Schultern und Ärmeln und am Kragen feucht, sodass er, als er den nassen, an der Jacke klebenden Mantel auszog, aussah, als wäre er durch Nieselregen gegangen.

Er nannte einem Mann in Uniform seinen Namen, und nach einer Weile kam der Journalist, im dunklen Anzug und nicht mehr jung, ins Foyer herunter, und er und Willie unterhielten sich im Stehen. Sie wurden nicht warm miteinander. Sie hatten sich nichts zu sagen. Der Journalist erkundigte sich nach dem Babu; Willie korrigierte ihn nicht; und als dieses Thema erschöpft war, sahen sie beide im Foyer umher. Der Journalist begann in entschuldigendem Ton über seine Zeitung zu reden, und Willie entnahm seinen Äußerungen, dass die Zeitung der indischen Unabhängigkeit ablehnend gegenüberstand und dass der Journalist nach seiner Indienreise einige sehr kritische Artikel geschrieben hatte.

Der Journalist sagte: »Das liegt an Beaverbrook. Er hat nicht viel übrig für die Inder. Er ist in mancher Hinsicht wie Churchill.«

Willie fragte: »Wer ist Beaverbrook?«

Der Journalist senkte die Stimme. »Das ist unser Besitzer.« Es amüsierte ihn, dass Willie etwas so Weltbewegendes nicht wusste.

Willie bemerkte es und dachte: ›Ich bin froh, dass ich es nicht gewusst habe. Ich bin froh, dass es mir nicht imponiert hat.‹

Durch die Eingangstür hinter Willie trat jemand ins Foyer. Der Journalist spähte an Willie vorbei, um besser sehen zu können.

Er sagte – ehrfürchtig: »Das ist unser Chefredakteur.«

Willie erblickte einen dunkelgekleideten Herrn mittleren Alters, der, noch ganz rosig vom Mittagessen, die Treppe am anderen Ende der Halle hinaufging.

Der Journalist, der den Chefredakteur nicht aus den Augen ließ, sagte: »Sein Name ist Arthur Christiansen. Er ist der beste Zeitungsredakteur der Welt, heißt es.« Und mehr zu sich selbst murmelte er: »Dazu gehört schon einiges.« Gemeinsam sahen er und Willie zu, wie der große Mann die Stufen emporstieg. Dann erwachte der Journalist aus seiner Starre und sagte scherzhaft: »Ich hoffe, Sie sind nicht hergekommen, weil Sie auf seinen Posten spekulieren.«

Willie lachte nicht. Er sagte: »Ich bin Student. Ich habe ein Stipendium. Ich spekuliere auf keinen Posten.«

»Wo studieren Sie?«

Willie nannte ihm sein College.

Der Journalist hatte noch nie davon gehört. Willie dachte: ›Er will mich provozieren. Mein College ist ziemlich groß und ziemlich real.‹

Der Journalist sagte in seinem neuen, scherzhaften Ton: »Haben Sie vielleicht Asthma? Ich frage nur, weil unser Besitzer an Asthma leidet und Asthmatiker bei ihm einen Stein im Brett haben. Wenn Sie eine Stelle suchen, dann könnte das von Vorteil sein.«

Damit war die Unterredung beendet, und Willie schämte sich für seinen Vater, über den sich der Journalist in seinen Artikeln mokiert haben musste, und er schämte sich vor sich selbst, dass er seinem Entschluss, sich nicht an die Freunde des Vaters zu wenden, untreu geworden war.

Ein paar Tage danach kam ein Brief von dem großen Schriftsteller, dessen Namen Willie trug. Er war auf einem kleinen Briefbogen des Claridge Hotels geschrieben – des Hotels, von dem Krishna Menon an besagtem Nachmittag zu seinem kurzen Gang in den Park aufgebrochen war, zweifelsohne, um über seine bevorstehende Rede zur Suezkrise nachzudenken. Der Brief war maschinengeschrieben, mit großen Zeilenabständen und breitem Rand. *Lieber Willie Chandran! Ihr Brief hat mich sehr gefreut. Ich habe sehr schöne Erinnerungen an Indien, und es ist immer schön, von indischen Freunden zu hören. Verbindlichst der Ihre …* Und doch war die zittrige Altmänner-Unterschrift mit großer Sorgfalt ausgeführt, als sähe der Schriftsteller darin den wahren Sinn und Zweck seines Schreibens.

Willie dachte: ›Ich habe meinem Vater Unrecht getan. Für mich stand immer fest, dass er als Brahmane es leicht gehabt hat in der Welt und nur aus Trägheit zum Scharlatan geworden ist. Jetzt allmählich ahne ich, wie schwer er es gehabt haben muss.‹

Willie lebte im College wie in einer Art Trance. Der Lernstoff, den man ihm vorsetzte, war wie das Essen – fade Kost. Eins war für ihn untrennbar mit dem anderen verbunden. Mit der gleichen Lustlosigkeit, mit der er aß, befolgte er die Anweisungen der Dozenten und Tutoren, stumpf las er Bücher und Artikel und schrieb seine Essays. Er ließ sich treiben, ohne jede Vorstellung davon, was kommen mochte. Noch immer fehlte ihm jeder Maßstab für die Dinge rings umher, jeder Begriff für historische oder auch nur räumliche Dimensionen. Beim Anblick des Buckingham-Palasts waren ihm die Könige und Königinnen wie Hochstapler vorgekommen und ihr Reich wie eine bloße Fassade, und in diesem Gefühl, von Lug und Trug umgeben zu sein, lebte er nach wie vor.

Im College musste er alles neu lernen. Er musste neue Tischsitten lernen. Er musste lernen, andere zu begrüßen, ohne sie bei einem nächsten Zusammentreffen zehn oder fünfzehn Minuten später gleich wieder zu grüßen. Er musste lernen, die Türen hinter sich zuzumachen. Er musste lernen, um Dinge zu bitten, ohne fordernd zu wirken.

Das College war eine viktorianische Gründung, teils auf wohltätiger Basis, und Oxford und Cambridge nachempfunden. Das bekamen die Studenten häufig zu hören. Und weil das College wie Oxford und Cambridge war, gab es alle möglichen »Traditionen«, auf die die Dozenten und Studenten stolz waren, ohne sie jedoch begründen zu können. So galten beispielsweise für die Kleidung und das Verhalten im Speisesaal strikte Regeln und Verstöße wurden mit seltsamen Strafen geahndet, bei denen viel Bier getrunken werden musste. Zu offiziellen Anlässen hatten die Studenten schwarze Talare zu tragen. Als Willie wissen wollte, was es damit auf sich habe, erklärte ihm einer der Dozenten, dass dies eine Sitte aus Oxford und Cambridge war und dass der akademische Talar auf die Toga der alten Römer zurückging. Willie, nicht gebildet genug, um beeindruckt zu sein, machte es wie damals in der Missionsschule und schlug in der Collegebibliothek in verschiedenen Büchern nach. Dort war zu lesen, dass trotz all der Statuen von in Togen gehüllten Männern des Altertums bislang niemand herausgefunden hatte, wie die Römer ihre Togen getragen hatten. Der akademische Talar hatte aller Wahrscheinlichkeit nach die Gewänder der frühen islamischen Gelehrten zum Vorbild, die ihrerseits auf noch frühere Vorbilder zurückgingen. Auch dies war also Lug und Trug.

Doch gleichzeitig vollzog sich in Willie ein merkwürdiger Wandel. Je besser er die sonderbaren Regeln seines Colleges kennen lernte, inmitten dieser kirchenartigen Gebäude, die älter taten, als sie waren, desto mehr rückten nach und nach auch die Regeln, die er in der Heimat hinter sich gelassen hatte, in ein neues Licht. Er erkannte – und es war eine Erkenntnis, die ihn zunächst verstörte –, dass diese alten Regeln ebenfalls selbst auferlegt und somit Lug und Trug waren. Und eines Tages, gegen Ende seines zweiten Trimesters, begriff er mit großer Klarheit, dass sie ihn nicht mehr banden.

Der radikale Onkel seiner Mutter hatte jahrelang für die Freiheit der Rückständigen gekämpft. Willie hatte sich dabei stets angesprochen gefühlt. Jetzt plötzlich ging ihm auf, dass er nach dieser Freiheit, für die sich der Aufwiegler so eingesetzt hatte, lediglich die Hand auszustrecken brauchte. Weder im College noch außerhalb kannte irgendjemand die Regeln, die in Willies Heimat galten. Er konnte sich darstellen, wie es ihm beliebte. Er konnte sich sozusagen seine eigene Revolution zurechtschneidern. Die Möglichkeiten waren schwindelerregend. Solange er es nicht übertrieb, konnte er sich selbst neu erfinden, einschließlich seiner Vergangenheit und seiner Vorfahren.

Und ganz ähnlich, wie er sich anfangs im College auf eine unschuldige, einsame Art damit geschmückt hatte, dass seine »Familie« mit dem berühmten alten Schriftsteller und dem berühmten Beaverbrook-Journalisten befreundet war, begann er nun andere Aspekte seines Lebens abzuändern, wenn auch auf unauffällige, harmlose Weise. Er hatte kein umfassendes Konzept. Er brachte einen Tupfer hier an, einen Tupfer da. Da in den Zeitungen viel von den Gewerkschaften die Rede war, überlegte er sich zum Beispiel eines Tages, dass der Onkel seiner Mutter, der bei Versammlungen manchmal einen roten Schal trug (wie sein Held Bharatidarsana, der berühmte atheistische Dichter und Revolutionär der Rückständigen), ja eigentlich nichts anderes als ein Gewerkschaftsführer war, ein Vorkämpfer für die Rechte der Arbeiter. Er ließ in Gesprächen und in den Tutorien entsprechende Bemerkungen fallen und konnte feststellen, dass es die Leute beeindruckte.

Ein andermal überlegte er sich, dass seine Mutter mit ihrem

Missionsschulhintergrund wahrscheinlich eine halbe Christin war. Er machte eine ganze Christin aus ihr, und um das Stigma der Missionsschule zu umgehen, die Bilder lachender barfüßiger Wilder (das College unterstützte eine christliche Mission in Nyassaland im Süden Afrikas), baute er zusätzlich noch ein paar Dinge ein, die er in Büchern gelesen hatte, sodass seine Mutter nun einer uralten christlichen Gemeinde des Subkontinents angehörte, einer Gemeinde, die fast so alt war wie das Christentum selbst. Seinen Brahmanen-Vater behielt er bei. Den Vater seines Vaters beförderte er zum »Edelmann«. Indem er so mit Worten spielte, erschuf er sich neu. Das beschwingte ihn, und es verlieh ihm ein Gefühl der Macht.

Seine Tutoren sagten: »Allmählich gewöhnen Sie sich ein.«

***

Sein neues Selbstvertrauen ließ ihn leichter Anschluss finden. So freundete er sich mit Percy Cato an. Percy war Jamaikaner, ein Mischling, mehr braun als schwarz. Willie und Percy – beides Exoten, beides Stipendiaten – hatten sich anfangs mit einem gewissen Argwohn betrachtet, aber jetzt begegneten sie einander ganz ungezwungen und begannen Geschichten über ihre Vorfahren auszutauschen. Percy sagte, als es um seine Abstammung ging: »Ich glaube, ich habe sogar eine indische Großmutter.« Das gab Willie unter seiner neuen Schale einen Stich. Diese Frau war wahrscheinlich wie seine Mutter gewesen, allerdings in einer unsagbar fremden Umgebung, einer Welt, die sich ganz und gar ihrem Einfluss entzog. Percy strich sich über sein krauses Haar und sagte: »Negerblut ist übrigens rezessiv.« Willie verstand nicht, was er meinte. Er wusste nur, dass Percy sich eine Geschichte zurechtgebastelt hatte, um sein Äußeres zu erklären. Er war Jamaikaner, stammte aber nicht aus Jamaika, sondern war in Panama geboren und aufgewachsen. Er sagte: »Ich bin der einzige Schwarze oder Jamaikaner oder Westinder in England, der keine Ahnung von Kricket hat.«

Willie fragte: »Wie bist du nach Panama gekommen?«

»Mein Vater hat am Panamakanal mitgebaut.«

»Panamakanal? So wie der Suezkanal?« Letzterer war immer noch in den Schlagzeilen.

»Vor dem Ersten Weltkrieg.«

Nach alter Gewohnheit ging Willie in die Collegebibliothek, um mehr über den Panamakanal zu erfahren. Und da lagen sie vor ihm, all die schwarz umrandeten körnigen, retuschierten, unscharfen Photographien in den alten Enzyklopädien und Jahrbüchern: die riesige wasserlose Baustelle aus der Zeit vor dem Ersten Weltkrieg, mit Trupps gesichtsloser schwarzer Arbeiter, womöglich Jamaikanern, in den wasserlosen Schleusen. Einer dieser Schwarzen war vielleicht Percys Vater.

Er fragte Percy im Aufenthaltsraum: »Als was hat dein Vater beim Panamakanal gearbeitet?«

»Als Schreiber. Du weißt ja, diese Leute da drüben. Können nicht lesen, können nicht schreiben.«

Willie dachte: ›Er lügt. Das ist eine idiotische Geschichte. Sein Vater war Bauarbeiter. Er war bei einem der Bautrupps, er hat seinen Pickel vor sich auf den Boden gestützt wie all die anderen und artig in die Kamera geschaut.‹

Bis dahin hatte Willie nicht recht gewusst, was er von diesem Mann halten sollte, der keinen festen Platz in der Welt zu haben schien und sich bald als Schwarzer gab, bald nicht. Wenn Percy sich als Schwarzer fühlte, war Willie sein bester Freund, wenn nicht, dann hielt er ihn auf Abstand. Nun, mit dem Bild von Percys Vater vor Augen, der unter der heißen Sonne Panamas stand wie ein Soldat nach dem »Rührt euch«, beide Hände auf dem Griff seines Pickels, meinte Willie ihn ein bisschen besser zu kennen.

Willie hatte sorgsam darauf geachtet, nicht zu viel von sich preiszugeben, und so schwand seine Befangenheit in Percys Gegenwart mehr und mehr. Er hatte das Gefühl, eine oder zwei, wenn nicht gar etliche Stufen über Percy zu stehen, weshalb es ihm leichter fiel, in Percy einen weltgewandten Mann zu sehen, der Bescheid wusste über London und die westlichen Sitten.

Percy war geschmeichelt, und unter seiner Führung entdeckte Willie die Stadt.

Percy hielt sehr auf seine Kleidung. Er trug stets Anzug und Krawatte. Seine Hemdkragen waren immer blütenweiß, gestärkt und steif, seine Schuhe immer auf Hochglanz poliert, mit blankem Oberleder und Absätzen, die nie abgenutzt waren. Percy kannte sich mit Stoffen und dem Schnitt von Anzügen und handgenähten Säumen aus, und er bemerkte diese Dinge im Vorbeigehen an anderen. Gute Kleidung war in seinen Augen fast so etwas wie ein moralisches Verdienst. Er hatte Achtung vor Menschen, die Achtung vor Kleidern hatten.

Willie verstand gar nichts von Kleidern. Er hatte fünf weiße Hemden, und da die Wäsche im College nur einmal pro Woche zum Waschen abgeholt wurde, musste er eins davon zwei oder drei Tage hintereinander tragen. Er besaß eine einzige Krawatte, eine burgunderfarbene Tootal-Baumwollkrawatte, die sechs Schilling kostete. Alle drei Monate kaufte er eine neue und warf die alte weg, die inzwischen mit Flecken übersät und so zerknittert war, dass er sie nicht mehr binden konnte. Sein einziges Sakko war hellgrün; es saß nicht gut und verlor leicht die Form. Er hatte drei Pfund dafür bezahlt, bei einem Ausverkauf der Fifty Schilling Tailors an der Strand. Er hielt sich nicht für schlecht gekleidet, und es dauerte einige Zeit, bis er bemerkte, dass Percy Kleidern größte Wichtigkeit beimaß und ausgesprochen gern darüber redete. Das war ein Charakterzug, der ihm zu denken gab. Stoffe und Farben waren für ihn etwas, worauf nur Frauen achteten (wobei er in einem mittlerweile verborgenen Winkel seines Kopfes auch an die Verwandten seiner Mutter und ihre Vorliebe für grelle Farben denken musste). Bei einem Mann schien so etwas verkehrt, unmännlich, müßig. Aber er glaubte zu verstehen, warum Percy so viel Wert auf Kleider und mehr noch auf Schuhe legte. Und dann musste er feststellen, dass er sich in Bezug auf das Unmännliche getäuscht hatte.

Eines Tages sagte Percy: »Nächsten Samstag kommt meine Freundin.« Am Wochenende war Damenbesuch im Wohnheim erlaubt. »Ich weiß nicht, ob dir das aufgefallen ist, Willie, aber an den Wochenenden wird hier gevögelt, dass die Wände wackeln.«

Willie war aufgeregt und neidisch, zumal Percy so lässig und unverblümt darüber sprach. Er sagte: »Ich würde deine Freundin gern kennen lernen.«

Percy sagte: »Dann komm doch am Samstag auf einen Drink vorbei.«

Und Willie konnte den Samstag kaum erwarten.

Kurz darauf fragte er Percy: »Wie heißt deine Freundin?«

Erstaunt sagte Percy: »June.«

Für Willie schwang in dem Namen ein Duft mit. Und noch ein wenig später, während desselben Gesprächs, fragte er so beiläufig, wie er nur konnte: »Was macht June?«

»Sie arbeitet in der Parfümabteilung bei Debenhams.«

Parfümabteilung, Debenhams; Willie fühlte sich wie berauscht von den Worten. Percy bemerkte es, und um den Eindruck großstädtischer Gewandtheit noch zu verstärken, fügte er hinzu: »Debenhams ist ein großes Kaufhaus in der Oxford Street.«

Eine Pause, dann fragte Willie: »Hast du June da kennen gelernt? In der Parfümabteilung von Debenhams?«

»Ich habe sie im Club kennen gelernt.«

»Im Club!«

»Die Bar, wo ich früher gearbeitet habe.«

Willie war schockiert, ließ sich aber sicherheitshalber nichts anmerken. Er sagte: »Verstehe.«

Percy sagte: »Da habe ich gearbeitet, bevor ich hierher gekommen bin. Der Laden hat einem Freund von mir gehört. Wenn du magst, gehen wir mal hin.«

Sie fuhren mit der U-Bahn bis zum Marble Arch, derselben Station, wo Willie viele Monate zuvor ausgestiegen war, um sich die Speakers' Corner anzuschauen, und dabei so unverhofft Krishna Menon gesehen hatte. Es war ein sehr anderes London, das ihm nun vorschwebte, als er und Percy in eine stille, schmale Straße einbogen, die nördlich der Oxford Street an der Rückseite eines großen Hotels vorbeiführte. Nur ein diskretes kleines Schild machte auf den Club aufmerksam. Dieser erwies sich als ein kleiner, geschlossener, sehr dunkler Raum mit einem Foyer. Ein Schwarzer stand hinter dem Tresen, und auf einem Barhocker saß eine Frau mit fahlem Haar, fahler, dick gepuderter Haut und fahlem Kleid. Beide grüßten Percy. Willie war tief beeindruckt, nicht von der Schönheit der Frau – davon konnte bei ihr keine Rede sein, und je länger er sie ansah, desto älter wirkte sie –, sondern von ihrer Gewöhnlichkeit und ihrer Aufmachung, von der Tatsache, dass sie schon am Nachmittag hier war und sich so sorgsam dafür hergerichtet hatte, und überhaupt der ganzen Atmosphäre der Verruchtheit. Percy bestellte Whisky für sie beide, obwohl weder er noch Willie gern tranken; und so saßen sie da und tranken nicht, und Percy erzählte.

»Ich war Türsteher hier – du weißt schon, die Guten ins Töpfchen, die Schlechten ins Kröpfchen. Es war das Einzige, was ich kriegen konnte. In einer Stadt wie London muss ein Mann wie ich nehmen, was er kriegen kann. Ich dachte, eines Tages könnte ich vielleicht Teilhaber werden. Mein Freund hat mich abblitzen lassen. Also bin ich lieber gegangen, um die Freundschaft zu retten. Mein Freund ist ein gefährlicher Mann. Irgendwann lernst du ihn kennen. Ich stelle dich ihm vor.«

Willie sagte: »Und eines Tages kam dann June zur Tür herein, von der Parfümabteilung bei Debenhams?«

»Es ist nicht weit. Nur ein paar Schritte.«

Und obgleich Willie weder wusste, wie June aussah, noch, wo Debenhams lag, versuchte er sich ein ums andere Mal vorzustellen, wie sie von Debenhams bis zu diesem Club gegangen war.

Am Samstag in Percys Zimmer sah er sie dann. Sie war ein breit gebautes Mädchen in einem engen Rock, der ihre Hüften betonte. Ihr Parfüm erfüllte den ganzen Raum. In ihrer Abteilung, dachte Willie, hatte sie wohl freien Zugang zu allen Düften von Debenhams, und sie hatte nicht gespart. Willie hatte solch einen Duft noch nie gerochen, diese Mischung aus Kot und Schweiß und einer tiefen, beißenden, vielschichtigen Süße, die er nicht so leicht zuordnen konnte.

Sie saßen nebeneinander auf dem kleinen Wohnheimsofa, und er rutschte immer dichter an sie heran und ließ ihr Parfüm auf sich wirken, ihre gezupften Augenbrauen, die Beine, die sie unter sich gezogen hatte und die enthaart, aber ein wenig borstig waren.

Percy bemerkte es, sagte jedoch nichts. Willie nahm das als Freundschaftsbeweis. Und June selbst war sanft und willig, sogar in Percys Beisein. Willie konnte ihr die Sanftheit und Willfährigkeit vom Gesicht ablesen. Als es an der Zeit war, June und Percy allein zu lassen, damit geschehen konnte, was geschehen musste, war er in einem inneren Aufruhr. Er dachte daran, eine Prostituierte aufzusuchen. Er hatte keine Ahnung von Prostituierten, nur der Ruf gewisser Straßen um den Piccadilly Circus war ihm bekannt. Aber dann fand er doch nicht den Mut.

Am Montag ging er zu Debenhams. Die Mädchen in der Parfümabteilung erschraken vor ihm, und er erschrak vor ihnen – sie waren so gepudert, so unecht und hatten so seltsame Wimpern; geschoren und gerupft wie Hühner beim Metzger sahen sie aus. Aber schließlich fand er June. Vor dieser Kulisse aus Glas und Geglitzer und künstlichem Licht – einer Extravaganz, wie er sie in seiner ersten Zeit hier in den Straßen Londons vergeblich gesucht hatte – erschien sie ihm breit und weich und plump und sehr verführerisch. Er durfte gar nicht erst an all das denken, was ihn am Samstag so erregt hatte. Ihre langen Wimpern unter den dünnen schwarzen Brauen und perlmuttfarbenen Lidern klappten hoch. Sie erwiderte seinen Gruß ohne Überraschung. Er war erleichtert, und ehe er noch ein halbes Dutzend Worte gesprochen hatte, merkte er, dass sie erriet, wie es um ihn stand, und Nachsicht mit ihm haben würde. Dennoch war er nicht in der Lage, ihr zu sagen, was er von ihr wollte – er wusste nicht, wie. Er brachte lediglich hervor: »Würdest du dich mit mir treffen, June?«

Sie sagte ganz schlicht: »Natürlich, Willie.«

»Können wir uns heute sehen? Wenn du Feierabend hast?«

»Wo?«

»Im Club.«

»Percys altem Club? Du weißt aber, dass du da Mitglied sein musst?«

Am Nachmittag ging er in den Club, um Mitglied zu werden. Das war nicht weiter schwer. Wieder war zu seinem Befremden niemand da außer der sehr weißen Frau auf dem Hocker und dem schwarzen Barmann. Der Barmann (der zu diesen ruhigen Zeiten vielleicht Percys einstige Rolle übernahm und die Guten ins Töpfchen und die Schlechten ins Kröpfchen beförderte) gab Willie ein Formular zum Ausfüllen. Dann bezahlte Willie fünf Pfund (er lebte von sieben Pfund die Woche), und der Barmann, der den Stift kleine Kreise in der Luft beschreiben ließ, bevor er ihn ansetzte – wie ein Gewichtheber, der erst ein paar Anläufe nimmt, ehe er ein besonders schweres Gewicht stemmt –, war ein Weilchen damit beschäftigt, Willies Namen auf eine kleine Mitgliedskarte zu schreiben.

Vor dem vereinbarten Zeitpunkt schaute er viele Minuten die Straße auf und ab; er wollte nicht als Erster im Club ankommen und dann möglicherweise enttäuscht sein, und während er Ausschau hielt, stellte er sich June vor, wie sie sich nach Feierabend irgendwo herrichtete und sich dann auf den Weg von Debenhams zum Club machte. Er begrüßte sie an der Tür, als sie kam, und sie gingen hinein in die dunkle Bar. Der Barmann kannte sie, und die Frau auf dem Hocker kannte sie, und es gefiel Willie, dass er nun mit jemand Bekanntem hier war. Er bestellte Drinks, die teuer waren, fünfzehn Schilling für sie beide, und dabei roch er in dem dämmrigen Raum immerzu Junes Parfüm und rückte dicht an sie heran und wusste kaum, was er sagte.

Sie sagte: »Ins College können wir nicht. Das wäre Percy nicht recht, und außerdem komm ich da nur am Wochenende rein.« Etwas später dann meinte sie: »Also gut. Ich weiß, wo wir hingehen können. Da müssen wir aber ein Taxi nehmen.«

Der Fahrer verzog das Gesicht, als sie ihm die Adresse nannte. Das Taxi trug sie fort aus dem Zauberland von Marble Arch und Bayswater. Die Fahrt ging nach Norden, und die Straßen wurden rasch immer trostloser: große verwahrloste Häuser ohne Treppengeländer oder Zäune, mit Mülltonnen vor den Fenstern. Vor einem dieser Häuser hielten sie an. Mit Trinkgeld betrug der Fahrpreis fünf Schilling.

Eine geländerlose Treppe führte hinauf zu einer großen, ramponierten Eingangstür, bei der an vielen Stellen alte Farbschichten hervorsahen und durch die man in einen breiten, dunklen Hausflur trat. Es roch nach altem Staub, aus den Wänden ragten noch die Halterungen für die Gaslampen. Die Tapete war nach oben hin nahezu schwarz, das Linoleum auf dem Boden abgewetzt bis zur Farblosigkeit, auch wenn an den Seiten teilweise noch das alte Muster zu erkennen war. Die Treppe am Ende des Flurs war breit – Reste alter Eleganz –, aber das hölzerne Geländer starrte vor Dreck. Das Fenster am Treppenabsatz war trübe und gesprungen, und der Hof lag voller Abfälle.

June sagte: »Das Ritz ist es nicht, aber die Eingeborenen sind freundlich.«

Da war Willie nicht so sicher. Die meisten Türen waren zu. Aber hier und da öffnete sich, während sie immer höher stiegen (und die Stufen immer schmaler wurden), eine der Türen einen Spalt breit, und Willie sah die bösen, runzligen, gelben Gesichter uralter Weiblein. Marble Arch war so nahe, und doch schien dies hier eine andere Stadt – als leuchtete über dem College eine andere Sonne, als läge eine andere Erde unter der Parfümabteilung von Debenhams.

Das Zimmer, in das June ihn führte, war klein: eine Matratze auf Zeitungspapier, kahle Dielenbretter. Ein Stuhl war da, ein Handtuch, eine nackte Glühbirne an der Decke, mehr nicht. June entkleidete sich methodisch. Es war nicht zu ertragen. Er empfand kaum Lust. Im Nu war alles vorüber, nach einem ganzen Wochenende des Planens, nach all den Unkosten, und er wusste nicht, was er sagen sollte.

June ließ es zu, dass er den Kopf auf ihren teigigen Arm bettete, und sagte: »Eine Freundin von mir sagt, das gibt es bei Indern oft. Es kommt daher, dass die Ehen arrangiert werden. Da haben sie nicht das Gefühl, dass sie sich anstrengen müssen. Mein Vater sagt, sein Vater hat ihm immer gepredigt: ›Erst die Frau befriedigen. Dann bist du an der Reihe.‹ Du hattest wahrscheinlich niemand, der dir so was gesagt hat.«

Zum ersten Mal empfand Willie Mitleid mit seinem Vater.

Er sagte: »Lass es mich noch mal probieren, June.«

Er probierte es ein zweites Mal. Es dauerte länger, aber June sagte nichts. Und dann, wie zuvor, war es vorbei. Die Toilette lag am Ende des schwarzen Korridors. Spinnweben, pelzig vor Staub, bedeckten den hohen, rostigen Spülkasten und hingen wie Gardinen vor dem kleinen Fenster unter der Decke. June kehrte zurück und zog sich mit größter Sorgfalt wieder an. Willie sah ihr nicht dabei zu. Sie stiegen wortlos die Treppe hinunter. Eine Tür öffnete sich, und ein altes Weiblein spähte scharf zu ihnen heraus. Vor einer Stunde noch hätte es Willie etwas ausgemacht, jetzt nicht mehr. Auf einem Treppenabsatz sahen sie einen kleinen Schwarzen, dessen breitkrempiger jamaikanischer Hut sein Gesicht in Schatten tauchte. Seine Hose schien zu einem Tropenanzug zu gehören, eng an den Knöcheln und pludrig weit um die Beine, aus einem dünnen, sichtlich für wärmere Breiten gedachten Stoff. Er starrte sie unhöflich lange an. Sie gingen durch die ärmlichen, menschenleeren Straßen mit ihren großen, ausdruckslosen, von schlaffen Vorhängen und notdürftigen Rollos verdeckten Fenstern, bis sie wieder in dem vertrauten London mit seinen erleuchteten Schaufenstern und seinem Verkehr waren. Diesmal gab es kein Taxi. Nur den Bus für June – sie wollte zum Marble Arch und von dort aus weiter in einen Ort namens Cricklewood. Und den Bus für Willie. Auf dem Rückweg zum College wanderten seine Gedanken von June, die heimfuhr an einen Ort, den er nicht kannte, zu Percy, und Reue stieg in ihm auf. Nicht für lange jedoch. Er schob sie beiseite. Insgesamt, so entdeckte er, war er recht zufrieden mit sich. Er hatte den Nachmittag genutzt. Er hatte ihn sogar mehr als genutzt. Er war ein neuer Mensch.

Über die finanzielle Seite würde er sich später den Kopf zerbrechen.

Als er Percy das nächste Mal sah, fragte er: »Wie ist Junes Familie?«

»Keine Ahnung. Ich habe sie nie kennen gelernt. Sie mag sie nicht besonders, glaube ich.«

Später ging er in die Collegebibliothek und zog ein Pelican-Buch zu Rate, *Die Physiologie der Sexualität.* Dieses Buch war ihm schon früher aufgefallen, aber der wissenschaftliche Titel hatte ihn immer abgeschreckt. Es war ein kleines Taschenbuch, noch aus dem Krieg und mit rostigen Metallklammern so fest zusammengeheftet, dass die Zeilenanfänge und -enden zum Teil kaum lesbar waren. Er musste die Seiten auseinander biegen und das Buch bald so halten und bald so. Schließlich fand er, was er gesucht hatte. Der Durchschnittsmann, las er, schaffe zehn bis fünfzehn Minuten. Keine gute Nachricht. Ein, zwei Zeilen weiter wurde es noch schlimmer. Ein »Sexualathlet«, stand da, schaffe locker bis zu einer halben Stunde. Der leichtfertige, hämische Ton – etwas, das er bei einem seriösen Pelican-Buch nie erwartet hätte – war wie ein Schlag ins Gesicht. Er wollte nichts davon wissen und klappte das Buch zu.

Beim nächsten Treffen mit Percy fragte er: »Wie hast du gelernt, mit Frauen zu schlafen, Percy?«

Percy sagte: »Du musst klein anfangen. Wir haben alle klein angefangen. An kleinen Mädchen geübt. Schau nicht so entgeistert, kleiner Willie. Du hast wahrscheinlich einfach nicht mitbekommen, was bei dir im Verwandtenkreis so alles passiert. Dein Problem ist, dass du zu gepflegt bist, Willie. Die Leute gucken dich an und sehen dich nicht.«

»Du bist viel gepflegter als ich. Immer mit Anzug und gutem Hemd.«

»Ich mache die Frauen nervös. Sie haben Angst vor mir. Darin liegt das Geheimnis, Willie. Sex ist ein brutales Geschäft. Du musst brutal sein.«

»Hat June Angst vor dir?«

»Sie macht sich in die Hosen vor Angst. Frag sie.«

Willie dachte, dass er Percy wohl beichten sollte, was geschehen war. Aber er fand die rechten Worte nicht. Eine Szene aus einem alten Film fiel ihm ein, und er wollte schon sagen: »June und ich lieben uns, Percy.« Aber der Satz kam ihm unpassend vor, und er brachte ihn nicht über die Lippen.

Eine knappe Woche später war er froh, geschwiegen zu haben. Percy – der Lebemann – nahm ihn an einem Samstagabend mit zu einer Party in Notting Hill. Willie kannte dort niemanden und hielt sich an Percy. Ein wenig später gesellte sich June zu ihnen. Und noch ein wenig später sagte Percy zu Willie: »Das ist ja sterbensöde hier. June und ich fahren zurück ins College und ficken.«

Willie sah June an und fragte: »Im Ernst?«

Sie sagte auf ihre schlichte Art: »Ja, Willie.«

Hätte ihn jemand gefragt, so hätte Willie gesagt, durch Percy lerne er die englische Lebensweise kennen. In Wirklichkeit führte Percy ihn – ohne dass Willie sich dessen so recht bewusst gewesen wäre – in die ganz spezielle, kurzlebige Londoner Immigranten-Boheme der späten fünfziger Jahre ein. Mit der traditionellen Boheme in Soho hatte diese Welt wenig gemein. Es war eine kleine Welt für sich. Die Einwanderer – die aus der Karibik gekommen waren, aus den weißen Kolonien Afrikas und schließlich aus Asien – waren neu in England. Sie waren fremd und exotisch, und Engländer aller Schichten – gesellschaftliche Abenteurer, die von Zeit zu Zeit den Wunsch verspürten, aus dem England, das sie kannten, auszubrechen, oder Leute mit Verbindungen zu den Kolonien, die es reizte, in London die koloniale Etikette auf den Kopf zu stellen – waren durchaus bereit, mit den modischeren und aufgeschlosseneren dieser Neuankömmlinge zu verkehren. Man traf sich auf dem neutralen Boden von Notting Hill, einem gemischten Viertel, wo man in gewissen schwach beleuchteten möblierten Wohnungen (nicht weit von dem Ort, den Willie und June an jenem Abend aufgesucht hatten) fröhlich und ausgelassen feiern konnte. Aber nur wenige der Einwanderer hatten feste Anstellungen oder feste Unterkünfte, in die sie heimkehren konnten.

Manche von ihnen standen buchstäblich vor dem Nichts, und das gab der Ausgelassenheit etwas Beklemmendes.

Ein Mann machte Willie Angst. Er war klein und zierlich und hübsch. Er war weiß oder sah jedenfalls so aus. Er sagte, er stamme aus den Kolonien, und sprach mit Akzent. Von weitem wirkte er untadelig, aus der Nähe weniger – da war sein Hemd am Kragen beschmutzt, sein Jackett fadenscheinig, seine Haut fettig, seine Zähne waren verfärbt und lückenhaft, und sein Atem ging hörbar. Bei ihrer ersten Begegnung erzählte er Willie seine Geschichte. Er kam aus einer angesehenen kolonialen Familie und war vor dem Krieg von seinem Vater nach London geschickt worden, damit er zu einem vornehmen englischen Gentleman herangebildet würde. Er hatte einen englischen Privatlehrer. Der Lehrer fragte ihn in einer der Stunden einmal: »Wenn Sie die Wahl hätten, wohin würden Sie lieber zum Essen gehen, ins Ritz oder ins Berkeley?« Der junge Mann aus den Kolonien sagte: »Ins Ritz.« Der Lehrer schüttelte den Kopf und sagte: »Falsch. Aber ein verbreiteter Irrtum. Das Essen im Berkeley ist besser. Merken Sie sich das.« Nach dem Krieg kam es zu einem Streit zwischen ihm und seiner Familie, und mit dem schönen Leben war es vorbei. Er hatte darüber geschrieben oder war dabei, darüber zu schreiben, und er wollte Willie etwas aus einem der Kapitel vorlesen. Willie besuchte ihn in seinem Zimmer in einer nahegelegenen Pension. Das Kapitel, das er vorgelesen bekam, handelte von einem Besuch beim Psychiater. Von dem, was der Psychiater sagte, kam sehr wenig darin vor. Dafür erfuhr man viel über den Blick aus dem Fenster und die Kapriolen einer Katze auf einem Zaun. Während Willie zuhörte, schien ihm das Zimmer des Psychiaters immer mehr dem Zimmer zu gleichen, in dem sie saßen. Und als der Schriftsteller Willie am Schluss nach seiner Meinung fragte, sagte Willie: »Ich hätte gern mehr über den Patienten und mehr über den Arzt erfahren.« Der Schriftsteller wurde bitterböse. Seine schwarzen Augen blitzten, er bleckte die kleinen, tabakgeschwärzten Zähne und schrie Willie an: »Ich weiß nicht, wer du bist oder wo du herkommst oder was du dir einbildest. Aber eine sehr berühmte Persönlichkeit ist der Ansicht, dass ich der Literatur eine neue Dimension eröffnet habe.« Willie floh aus dem Zimmer, während der Mann hinter ihm herschimpfte. Aber als sie sich wieder begegneten, war der Mann ganz unbefangen. Er sagte: »Verzeih mir, alter Junge. Es liegt an diesem Zimmer. Ich hasse dieses Zimmer. Ich komme mir darin vor wie in einem Sarg. Es ist einfach nicht das, was ich von früher gewöhnt bin. Ich ziehe um. Bitte verzeih mir. Bitte komm und hilf mir beim Umziehen. Damit ich weiß, dass du mir nichts nachträgst.« Willie ging zu der Pension und klopfte an die Tür des Schriftstellers. Aus einer anderen Tür trat eine ältere Frau und sagte: »Sie sind das also. Wie er gestern hier weg ist, hat er gesagt, er schickt wen, der sein Gepäck holt. Sie können seinen Koffer mitnehmen. Aber erst, wenn Sie mir die restliche Miete bezahlt haben. Ich zeig Ihnen die Bücher. Zwanzig Wochen im Rückstand. Sechsundsechzig Pfund fünfzehn Schilling macht das insgesamt.« Wieder rannte Willie davon. Und auf Percys Festen hielt er von da an nach dem kleinen bärtigen Mann Ausschau. Es dauerte nicht lange, bis er ihn entdeckte, und der Mann, der an einem Glas Weißwein nippte, kam zu ihm herüber. Sein Atem roch nach Knoblauch und Wurst, als er sagte: »Tut mir Leid, alter Junge. Aber bei uns in Südafrika hieß es immer, ihr Inder wärt stinkreich, und ich dachte, du willst vielleicht was Gutes tun.«

Eines Abends kam ein Gast, der aus dem üblichen unkonventionellen Rahmen herausfiel. Er brachte eine Flasche Champagner mit, die er Percy an der Tür überreichte. Er war über fünfzig, ein kleiner, sorgfältig gekleideter Mann, dessen graukarierter Anzug fast mit Percys Anzügen mithalten konnte – die Revers an seinem Sakko waren handgenäht, und die Ärmel fielen weich. Percy machte Willie und den Fremden miteinander bekannt und ließ die beiden allein.

Willie, obschon kein großer Trinker, wusste inzwischen, was von ihm erwartet wurde, und sagte: »Champagner!«

Darauf sagte der Fremde mit auffallend leiser Stimme und einem Akzent, der sich nicht wie der Akzent eines studierten

Mannes anhörte: »Er ist eisgekühlt. Er kommt aus dem Ritz. Die halten immer eine Flasche für mich bereit.«

Willie war sich nicht sicher, ob das ernst gemeint war. Doch die Augen des anderen waren kalt und still, und Willie fand, er müsse in dieser Sache ja auch nicht zu einem Urteil kommen. Aber wieder das Ritz! Was für eine Rolle es für sie alle spielte. Ihm selbst – in dessen Heimat das Wort Hotel die billigste Sorte von Café oder Speiselokal bezeichnete – erschien dies eine sehr sonderbare, eine sehr londonerische Art, Luxus zu definieren: nicht durch das Getränk an sich, nicht durch den verfeinerten Geschmack, sondern durch das berühmte Hotel – so als stellte der höhere Preis eine Art höhere Weihe dar.

Der Fremde machte keinerlei Anstalten, das Gespräch in Gang zu halten, und so musste Willie sich etwas einfallen lassen.

Er fragte: »Arbeiten Sie hier in London?«

Der Fremde sagte: »Hier in diesem Viertel. Ich bin Bauunternehmer. Ich kremple die Gegend um. Noch ist das hier die reinste Müllkippe. In zwanzig Jahren wird das Viertel nicht wiederzuerkennen sein. Ich kann warten. Diese ganzen riesigen Kästen hier, die sind alle voll mit alteingesessenen Mietern, die so gut wie umsonst wohnen – praktisch im Herzen von London. Dabei würden die doch eigentlich viel lieber außerhalb wohnen. In den grünen Vororten, oder in einem netten kleinen Häuschen auf dem Lande. Und ich helfe ihnen dabei. Ich kaufe den Grund und biete den Mietern was anderes an. Manche greifen zu. Manche nicht. Dann reiße ich um sie herum alles ab. In den guten alten Zeiten hat Percy auch noch manchmal seine Neger geschickt.« Er sagte es sanft, ohne Gehässigkeit, rein beschreibend, und Willie glaubte ihm.

»Percy?«

»Langjähriger Londoner Hausbesitzer. Das wussten Sie gar nicht? Er hat Ihnen nichts davon erzählt?«

Später am selben Abend sagte Percy zu Willie: »Na, hat der Alte dich vollgelabert?«

»Er hat gesagt, du wärst Hausbesitzer gewesen.«

»Ich hab noch ganz andere Sachen machen müssen, kleiner

Willie. Sie wollten die Westinder als Busfahrer haben. Bloß mit der Unterkunft war das so ein Problem. Die Leute hier vermieten nicht gern an Schwarze. Brauch ich dir ja nicht zu sagen. Also haben eine oder zwei von den Inselregierungen Leute wie mich dabei unterstützt, Häuser zu kaufen und an Westinder zu vermieten. So hat es angefangen. Stell dir jetzt nichts zu Großartiges vor. Die Häuser, die ich gekauft habe, waren voller Leute und haben an die fünfzehnhundert Pfund gekostet. Eins sogar siebzehnhundertfünfzig. Ich hab also die Jungs in diesen Buden untergebracht. Immer Freitagabend hab ich dann die Runde gemacht und die Miete kassiert. Bessere Mieter als die Jungs aus Barbados konnte man nicht kriegen. Sie waren so dankbar. Freitags abends, kaum war die Schicht bei den Londoner Verkehrsbetrieben um, lag auch der letzte von denen gewaschen und sauber in seinem Zimmerchen auf den Knien neben dem Bett und hat gebetet. Auf der einen Seite die Bibel, aufgeschlagen bei Levitikus, auf der anderen das Mietbuch, zugeklappt über den Scheinen. Aber so, dass die Scheine oben rausgeguckt haben. Der Alte hat von mir gehört und beschlossen, mich auszukaufen. Das konnte ich ihm nicht gut abschlagen. Es war sein Revier. Er hat mir die Stelle im Club verschafft. Mir einen Anteil am Geschäft versprochen. Als ich den Anteil dann haben wollte, hieß es plötzlich, ich nerve. Ich hab den Wink verstanden und mir das Stipendium besorgt. Aber jetzt pocht er auf die alte Freundschaft, und natürlich möchte ich es mir nicht mit ihm verderben. Trotzdem, es macht mir Sorgen, Willie. Er will, dass ich wieder für ihn arbeite. Es macht mir Sorgen.«

Willie dachte: ›Wie seltsam diese Stadt ist! Als ich mir die Speakers' Corner ansehen wollte und Krishna Menon den Weg entlangkam, um über seine Rede zur Suez-Invasion nachzudenken, hätte ich mir nicht träumen lassen, dass es zum Club und der Parfümabteilung von Debenhams so wenige Schritte in die eine Richtung sind und zum Revier des Alten, das früher auch Percys Revier war, so wenige Schritte in die andere.‹

***

Bei einer der Parties lernte Willie einen dicklichen, bärtigen jungen Mann kennen, der sagte, er arbeite für die BBC. Er bearbeitete oder produzierte einige der Sendungen für die Überseeprogramme. Er war neu auf dem Posten und bei aller persönlichen Bescheidenheit durchdrungen von der Bedeutsamkeit seiner Funktion. Im Herzen ein Bürokrat und Konformist, meinte er es seinem Beruf doch zu schulden, dass er sich an einem Ort wie Notting Hill unkonventionell gab und Menschen wie Willie förderte – chancenlose Außenseiter, die er aus ihrem Dunkel empor in den schimmernden Äther heben konnte.

Er sagte zu Willie: »Ihre Geschichte fesselt mich von Minute zu Minute mehr.«

Willie hatte die Geschichte seiner Familie stark bearbeitet.

Der Redakteur sagte: »Hierzulande weiß man sehr wenig über diese christliche Gemeinde bei Ihnen. So alt, so früh. So abgekoppelt vom übrigen Indien, nach dem, was Sie erzählen. Es wäre faszinierend, mehr darüber zu erfahren. Wie wär's, wenn Sie uns ein Skript schreiben? Das könnte hervorragend in eine unserer Commonwealth-Sendungen passen. Fünf Minuten. Sechshundertfünfzig Wörter. Stellen Sie sich anderthalb Taschenbuchseiten vor. Ohne Polemik. Fünf Guineen, wenn wir es brauchen können.«

Niemand – mit Ausnahme des Stipendienausschusses – hatte Willie je Geld angeboten. Und kaum hatte der Redakteur die Idee und den Blickwinkel vorgegeben, nahm der Fünf-Minuten-Beitrag in Willies Kopf auch schon Gestalt an. Die Ursprünge des christlichen Glaubens auf dem Subkontinent, überliefert als Familiengeschichte (er würde das eine oder andere im Lexikon nachschlagen müssen); das Gefühl der Abgeschnittenheit vom restlichen Indien; die verschwommenen Vorstellungen von den anderen indischen Religionen; der Einsatz seiner Familie für soziale Reformen während der britischen Herrschaft, ihr Eintreten für christliche Werte und die Rechte der Arbeiter (ein, zwei Geschichten über den Aufwiegler, der einen roten Schal trug, wenn er zu den Massen sprach); Willies eigene Erfahrungen in einer Missionsschule, sein wachsendes Bewusstsein für die Spannungen zwischen der alten christlichen Gemeinde und den neuen Christen (allesamt Angehörige der niederen Kasten, frisch konvertiert; unglückliche Menschen voller Groll) – ein mühsamer, aber am Ende doch lohnender Lernprozess, der ihm zu Verständnis und Offenheit nicht nur gegenüber den neuen Christen verholfen hatte, sondern auch gegenüber der vielfältigen indischen Welt außerhalb der christlichen Kirche, der indischen Welt, zu der seine Vorfahren solchen Abstand gewahrt hatten.

Er schrieb das Skript in nicht einmal zwei Stunden. Es war wie damals in der Missionsschule: Er wusste, was von ihm erwartet wurde. Nach einer Woche erhielt er seine Zusage, auf einem kleinen, leichten BBC-Briefbogen. Der Redakteur hatte eine winzig kleine Unterschrift. Er war ganz offensichtlich ein Mann, der dankbar im größeren Gefüge des Unternehmens aufging. Etwa drei Wochen später wurde Willie ins Studio bestellt, um seinen Text aufzunehmen. Er fuhr mit der U-Bahn bis Holborn und ging zu Fuß den Kingsway entlang zum Bush House. Und auf dieser langen, von Prachtbauten gesäumten Straße, die geradewegs auf das Bush House zuführte, empfand er zum ersten Mal die Macht und den Reichtum Londons – etwas, das er bei seiner Ankunft vergeblich gesucht und dann, über dem College und Notting Hill, völlig vergessen hatte.

Die Studioarbeit hatte eine Dramatik, die ihm gefiel: das rote Lämpchen, das grüne Lämpchen, der Redakteur und der Tontechniker in ihrer schalldichten Kabine. Sein Text war Teil einer längeren Magazinsendung. Sie wurde auf Platte aufgenommen, und er und die anderen Mitarbeiter mussten das Ganze zweimal lesen. Der Redakteur war pingelig; er gab Ratschläge über Ratschläge. Willie lauschte aufmerksam und merkte sich alles. Niemals der eigenen Stimme zuhören; sich sämtliche Inhalte bildlich vorstellen; hinten in der Kehle artikulieren, nicht vorne; am Satzende nicht die Stimme senken. Am Schluss sagte der Redakteur zu Willie: »Sie sind ein Naturtalent.«

Vier Wochen darauf durfte er über eine Ausstellung von Holzschnitzarbeiten eines jungen Westafrikaners berichten. Außer dem Künstler, einem kleinen Mann mit einem bestickten, schmuddelig wirkenden afrikanischen Gewand und passender Mütze, war niemand da, als Willie in die Galerie kam. Ihm war nicht ganz wohl in seiner neuen Rolle als Reporter, aber der Afrikaner erzählte bereitwillig. Er brauche ein Stück Holz nur anzusehen, sagte er, um zu wissen, was für eine Figur darin stecke. Er führte Willie durch die ganze Ausstellung, wobei das schwere afrikanische Gewand gegen seine Oberschenkel klatschte, und nannte bei jedem Stück Holz den exakten Preis, den er dafür bezahlt hatte. Das machte Willie zum Aufhänger für seinen Text.

Wieder zwei Wochen später schickte der Produzent ihn zu einem »literarischen Mittagstisch« zu Ehren einer amerikanischen Klatschkolumnistin und versierten Gastgeberin. In ihrem Vortrag gab sie Tipps für die Gestaltung von Abendgesellschaften und den Umgang mit Langweilern. Langweiler müsse man mit anderen Langweilern zusammenbringen, riet sie, denn Feuer lasse sich nur durch Feuer bekämpfen. Willies Skript schrieb sich von allein.

Auf einmal war er regelrecht begehrt. Und als er eines Nachmittags aus dem Studio kam, kaufte er sich bei einer Firma in der Southhampton Row eine Schreibmaschine auf Raten. Er unterschrieb eine lange Abzahlungsvereinbarung für seine vierundzwanzig Pfund und bekam (genau wie Percys westindische Mieter mit ihren Mietbüchern) ein Abrechnungsbüchlein (mit harten Deckeln, als sei es zu dauerhaftem Gebrauch bestimmt), in das seine wöchentlichen Zahlungen einzutragen waren.

Mit der Schreibmaschine fiel ihm das Schreiben leichter. Er lernte, dass man einen Radiotext nicht überfrachten durfte. Er lernte abzuschätzen, wie viel Stoff er für einen Fünf-Minuten-Beitrag benötigte – in der Regel reichten drei oder vier Stichpunkte aus –, und vergeudete keine Zeit mehr mit der Suche nach Material, das er dann doch nicht verwendete. Er lernte Redakteure kennen, Tontechniker, freie Mitarbeiter. Einige der freien Mitarbeiter schrieben ihre Beiträge hauptberuflich. Sie wohnten in den Vororten und kamen mit dem Zug in die Stadt, mit dicken Aktentaschen, die vollgestopft waren mit kleinen Skripten für andere Sendungen und Exposés für weitere kleine Skripte. Sie waren vielbeschäftigte Leute, sie planten ihre kleinen Skripte Wochen und Monate im voraus, und sie hatten es gar nicht gern, wenn sie eine halbstündige Magazinsendung zweimal aufnehmen mussten. Sie machten gelangweilte Gesichter zu den Beiträgen anderer, und Willie lernte, ein gelangweiltes Gesicht zu den ihren zu machen.

Aber Roger gefiel ihm auf Anhieb. Roger war ein junger Anwalt, dessen berufliche Karriere gerade erst begonnen hatte. Willie hörte ihn einen hochamüsanten Beitrag über seine Arbeit in der staatlichen Rechtsberatung lesen, wo er Leute vertrat, die zu arm waren, um die Anwaltskosten zu bezahlen. Die armen Leute, mit denen Roger zu tun bekam, stellten sich allesamt als Querulanten und Schlawiner heraus, die für ihr Leben gern prozessierten. Der Beitrag begann und endete mit einer dicken alten Arbeiterin, die in Rogers Kanzlei marschiert kam und fragte: »Sind Sie der Armenmensch?« Beim ersten Mal war Roger noch ganz beflissen. Beim zweiten Mal sagte er mit einem Seufzer: »Ja, der bin ich.«

Willie brachte seine Bewunderung während und nach der Aufnahme offen zum Ausdruck, und Roger lud ihn in den BBC-Club ein. Als sie saßen, sagte er: »Ich bin eigentlich gar kein Mitglied. Aber es ist praktisch.«

Roger fragte Willie, was er sonst noch tue, und Willie erzählte ihm von der Pädagogikausbildung.

Roger sagte: »Dann wollen Sie also Lehrer werden?«

Willie sagte: »Eigentlich nicht.« Und es stimmte. Er hatte nie vorgehabt, Lehrer zu werden. Eine Redewendung fiel ihm ein: »Ich spiele auf Zeit.«

Roger sagte: »So geht es mir auch.«

Sie wurden Freunde. Roger war hochgewachsen und trug zweireihige dunkle Anzüge. Seine Umgangsformen, sein Stil, seine Sprechweise (mühelose Registerwechsel zu einer merkwürdigen Förmlichkeit mit vollständigen, geschliffenen Sätzen, die Willie geistreich fand) – in alledem zeigte sich die Prägung durch Familie, Schule, Universität, Freunde und Beruf. Aber Willie sah das alles als Ausdruck von Rogers Persönlichkeit.

Eines Tages bemerkte er, dass Roger Hosenträger trug. Er wunderte sich. Als er Roger fragte, sagte der: »Keine Taille, keine Hüften. Nicht wie du, Willie. Ich bin eine Bohnenstange.«

Sie trafen sich in der Regel einmal pro Woche. Manchmal aßen sie im Justizpalast zu Mittag, weil es dort laut Roger den besten Nachtisch gab. Manchmal gingen sie ins Theater; Roger schrieb für eine Provinzzeitung allwöchentliche »Notizen aus London« und konnte Karten für Stücke bekommen, die er besprechen wollte. Manchmal inspizierten sie auch die Fortschritte der Renovierungsarbeiten an einem schmucklosen, niedrigen, sehr kleinen Haus, das Roger in einer schäbigen Straße in der Nähe von Marble Arch gekauft hatte. Roger sagte zur Erklärung: »Ich hatte ein wenig Kapital zur Verfügung. Nicht ganz viertausend Pfund. Ich habe es für das Sinnvollste gehalten, in Londoner Immobilien zu investieren.« Roger betonte die Bescheidenheit seiner Mittel, die Kleinheit des Hauses, aber Willie war tief beeindruckt, nicht nur von den viertausend Pfund, sondern von Rogers Selbstsicherheit und Klugheit und von den Worten, die er gebrauchte: »Kapital«, »Immobilien«. Und wie er damals, als er den Kingsway entlang zum Bush House gegangen war, um seinen Text über sein Leben als Christ in Indien zu lesen, zum ersten Mal eine Ahnung vom Reichtum und der Macht Englands in Vorkriegszeiten bekommen hatte, so ermöglichte ihm nun die Freundschaft mit Roger einen Blick hinter einige vormals verschlossene Türen, und nach und nach nahm ein neues Englandbild in ihm Gestalt an, das wenig zu tun hatte mit seinen Kommilitonen in der Lehrerausbildung und den Möchtegern-Abenteurern der Immigranten-Boheme in Notting Hill.

Percy Cato fragte ihn eines Tages mit übertriebenem jamaikanischem Akzent: »'s los mit dir, Willie-Boy? Hat dich 'ne Lady so eingewickelt, dass du den alten Percy gar nicht mehr kennst?« Und in seiner normalen Stimme fügte er hinzu: »Ich soll dich von June grüßen.«

Willie dachte an das Zimmer, in das sie ihn mitgenommen hatte. Sie und Percy mussten etliche Male dort gewesen sein. Die Toilette fiel ihm ein, und der Schwarze, der sie so zudringlich angestarrt hatte, dieser Schwarze frisch von den Inseln mit seinem breitkrempigen jamaikanischen Hut und der flotten, tropischen Anzughose. All das sah er jetzt wie aus weiter Ferne. In Rogers Gesellschaft erschien es ihm unaussprechlicher denn je.

Roger sagte: »Was hast du denn nun für Zukunftspläne? Habt ihr ein Familienunternehmen? Oder gehörst du zu diesen reichen Nichtstuern?«

Willie hatte gelernt, keine Miene zu verziehen, wenn er sich bloßgestellt fühlte, und die Klippe irgendwie zu umschiffen. Er sagte: »Ich möchte Schriftsteller werden.« Das stimmte nicht. Die Idee war ihm in diesem Moment erst gekommen, und nur deshalb, weil Rogers Frage, diese entlarvende Frage, ihn gezwungen hatte, sich schnell etwas auszudenken, und weil Roger oft genug hatte durchblicken lassen, dass er ein leidenschaftlicher Leser war und die großen englischen Gegenwartsautoren verehrte: Orwell, Waugh, Powell, Connolly.

Roger wirkte enttäuscht.

Willie sagte: »Darf ich dir vielleicht mal etwas von mir zeigen?«

Er tippte ein paar von den Geschichten ab, die er in der Missionsschule geschrieben hatte. Er brachte sie mit, als er Roger eines Abends in seiner Kanzlei besuchte. Sie gingen in ein Pub, und Roger las sie gleich am Tisch. Willie hatte ihn noch nie so ernst gesehen. Er dachte: ›Das ist der Anwalt.‹ Und ihm wurde mulmig. Es ging ihm nicht so sehr um die Geschichten; die waren Schnee von gestern. Aber er wollte Rogers Freundschaft nicht verlieren.

Endlich sagte Roger: »Ich weiß schon, dein großer Namensvetter, der Freund deiner Familie, predigt, eine Geschichte sollte Anfang, Mitte und Ende haben. Aber wenn man darüber nachdenkt – das Leben ist nicht so. Das Leben hat keinen klaren Anfang und kein säuberliches Ende. Das Leben ist immer im Fluss. Du solltest mittendrin anfangen und mittendrin aufhören, und trotzdem sollte alles gesagt sein. Diese Geschichte mit dem Brahmanen und dem Schatz und dem Kinderopfer – die könnte zum Beispiel damit beginnen, dass der Stammesführer zu dem Brahmanen in den Tempel kommt. Am Anfang droht er, am Ende kuscht er, aber wenn er weggeht, sollte klar sein, dass er einen schrecklichen Mord plant. Kennst du Hemingway? Lies mal seine frühen Geschichten. Eine heißt ›Die Killer‹. Sie ist nur ein paar Seiten lang, hauptsächlich Dialog. Zwei Männer kommen abends in ein leeres Lokal. Sie machen sich da breit und warten auf den alten Gangster, den sie umlegen sollen. Das ist die Handlung. Hollywood hat einen berühmten Film daraus gemacht, aber die Geschichte ist besser. Ich weiß, dass du diese Geschichten in der Schule geschrieben hast. Aber du bist nach wie vor zufrieden mit ihnen. Mich als Juristen interessiert daran besonders, dass du über nichts Wirkliches schreiben willst. Ich habe mir im Lauf der Zeit ziemlich viele Geschichten von fragwürdigen Gestalten anhören müssen, und ich habe bei diesen Erzählungen das Gefühl, dass ihr Verfasser etwas zu verbergen hat. Er versteckt sich.«

Willie war fassungslos. Er brannte vor Scham. Tränen stiegen ihm in die Augen. Er griff über den Tisch, nahm die Geschichten an sich und stand auf.

Roger sagte: »Manchmal ist es besser, ganz offen zu sein.«

Willie ging hinaus, und er dachte: ›Ich will Roger nie wieder sehen. Warum habe ich ihm diese alten Geschichten gezeigt? Er hat völlig Recht. Das ist das Schlimmste daran.‹

Während er um die verlorene Freundschaft trauerte, begannen seine Gedanken wieder um June und das Zimmer in Notting Hill zu kreisen. Er wehrte sich dagegen, aber einige Tage später machte er sich doch auf die Suche nach ihr. Er nahm die U-Bahn zur Bond Street. Es war um die Mittagszeit. Als er bei Debenhams über die Straße ging, kam June ihm mit einem anderen Mädchen entgegen. Sie bemerkte ihn nicht. Sie hielt den Kopf gesenkt und schwatzte munter. Das war nicht das schwüle, stumme, parfümduftende Mädchen seiner Erinnerung. Sogar ihre Farben schienen ihm verändert. Als er sie so sah, mit dieser anderen zusammen, in einer beinahe häuslichen Situation, ohne jede sinnliche Ausstrahlung – selbst ihr Gesicht wirkte schlaffer –, verging ihm alle Lust, sie anzusprechen. Sie streifte ihn fast im Vorübergehen. Sie bemerkte ihn nicht. Er hörte ihr Geplapper. Er dachte: ›So ist sie, wenn sie in Cricklewood ist. Früher oder später wird sie immer so sein.‹

Er war erleichtert. Aber zugleich fühlte er sich wie ausgestoßen. Es war wie damals, zu Hause – vor langer Zeit, wie ihm jetzt schien –, als er die Missionsschule hassen gelernt und Abschied genommen hatte von seinem alten Traum, Missionar zu werden, ein Mann, dessen Wort etwas galt und der in der Welt herumkam.

Ein paar Tage später ging er in eine Buchhandlung. Für zwei Schilling und sechs Pence kaufte er eine Penguin-Ausgabe der frühen Hemingway-Erzählungen. Die ersten vier Seiten von »Die Killer« las er noch im Geschäft. Ihm gefielen der unbestimmte Schauplatz und die allgemeine Rätselhaftigkeit, und die Dialoge kamen ihm so melodisch vor. Das Melodische verlor sich auf den hinteren Seiten ein wenig, genau wie die Rätselhaftigkeit, aber Willie überlegte doch, ob er nicht Rogers Rat folgen und versuchen sollte, »Ein Opferleben« umzuschreiben.

Die Geschichte, wie sie ihm nun vorschwebte, bestand fast nur aus Dialog. Alles sollte in den Dialogen enthalten sein. Schauplatz und Figuren sollten nicht erklärt werden. Das machte alles leichter. Er mußte nur anfangen; die Geschichte schrieb sich gleichsam von selbst; und obwohl sie Willie nun einerseits ferner gerückt war, kamen seine Gefühle doch mehr darin zum Ausdruck. Er änderte den Titel in »Opfer«.

Roger hatte eine Verfilmung von »Die Killer« erwähnt. Willie kannte den Film nicht. Er fragte sich, wie man die Geschichte umgesetzt hatte. Ein paar Tage lang probierte er zum Zeitvertreib verschiedene Versionen durch. Und während seine Gedanken in solchen Bahnen verliefen, fielen ihm alle möglichen Szenen und Situationen aus Hollywood-Filmen ein, die sich nach dem Muster von »Opfer« umgestalten ließen, mit ähnlich undefinierten Schauplätzen. Insbesondere dachte er an die Gangsterfilme mit James Cagney und *Entscheidung in der Sierra* mit Humphrey Bogart. Einer seiner ersten frei erfundenen Aufsätze in der Missionsschule war ganz ähnlich angelegt gewesen. Darin war es um einen Mann gegangen, dessen Nationalität und Herkunft im Dunkeln blieben und der aus ungenannten Gründen an einem unbestimmten Ort auf jemanden wartete, rauchte (es war viel von Zigaretten und Zündhölzern die Rede) und auf Motorgeräusche, Türen und Schritte lauschte. Zum Schluss (der Aufsatz war nur eine Seite lang) erschien die erwartete Person, und der Mann wurde wütend. Willie hatte die Geschichte so enden lassen, weil er eigentlich keine Geschichte hatte. Das Vorher war ihm ebenso schleierhaft wie das Nachher. Bei den Szenen aus den Cagney- und Bogart-Filmen gab es dieses Problem nicht.

Die Geschichten gingen ihm leicht von der Hand. Er schrieb sechs in nur einer Woche. Aus *Entscheidung in der Sierra* holte er drei heraus, und er hatte Ideen für drei, vier weitere. Er wandelte die Hauptfigur von Mal zu Mal ab, sodass aus der ursprünglichen Cagney- oder Bogart-Rolle zwei oder drei verschiedene Personen wurden. Die Geschichten spielten alle an demselben unbestimmten Ort wie »Opfer«. Und im Schreiben gewann dieser unbestimmte Ort Gestalt und bekam Konturen: ein Palast mit Kuppeln und Türmchen, ein Sekretariat mit drei Stockwerken blickloser Fenster, eine mysteriöse Offizierssiedlung mit weiß markierten Straßen, in der nichts zu passieren schien, eine Universität mit Höfen und Läden, zwei alte Tempel, in die an manchen Tagen Scharen festlich gekleideter Besucher strömten, ein Marktplatz, Wohnviertel, in denen die Häuser nach sozialem Rang zugeteilt waren, eine Einsiedelei mit einem zwielichtigen Eremiten, die Werkstatt eines Bildnismachers und die Gerbereien außerhalb der Stadt mit ihren beißenden Dämpfen und ihren abgeschieden lebenden Bewohnern. Zu Willies Überraschung fiel es ihm mit diesen geborgten Geschichten und Figuren, die ihm und seiner Erfahrung so fern waren, leichter, seine Gefühle auszudrücken als mit den vorsichtigen, halb kaschierten Parabeln der Schulzeit. Er verstand allmählich – und über dieses Thema hatten sie im College Essays schreiben müssen –, warum Shakespeare stets auf fremde Schauplätze und fremde Motive zurückgegriffen hatte, anstatt sich irgendwelcher Ereignisse aus seinem eigenen Leben oder seiner unmittelbaren Umgebung zu bedienen.

Die sechs Geschichten ergaben nicht mehr als vierzig Seiten. Und nun, da der erste Elan abgeklungen war, sehnte er sich nach Bestätigung, und er dachte an Roger. Er schrieb ihm einen Brief, und Roger antwortete unverzüglich und schlug ein Mittagessen in einem Restaurant in der Wardour Street namens Chez Victor vor. Willie kam etwas zu früh, Roger ebenfalls. Roger fragte: »Hast du das Schild im Fenster gesehen? *Le patron mange içi*? ›Der Besitzer selbst isst hier.‹ Hier verkehren viele Literaten.« Roger senkte die Stimme. »Das da drüben ist V. S. Pritchett.« Der Name sagte Willie nichts. Der untersetzte, nicht mehr ganz junge Mann sah freundlich aus; er hatte ein gut geschnittenes, humorvolles Gesicht und eine humorvolle, leicht abwesende Art. Roger sagte: »Er schreibt die großen Rezensionen im *New Statesman*.« Willie hatte die Zeitschrift in der Collegebibliothek gesehen und wusste auch, dass sich einige seiner Kommilitonen jeden Freitagmorgen darum rissen. Doch er selbst hatte noch nicht das Bedürfnis, solche Zeitschriften zu lesen. Mit dem *New Statesman* konnte er nichts anfangen – all diese englischen Themen, all diese Anspielungen, die er nicht verstand.

Roger sagte: »Meine Freundin kommt auch. Sie heißt Perdita. Vielleicht ist sie sogar meine Verlobte.«

Aus der kryptischen Formulierung schloss Willie, dass zwischen den beiden nicht alles zum Besten stand. Perdita war groß und schlank, keine Schönheit, sondern eher unauffällig und ein klein wenig linkisch. Sie war geschminkt, aber ganz anders als June, und irgendetwas, das sie aufgelegt hatte, brachte ihre blasse Haut zum Schimmern. Sie zog die weiß gestreiften Handschuhe aus und warf sie lässig auf den kleinen Chez-Victor-Tisch, mit einer Geste, die so viel Stil hatte, dass Willie ihr

Gesicht abermals betrachtete. Der Ausdruck in Perditas Augen, die Art, wie Roger zu Boden sah, fortsah, verrieten ihm, dass die beiden, so liebenswürdig sie miteinander und mit ihm umgingen, Streit hatten und dass er zu der Mahlzeit dazugebeten worden war, um als Puffer zwischen ihnen zu dienen.

Das Gespräch drehte sich hauptsächlich um das Essen. Hin und wieder drehte es sich um Willie. Rogers Manieren waren wie immer untadelig, doch in Perditas Gesellschaft wirkte er wie erloschen, sein Blick stumpf, sein Teint blasser; er war verschlossen, und über seinem Nasenrücken zeigte sich die Andeutung einer senkrechten Sorgenfalte.

Er und Willie verließen das Restaurant zusammen. Roger sagte: »Ich habe genug von ihr. Und von der nächsten und der übernächsten werde ich auch genug bekommen. Frauen haben so wenig zu *bieten*. Und dann dieser Tanz um ihre Schönheit. Das ist ihr Fluch.«

Willie fragte: »Was will sie denn?«

»Sie will, dass ich endlich Nägel mit Köpfen mache. Heiraten, heiraten, heiraten. Ich brauche sie nur anzusehen, schon habe ich das Gefühl, diese Worte zu hören.«

Willie sagte: »Ich habe wieder etwas geschrieben. Ich habe deinen Rat beherzigt. Möchtest du es lesen?«

»Können wir das riskieren?«

»Ich möchte gern, dass du es liest.«

Er hatte die Geschichten in der Brusttasche seines Sakkos. Er gab sie Roger. Drei Tage später schickte Roger ihm einen freundlichen Brief, und als sie sich trafen, sagte er: »Sie sind recht originell. Sie lesen sich überhaupt nicht wie Hemingway. Eher wie Kleist. Jede für sich betrachtet ist vielleicht nicht so stark, aber zusammengenommen haben sie was. Da baut sich so eine Bedrohlichkeit auf. Und der Hintergrund gefällt mir. Es ist Indien und doch nicht Indien. Du solltest dranbleiben. Wenn du hundert Seiten zusammenhast, können wir anfangen, sie herumzureichen.«

Die Geschichten kamen jetzt nicht mehr wie von selbst, aber sie kamen, eine pro Woche, zwei pro Woche. Und wenn Willie merkte, dass ihm der Stoff und die dramaturgischen Einfälle ausgingen, brauchte er sich nur alte oder ausländische Filme anzusehen. Er ging ins Everyman in Hampstead und ins Academy in der Oxford Street. *Gorkis Kindheit* sah er sich in einer Woche dreimal an. Er übertrug das, was er auf der Leinwand sah, auf seine eigene Kindheit, weinend, und schrieb noch mehr Geschichten.

***

Eines Tages sagte Roger: »Demnächst kommt mein Chefredakteur nach London. Du weißt ja, dass ich diese wöchentliche Kolumne über Bücher und Theaterstücke für ihn schreibe. Und ab und zu flechte ich auch etwas über Persönlichkeiten des kulturellen Lebens ein. Er zahlt mir zehn Pfund die Woche. Ich nehme an, er will mir ein bisschen auf die Finger schauen. Er möchte gern meine Freunde kennen lernen. Ich habe ihm ein Abendessen mit lauter Londoner Intellektuellen versprochen, und du musst auch kommen, Willie. Ich werde dich als die große literarische Entdeckung von morgen vorstellen. Bei Proust gibt es einen Mann der Gesellschaft, der Swann heißt. Dieser Swann macht sich zuweilen einen Spaß daraus, ganz gegensätzliche Leute zusammenzubringen – einen bunten Strauß nennt er das. So etwas schwebt mir auch für meinen Chefredakteur vor. Ein Schwarzer wird da sein, den ich während des Militärdiensts in Westafrika getroffen habe. Sein Vater ist ein Westinder, der im Zuge der *Back-to-Africa*-Bewegung nach Westafrika übergesiedelt ist. Er heißt Marcus, nach dem schwarzen Halunken, der die Bewegung gegründet hat. Er wird dir gefallen. Er ist sehr charmant, sehr weltgewandt. Seine Leidenschaft ist rassenübergreifender Sex, darin ist er unersättlich. Als wir uns in Westafrika kennen gelernt haben, hat er über fast nichts anderes geredet. Um dagegenzuhalten, habe ich einmal gesagt, ich fände Afrikanerinnen sehr attraktiv. Er meinte: ›Wenn du's tierisch magst …‹ Jetzt lässt er sich zum Diplomaten ausbilden, für den Fall, dass sein Land irgendwann mal unabhängig wird, und

London ist für ihn das höchste der Gefühle. Er hat zwei Ziele im Leben. Das eine ist ein Enkelkind, das blütenweiß aussieht. Die erste Hälfte des Wegs hat er schon geschafft. Er hat fünf Mulattenkinder von fünf weißen Frauen – jetzt muss er nur noch die Kinder im Auge behalten und aufpassen, dass sie ihm keinen Strich durch die Rechnung machen. Wenn er alt ist, will er dann mit seinem weißen Enkelkind die King's Road entlangspazieren. Die Leute werden sie anstarren, und das Kind wird laut fragen: ›Warum schauen die Leute so, Großpapa?‹ Sein zweiter Ehrgeiz ist es, der erste Schwarze mit einem Konto bei Coutts zu sein. Coutts ist die Bank der Queen.«

Willie fragte: »Nehmen sie denn keine Schwarzen?«

»Ich weiß es nicht. Und ich glaube, er weiß es auch nicht.«

»Warum geht er nicht einfach hin und fragt? Er braucht sich doch nur ein Antragsformular geben zu lassen.«

»Er fürchtet, dass sie ihn auf diskrete Weise abblitzen lassen. Dass sie zum Beispiel behaupten, ihnen seien die Formulare ausgegangen. Das will er nicht riskieren. Er will erst zu Coutts gehen und ein Konto eröffnen, wenn er sich sicher sein kann, dass sie ihn auch nehmen. Es muss alles ganz selbstverständlich sein, und er muss der erste Schwarze sein, der es macht. Es ist ziemlich kniffelig, und ganz durchschaue ich es auch nicht. Aber du kannst ihn ja selbst fragen. Er ist sehr freimütig. Das macht ihn so charmant. Dann kommen noch ein junger Dichter und seine Frau. Die dürften kein Problem für dich sein. Sie werden missbilligend vor sich hinschauen und kein Wort sagen, und der Dichter wird nur darauf lauern, allen, die ihn ansprechen, die kalte Schulter zu zeigen. Also redest du einfach nicht mit ihm. Er ist übrigens ziemlich bekannt. Mein Chefredakteur wird hocherfreut sein, ihn kennen zu lernen. In einem Anfall von Dummheit habe ich eins von seinen Büchern in meinen Notizen aus London lobend erwähnt, und irgendwie hat er davon erfahren. Und jetzt habe ich ihn am Hals.«

Willie sagte: »Mit Leuten, die schweigen, habe ich Erfahrung. Mein Vater hat andauernd Schweigegelübde abgelegt. Ich werde mal sehen, ob ich etwas von dem Dichter finde.«

»Du wirst nicht viel Freude daran haben. Seine Gedichte sind schwierig und hochtrabend und vollkommen leblos, und man braucht eine ganze Weile, um zu merken, dass das nicht an einem selber liegt. Deshalb bin ich ihm ja auch auf den Leim gegangen. Lies etwas von ihm, wenn du meinst, aber denk ja nicht, dass du es noch vor der Einladung tun musst. Ich lade den Dichter und seine Frau nur ein, um den Strauß noch bunter zu machen. Ein paar tote Farnwedel, damit das übrige Bukett besser zur Geltung kommt. Wenn jemand dein Interesse verdient, dann zwei Männer, die ich noch aus Oxford kenne. Sie stammen beide aus bescheidenen Mittelschichtsverhältnissen, und sie machen beide Jagd auf reiche Frauen. Sie machen auch noch anderes, aber ihr eigentliches Ziel sind schwerreiche Frauen. Im kleinen Stil hat das schon in Oxford begonnen, und seitdem haben sie sich emporgearbeitet in immer höhere Höhen, zu immer reicheren Frauen. Inzwischen sind sie sehr streng, was ihre Anforderungen angeht. Natürlich sind sie sich spinnefeind. Jeder hält den anderen für einen Betrüger. Es ist äußerst lehrreich gewesen, ihnen zuzusehen. Die beiden haben in Oxford mehr oder weniger zur gleichen Zeit festgestellt, dass das Entscheidende bei der Jagd auf reiche Frauen die erste Eroberung ist. Sie reizt die Neugier der anderen reichen Frauen, die sonst keinen Blick an einen Abenteurer aus der Mittelschicht verschwenden würden. Dadurch geraten sie in das Visier des Jägers, und schon bald sind es die reichen Frauen, die sich gegenseitig auszustechen versuchen, weil jede reicher sein will als ihre Rivalinnen.

Richard ist hässlich und versoffen und aufdringlich und inzwischen auch ziemlich dick, gar kein Frauentyp, sollte man meinen. Er läuft in ausgebeulten Tweedjacketts und schmutzigen Flanellhemden herum. Aber er kennt den Markt, und das Ungehobelte ist zum Teil aufgesetzt und dient als Köder. Er tut so, als wäre er eine Art Bertolt Brecht – du weißt schon, dieser müffelnde, promiskuitive kommunistische Stückeschreiber. Aber Richard ist nur ein Schlafzimmer-Marxist. Der Marxismus bringt ihn ins Schlafzimmer, und der Marxismus endet im

Schlafzimmer. Und die Frauen, die er verführt, wissen das. Sie fühlen sich sicher bei ihm. So war es schon in Oxford, und so ist es geblieben. Nur mit dem Unterschied, dass es für seine Plebejerseele in Oxford noch Kitzel genug war, reiche Frauen ins Bett zu bekommen, während er ihnen jetzt außerdem gewaltige Geldbeträge abknöpft. Natürlich sind ihm auch Fehler unterlaufen. Es dürfte mehr als ein böses Erwachen gegeben haben, stelle ich mir vor. Eine halb nackte Dame, die unter Tränen sagt: »Ich dachte, Sie sind Marxist.« Richard, der sich eilig die Hosen hochzieht und sagt: »Ich dachte, Sie wären reich.« Richard ist in der Verlagsbranche, ziemlich wohlhabend mittlerweile, und er steigt rasant immer höher. Als Verleger macht ihn der Marxismus attraktiver als je zuvor. Je mehr Damen er schröpft, desto mehr freigebige Damen stehen Schlange bei ihm.

Peters Masche ist eine ganz andere. Er stammt aus noch kleineren Verhältnissen, Grundstücksmakler in der Provinz, und in Oxford hat er begonnen, sich als englischer Landedelmann zu verkaufen. Oxford wimmelt von ausländischen jungen Frauen, die an diversen Sprachenschulen Englisch lernen. Manche davon sind reich. Peter hat die Collegestudentinnen instinktiv ignoriert und sich stattdessen an diese Frauen gehalten. Sie hatten keinen Anlass, an seiner Echtheit zu zweifeln, und da er schneller war als sie und rasch gelernt hat, die Spreu vom Weizen zu trennen, konnte er einige beachtliche Erfolge erzielen. Er wurde in zwei, drei reiche Häuser auf dem Kontinent eingeladen. Er lernte immer mehr reiche Europäer kennen. Er kultivierte sein Äußeres. Er legte sich einen Pseudo-Militärschnitt zu, mit kurz geschorenem Haar über den Ohren, und machte sich seinen vorspringenden Kiefer zunutze. Eines Tages, als wir nach dem Mittagessen in unserem Aufenthaltsraum saßen und schlechten Kaffee tranken, fragte er mich: »Was meinst du, in welcher Kleidung ein Mann am unwiderstehlichsten wirkt?« Ich traute meinen Ohren nicht. Es war nicht gerade ein Standard-Gesprächsthema. Aber es zeigte, wie weit sich Peter von der Maklerzunft entfernt hatte und wohin er unterwegs war.

Schließlich sagte er: »In einem blitzsauberen, gut gebügelten weißen Hemd.« Das hatte er von einer Französin, die er die Nacht zuvor abgeschleppt hatte. Und seitdem trägt er nichts als weiße Hemden. Inzwischen sind es sehr teure weiße Hemden, handgearbeitet, aus feinster, zwei- oder dreifädiger Baumwolle, mit eng anliegendem Kragen, der im Nacken ein Stück über den Jackettkragen herausragt. Sie müssen auf eine bestimmte Weise gestärkt sein, sodass der Kragen wie gewachst aussieht. Er ist Gelehrter, Historiker. Er hat ein Büchlein über die Bedeutung des Essens in der Geschichte geschrieben – ein wichtiges Thema, aber ein armseliges kleines Konglomerat von Schriften –, und er erzählt viel von neuen Büchern und riesigen Verlagsvorschüssen, aber das ist nur Gerede. In Wirklichkeit ist seine intellektuelle Energie so gut wie erschöpft. Die Frauen laugen ihn aus. Um sie zu befriedigen, hat er eine – ja, man kann nur sagen, eine spezielle sexuelle Vorliebe entwickelt. Frauen tratschen gern – vergiss das niemals, Willie –, und seine Vorliebe hat sich herumgesprochen. Sie ist jetzt Teil seines Erfolgs. Seine akademischen Interessen waren immer eng mit den Frauen verknüpft, mit denen er seine Affären hatte. Er ist zu einem Lateinamerika-Experten geworden, und jetzt hat er einen großen Coup gelandet. Eine Kolumbianerin. Kolumbien ist ein armes Land, aber sie stammt aus einer dieser aberwitzig reichen lateinamerikanischen Familien, deren Vermögen sich auf vier Jahrhunderte der Indio-Ausbeutung gründet. Peter bringt sie mit, und Richard wird nicht aus noch ein wissen vor Eifersucht. Er wird nicht schweigend zusehen können. Er wird irgendetwas vom Zaun brechen, einen wüsten marxistischen Auftritt. Ich werde dafür sorgen, dass du dich mit der Dame unterhalten kannst. Das ist unser bunter Strauß. Unsere kleine zehnköpfige Tischgesellschaft.«

Willie ging zählend von dannen. Er kam nur auf neun. Er fragte sich, wer die zehnte Person sein mochte.

Einige Tage später sagte Roger: »Mein Chefredakteur will bei mir wohnen. Ich habe ihn gewarnt, dass das Haus sehr klein ist, aber er sagt, er sei in Armut aufgewachsen und kenne Mietskasernen zur Genüge. Das Haus hat strenggenommen nur eineinhalb Schlafzimmer. Der Chefredakteur ist sehr dick, also werde ich wohl in dem halben Zimmer schlafen müssen. Oder in ein Hotel ziehen. Das wäre einmal etwas anderes. Ich werde wie ein Gast bei meiner eigenen Abendgesellschaft sein.«

Zur festgesetzten Zeit klopfte Willie an die Tür des Häuschens und musste eine ganze Weile warten. Schließlich öffnete ihm Perdita. Willie erkannte sie nicht gleich. Der Chefredakteur war schon da, ein fetter Mann mit Brille. Er platzte fast aus seinem Hemd, und Willie dachte, es müsse an seiner Schüchternheit liegen, an einer Scheu vor den Blicken anderer, dass er nicht im Hotel hatte absteigen wollen. Er schien eine Menge Platz einzunehmen in dem Haus, das trotz all der kleinen architektonischen Kniffe in der Tat winzig war. Roger kam mit Leidensmiene aus dem Keller herauf und machte sie miteinander bekannt.

Der Chefredakteur erhob sich nicht. Er sagte, er habe Mahatma Gandhi gesehen, als dieser 1931 zur Round Table Conference nach England gekommen war. Sonst sagte er nichts über den Mahatma (den Willie und seine Mutter und der Onkel seiner Mutter verachteten), nichts über seine Kleidung oder sein Auftreten; nur, dass er ihn gesehen hatte. Als Marcus eintraf, der westindische Westafrikaner, sagte der Chefredakteur fast genau dasselbe über eine Begegnung mit Paul Robeson.

Marcus wirkte selbstbewusst, fröhlich, voller Elan, und sobald er den Mund aufmachte, war Willie gefesselt. Willie sagte: »Ich habe von dem Plan mit dem weißen Enkelkind gehört.« Marcus sagte: »Das ist gar nichts so Außergewöhnliches. Lediglich eine kleine Wiederholung dessen, was hier im großen Stil vor hundertfünfzig Jahren schon einmal passiert ist. Im achtzehnten Jahrhundert gab es über eine halbe Million Schwarze in England. Sie sind alle verschwunden. Sie sind von der englischen Bevölkerung aufgesogen worden. Ihre Gene sind ausgemerzt worden. Negergene sind rezessiv. Wenn das bekannter wäre, gäbe es viel weniger Rassenvorbehalte. Wobei einige dieser Vorbehalte ohnehin nicht sehr tief sitzen. Dazu kann ich eine Geschichte erzählen. Als ich in Afrika war, habe ich mich mit einer Französin angefreundet, einer Elsässerin. Nach einiger Zeit wollte sie mich ihrer Familie vorstellen. Wir reisten also zusammen nach Europa und fuhren in ihre Heimatstadt. Ich lernte ihre Schulfreundinnen kennen. Sie waren alle ziemlich konservativ, und meine Freundin machte sich Sorgen, was sie wohl denken würden. In den vierzehn Tagen, die ich da war, hab ich sie alle gevögelt. Ich hab sogar ein paar von ihren Müttern gevögelt. Aber meine Freundin hat sich trotzdem noch Sorgen gemacht.«

Als der Dichter kam, nahm er die Huldigung des Chefredakteurs entgegen, und dann saßen er und seine Frau grämlich zusammen in einer Ecke des kleinen Zimmers.

Die Kolumbianerin war älter, als Willie erwartet hatte. Er schätzte sie auf Ende Vierzig. Sie hieß Serafina. Sie war schmal und zerbrechlich und hatte einen bekümmerten Zug im Gesicht. Ihr Haar war so schwarz, dass es eigentlich nur gefärbt sein konnte, und ihre Haut war sehr blass und bis zum Haaransatz hinauf gepudert. Als sie schließlich neben Willie Platz nahm, fragte sie ihn: »Mögen Sie Frauen?« Und als Willie zögerte, sagte sie: »Nicht alle Männer mögen Frauen. Ich muss es wissen. Ich war bis sechsundzwanzig Jungfrau. Mein Mann war Päderast. Kolumbien wimmelt von kleinen *mestizos*, die man für einen Dollar kaufen kann.« Willie fragte: »Und was ist passiert, als Sie sechsundzwanzig waren?« Sie sagte: »Ich erzähle Ihnen meine Lebensgeschichte, aber ich sitze nicht im Beichtstuhl. Offensichtlich ist etwas passiert.« Als Perdita und Roger die Schüsseln herumzureichen begannen, sagte sie: »Ich liebe Männer. Sie besitzen eine kosmische Kraft.« Willie fragte: »Sie meinen Energie?« Sie sagte verärgert: »Ich meine kosmische Kraft.« Willie sah zu Peter hinüber. Er hatte sich in Schale geworfen. Er trug eins seiner teuren weißen Hemden mit dem wächserngestärkten, hoch in den Nacken hinaufreichenden Kragen; sein graublondes Haar war an den Seiten militärisch kurz und mit einem Hauch von Pomade geglättet; aber sein Blick wirkte trüb und erschöpft und abwesend.

Roger, der mit einer Schüssel vorbeikam, erkundigte sich: »Warum haben Sie einen Päderasten geheiratet, Serafina?« Sie sagte: »Wir sind weiß und reich.« Roger sagte: »Kein sehr zwingender Grund.« Das überging sie. Sie sagte: »Wir sind seit vielen Generationen weiß und reich. Wir sprechen klassisches Spanisch. Mein Vater war ein sehr schöner Mann mit sehr weißer Haut. Sie hätten ihn sehen sollen. Für uns ist es schwer, in Kolumbien geeignete Männer zu finden.« Willie fragte: »Gibt es denn nicht noch andere Weiße in Kolumbien?« Serafina sagte: »Hier ist das ein gängiges Wort. Bei uns ist es das nicht. Wir sind reiche weiße Kolumbianer, und wir sprechen ein besonders reines, altes Spanisch, reiner, als es selbst in Spanien gesprochen wird. Wir tun uns schwer, Männer zu finden. Viele von unseren Mädchen heiraten Europäer. Meine jüngere Schwester hat nach Argentinien geheiratet. Wenn Männer so schwer zu finden sind und man sie in so weiter Ferne suchen muss, kann einem schon einmal ein Fehler unterlaufen.«

Richard, der Verleger, rief vom anderen Ende des Tisches: »Und was für ein Fehler! Aus Kolumbien wegzugehen, um auf gestohlenem Indioland zu leben!«

Serafina sagte: »Meine Schwester hat niemandem Land gestohlen.«

Richard sagte: »Weil es vor achtzig Jahren für sie gestohlen worden ist. Von General Roca und seinen Männern. Die Eisenbahn und Remington-Gewehre gegen die Steinschleudern der Indios. So haben sie die Pampas in ihren Besitz gebracht und dann überall ihre aufgemotzten Estancias hingesetzt. Ihre Schwester hat ganz einfach altes Diebesgut gegen neues vertauscht. Dem Himmel sei Dank für Eva Perón, kann ich nur sagen. Endlich jemand, der dieses ganze marode Bauwerk einreißt.«

Serafina bemerkte zu Willie: »Dieser Mann will sich vor mir aufspielen. In Kolumbien erlebe ich das ständig.«

Marcus warf ein: »Die wenigsten Menschen wissen, dass um 1800 weite Teile der Bevölkerung von Buenos Aires und Uruguay schwarz waren. Sie sind in der restlichen Bevölkerung aufgegangen. Ihre Gene sind ausgemerzt worden. Negergene sind rezessiv. Die wenigsten wissen das.«

Richard und Marcus redeten weiter quer durch den Raum, wobei Richard dem anderen sämtliche Äußerungen im Mund herumdrehte und ihn ständig zu provozieren suchte. Serafina sagte zu Willie: »Männer wie er versuchen mich zu verführen, sobald sie allein mit mir sind. Es langweilt mich. Er denkt, ich bin Lateinamerikanerin und deshalb leicht zu haben.« Damit verstummte sie. Peter ließ alles unbewegt über sich ergehen. Willie, von seinen Zuhörerpflichten entbunden, schaute im Zimmer umher und ließ den Blick auf Perdita und ihrem langen Oberkörper ruhen. Schön fand er sie auch jetzt nicht, aber er musste wieder an die lässige Eleganz denken, mit der sie ihre gestreiften Handschuhe auf den Restauranttisch geworfen hatte, und gleichzeitig sah er June vor sich, wie sie sich in dem Zimmer in Notting Hill auszog. Perdita fing seinen Blick auf und hielt ihm stand. Willie war unbeschreiblich erregt.

Roger und Perdita begannen die Teller abzuräumen. Marcus, energisch und voller Tatendrang, stand auf und half ihnen. Kaffee und Brandy wurden serviert.

Serafina fragte Willie geistesabwesend: »Haben Sie schon einmal Eifersucht empfunden?« Ihre Gedanken hatten sich offenbar in Bahnen bewegt, von denen er nichts ahnte. Er sagte: »Noch nicht. Ich habe nur Verlangen empfunden.« Sie sagte: »Dann hören Sie zu. Als Peter mit mir nach Kolumbien kam, war er der Schwarm aller Frauen. Der englische Gentleman und Gelehrte mit dem markanten Kinn. Nur ein Monat, und er hatte alles vergessen, was ich für ihn getan hatte, und ist mit einer anderen durchgebrannt. Aber er kannte unser Land nicht, und er hat einen großen Fehler gemacht. Die Frau hatte ihn getäuscht. Sie war eine *mestiza*, und sie war überhaupt nicht reich. Das hat er schon nach einer Woche gemerkt. Er ist zurückgekommen und hat mich um Verzeihung angefleht. Er hat auf den Knien vor mir gelegen und den Kopf in meinen Schoß gedrückt und geweint wie ein Kind. Ich habe sein Haar gestreichelt und gesagt: ›Du dachtest, sie ist reich? Du dachtest, sie ist weiß?‹ – ›Ja, ja‹, sagte er. Ich habe ihm vergeben. Aber vielleicht sollte er doch bestraft werden? Was meinen Sie?«

Der Chefredakteur räusperte sich, einmal, noch einmal. Es war eine Bitte um Ruhe. Serafina wandte sich von Willie – und Richard – ab, richtete sich kerzengerade auf und fixierte den Chefredakteur, der dick und schwer in seiner Ecke saß, mit über den Hosenbund quellendem Bauch und einem Hemd, das dort spannte und an den Knöpfen zerrte.

Er sagte: »Keiner in dieser Runde kann wohl ermessen, welch ein Ereignis der heutige Abend für einen Provinzredakteur wie mich darstellt. Sie alle haben mich heute einen Blick auf eine Welt fernab der meinen werfen lassen. Ich komme aus einer alten, rauchverhangenen Stadt in der dunklen Hölle des Nordens. Kaum jemand interessiert sich heutzutage noch für uns. Doch auch wir haben unseren Part in der Geschichte gespielt. Unsere Fabriken haben einst Waren hergestellt, die um den ganzen Erdball verschickt wurden, und wo immer unsere Waren hinkamen, haben sie das moderne Zeitalter eingeläutet. Damals konnten wir uns mit Fug und Recht als Nabel der Welt betrachten. Aber seitdem hat die Achse sich verschoben, und nur wenn ich mit Menschen wie Ihnen spreche, bekomme ich eine Ahnung davon, welchen Kurs diese unsere Welt eingeschlagen hat. Daher steckt der heutige Anlass für mich voller Ironien. Ein jeder von Ihnen führt ein schillerndes Leben. Von einigen der hier Anwesenden hatte ich ja bereits gehört, und was ich heute Abend mitbekommen habe, bestätigt das Gehörte voll und ganz. Ich kann Ihnen gar nicht genug danken für Ihre große Freundlichkeit einem Mann gegenüber, dessen Leben alles andere als schillernd ist. Doch auch wir, die wir im Dunkeln leben, haben unsere Seelen. Auch wir hatten unsere Ambitionen, unsere Träume, und das Leben hat uns manchmal grausam mitgespielt. ›Vielleicht ruht ja an solch verlass'nem Ort/ ein Herz, in dem einst Himmelsfeuer lohte.‹ Es wäre vermessen von mir, an diese Verse Grays heranreichen zu wollen, und doch habe ich auf meine Weise über ein solches Herz geschrieben. Und ich würde mich überglücklich schätzen, Ihnen, bevor unsere Wege sich vielleicht für immer trennen, diese Zeilen vortragen zu dürfen.«

Damit zog der Chefredakteur aus der Innentasche seines Jacketts einige zusammengefaltete Zeitungsseiten. Und in dem Schweigen, das er geschaffen hatte, strich er die Blätter glatt, mit großem Bedacht und ohne jemanden anzusehen.

Er sagte: »Das sind Druckfahnen, Korrekturbögen der Zeitung. Das Manuskript liegt schon seit langem vor. Vielleicht wird hier und da noch ein Wort ausgetauscht, die eine oder andere ungelenke Formulierung geglättet, aber im Großen und Ganzen ist der Text druckfertig. Meine Zeitung wird ihn in der Woche meines Todes veröffentlichen. Sie werden es erraten haben – es handelt sich um meinen Nachruf. Einigen von Ihnen mag jetzt der Atem stocken. Einige von Ihnen seufzen vielleicht. Doch der Tod wartet auf jeden von uns, und wir tun gut daran, gerüstet zu sein. Nicht Eitelkeit hat bei diesen Worten die Feder geführt, das wissen Sie alle. Nein, mich erfüllt vielmehr eine Wehmut, eine Trauer um all das, was hätte sein können, wenn ich Sie nun einlade, mit mir dem Lauf eines unbedeutenden Lebens in der Provinz zu folgen.«

Er begann zu lesen. *»Henry Arthur Percival Somers, Chefredakteur dieser Zeitung seit den dunklen Novembertagen des Jahres 1940, über dessen Tod wir in dieser Ausgabe berichten, erblickte das Licht der Welt am 17. Juli 1875 als Sohn eines Schiffslieferanten …«*

Station um Station, Fahne um Fahne (jede mit einer einzelnen schmalen Druckspalte darauf), nahm die Geschichte ihren Lauf: das kleine Häuschen, die ärmliche Straße, der Vater, der immer wieder die Stellung verlor, Todesfälle in der Familie, der Schulabgang des Jungen mit vierzehn, seine kleinen Aushilfsarbeiten in verschiedenen Büros, der Krieg, seine gesundheitsbedingte Ausmusterung und endlich, im letzten Kriegsjahr, seine Anstellung bei der Zeitung, in der Herstellung, wo er als »Manuskripthalter« dem Setzer die Satzvorlage vorlas – eine Arbeit, die eigentlich nur Frauen verrichteten. Mit jedem Absatz wurde der Chefredakteur gerührter.

Der Dichter und seine Frau betrachteten ihn reserviert,

gelangweilt, von oben herab. Peters Blick war gar nichts zu entnehmen. Serafina, hoch aufgerichtet, bot Richard ihr Profil dar. Marcus, dessen ruhelose Gedanken bald in diese, bald in jene Richtung schweiften, begann mehr als einmal über völlig andere Dinge zu reden, verstummte aber jäh beim Klang seiner eigenen Stimme. Doch Willie war fasziniert von der Geschichte des Chefredakteurs. All dies war ganz neu für ihn. Er hatte kaum Anhaltspunkte, aber dennoch versuchte er sich beim Zuhören die Heimatstadt des Chefredakteurs zu vergegenwärtigen, sich in sein Leben hineinzufühlen. Unversehens ertappte er sich dabei, dass er an seinen Vater dachte, und dann fing er an, über sich selbst nachzudenken. Während Serafina steif neben ihm saß, mit dem Rücken zu ihm, sodass jede Konversation unmöglich war, beugte sich Willie vor, um konzentrierter lauschen zu können.

Der Chefredakteur bemerkte Willies Interesse, und seine Beherrschung schwand dahin. Immer wieder schnürte sich ihm die Kehle zu. Ein- oder zweimal schluchzte er auf. Und dann kam er zur letzten Fahne. Tränen strömten ihm übers Gesicht. Um seine Fassung war es nun vollends geschehen. *»Sein wahres Leben spielte sich im Geiste ab. Doch was ein Journalist schreibt, weist nicht über den Tag hinaus, und so hat er kein bleibendes Werk hinterlassen. Die Liebe, jene göttliche Illusion, wurde ihm nie zuteil. Nur eines war ihm gegeben: eine lebenslange Leidenschaft für die englische Sprache.«* Er setzte seine beschlagene Brille ab, die Fahnen in seiner Linken, und starrte mit nassen Augen vor sich auf den Boden. Eine lange Stille trat ein.

Marcus sagte: »Brillant geschrieben.«

Der Chefredakteur verharrte regungslos, den Blick zu Boden gerichtet, das Gesicht tränenüberströmt, und erneut kehrte Stille ein. Der Abend war zu Ende. Als die anderen sich verabschiedeten, flüsterten sie wie in einem Krankenzimmer. Der Dichter und seine Frau gingen; es war, als wären sie nie dagewesen. Serafina erhob sich, sah durch Richard hindurch und führte Peter zur Tür hinaus. Marcus flüsterte: »Warte, ich helf dir noch beim Abräumen, Perdita.« Willie spürte überraschend einen Stich der Eifersucht. Aber weder er noch Marcus durften länger bleiben.

Roger wünschte ihnen, jetzt ohne Leidensmiene, an der Tür eine gute Nacht. Er sagte verschmitzt und ohne die Stimme zu heben: »Er hat mir gesagt, er wolle meine Londoner Freunde kennen lernen. Ich konnte nicht ahnen, dass er ein Publikum sucht.«

***

Am nächsten Tag schrieb Willie eine Geschichte über den Chefredakteur. Er ließ sie in der nur entfernt realen indischen Stadt spielen, die ihm auch sonst als Schauplatz diente, und verlieh dem Chefredakteur Züge des heiligen Mannes, über den er schon mehrmals geschrieben hatte. Bis dahin war der heilige Mann von außen geschildert worden: Müßig und unheimlich, vom Unglück anderer zehrend, hatte er lauernd wie eine Spinne in seiner Klause gehockt. Jetzt offenbarte der heilige Mann plötzlich sein eigenes Unglück. Als ein Gefangener seiner selbst, der sich fortsehnte aus seiner Einsiedelei, klagte er sein Leid einem Suchenden von weither, einem Durchreisenden, den es schwerlich wieder in seine Nähe verschlagen würde. In ihrer Stimmung glich die Geschichte der des Chefredakteurs. Inhaltlich war es die Geschichte, die Willie im Lauf vieler Jahre von seinem Vater erzählt bekommen hatte.

Willie war nicht gefasst gewesen auf das, was unter seinen Händen entstand. Mit einem Mal sah er seine Familie und sein Leben mit anderen Augen, und in den folgenden Tagen entdeckte er darin den Stoff für viele Geschichten einer neuen Art. Sie schienen nur auf ihn gewartet zu haben; es wunderte ihn, dass er sie vorher nie bemerkt hatte, und drei, vier Wochen lang schrieb er zügig. Dann begann das Schreiben an schwierige Punkte zu rühren, an Dinge, denen er sich nicht stellen mochte, und er hörte auf.

Er schrieb nie wieder etwas. Es kam nichts mehr. Filme hatten schon längst aufgehört, ihn zu inspirieren. Solange diese

Quelle sprudelte, war ihm das Schreiben so leicht gefallen, dass er bisweilen schon befürchtet hatte, andere könnten arbeiten wie er und Ideen für Geschichten oder einzelne Szenen aus *Entscheidung in der Sierra* und *Sprung in den Tod* und *Gorkis Kindheit* schöpfen. Nun, da die Quelle versiegt war, begriff er nicht mehr, wie er je etwas hatte zu Papier bringen können. Er hatte jetzt sechsundzwanzig Geschichten, die insgesamt rund hundertachtzig Seiten ergaben, und es enttäuschte ihn, dass so viele Ideen, so viel Arbeit und Aufregung so wenige Seiten hervorgebracht hatten.

Aber Roger fand, es reiche für ein Buch, und er erklärte die Sammlung für vollständig. Er sagte: »Die späteren Geschichten sind introvertierter, aber das gefällt mir. Mir gefällt die Art, wie das Buch wächst und sich verzweigt. Es ist rätselhafter und emotionaler, als du ahnst, Willie. Es ist ausgezeichnet. Aber glaub bitte nicht, dass du deshalb berühmt wirst.«

Roger begann das Buch an Bekannte zu verschicken, die in Verlagen tätig waren. Alle zwei oder drei Wochen kam es zurück.

Roger sagte: »Genau das habe ich befürchtet. Kurzgeschichten sind immer problematisch, und Indien ist kein besonders zündendes Thema. Die Einzigen, die etwas über Indien lesen wollen, sind Leute, die dort gelebt oder gearbeitet haben, und die werden sich nicht für das Indien interessieren, über das du schreibst. Die Männer wollen John Masters – *Knotenpunkt Bhowani* und *Coromandel* –, und die Frauen wollen *Uralt der Wind vom Himalaya* von Rumer Godden. Ich wollte es ja eigentlich nicht an Richard schicken, aber so wie es aussieht, ist außer ihm keiner mehr übrig.«

Willie fragte: »Warum wolltest du es nicht an Richard schicken?«

»Weil er ein Gauner ist. Er kann nicht anders. Er wird dich irgendwie über den Tisch ziehen. Das ist seine Maxime. War es schon immer. Andere übers Ohr hauen ist für ihn fast so etwas wie ein Sport. Und wenn er das Buch herausbringt, wird er es auf seine doktrinäre Art präsentieren und es benutzen, um irgendeine marxistische These zu belegen. Das wird seinem

Ruf als Marxist gut tun, aber nicht dem Buch. Aber in der Not frisst der Teufel Fliegen.«

Also wurde das Buch an Richard geschickt. Und Richard nahm es an. Ein Schreiben auf Verlagsbriefpapier traf im College ein. Willie wurde gebeten, einen Termin mit Richard zu vereinbaren.

Das Verlagshaus lag an einem Platz in Bloomsbury, der von den typischen schmucklosen, dunklen Backsteinfassaden eingefasst war, und auf Willie wirkte es zunächst unscheinbar wie so viele Gebäude in London. Als er jedoch die Stufen vor dem Eingang hinaufstieg, schien das Haus, das auf den ersten Blick klein gewirkt hatte, zu wachsen. An der Tür angelangt, stellte er fest, dass es groß und vornehm war, und als er eintrat, sah er, dass sich hinter der schwarzen Fassade hohe, hell erleuchtete Räume verbargen, die sich weit nach hinten erstreckten.

Am Empfang saß eine völlig verschreckte junge Frau vor dem Schaltbrett. Eine herrische Stimme blaffte aus dem Gerät. Willie erkannte, dass es Richard war. Der Ton hätte jeden eingeschüchtert, und die dünnarmige junge Frau machte er regelrecht panisch. Es wirkte, als wäre sie nicht in einem öffentlichen Gebäude, sondern daheim, wo ihr böser, gewalttätiger Vater sie abkanzelte. Willie musste an seine Schwester Sarojini denken. Es dauerte eine Weile, bis die Frau Willie bemerkte, und noch ein wenig länger, bis sie sich so weit beruhigt hatte, dass sie mit ihm sprechen konnte.

Richards Büro war das Vorderzimmer im ersten Stock, ein großer, hoher Raum mit Büchern bis unter die Decke.

Richard trat mit Willie an die hohen Fenster und sagte: »Vor hundertfünfzig Jahren waren das hier die Häuser der reichen Londoner Kaufleute. Eins von den Häusern an diesem Platz könnte gut den Osbornes in *Jahrmarkt der Eitelkeit* gehört haben. Dann würden wir im damaligen Salon stehen. Die Droschken und Lakaien draußen auf dem Platz kann man sich ja leicht dazudenken. Andere Dinge sind da schon schwerer vorstellbar. Wer denkt heute noch daran, dass in einem Zimmer ganz wie diesem Thackerays großer Londoner Kaufmann den Plan fasst, seinen Sohn mit einer schwarzen Erbin aus St. Kitts auf den Westindischen Inseln zu verheiraten? Ich arbeite seit Jahren in diesem Gebäude, aber auch mir war das nicht mehr präsent. Erst Ihr Freund Marcus hat mich wieder daran erinnert. Der Mann, der ein Konto bei Coutts eröffnen möchte. Ich habe das mit der Erbin für einen Scherz gehalten, aber dann habe ich es nachgeprüft. Das Vermögen der Dame dürfte sich auf Sklaven und Zucker gegründet haben. Es war die große Zeit der westindischen Sklavenplantagen. Das muss man sich vorstellen. Eine Neger-Erbin in London – zu einer solchen Zeit! Und sie war äußerst begehrt. Sie wird mit Sicherheit eine gute Partie gemacht haben, auch wenn Thackeray davon nichts erwähnt. Und da Negergene ja bekanntlich rezessiv sind, dürften ihre Nachkommen einige Generationen später schon makellos englisch und großbürgerlich gewesen sein. Da muss erst ein repatriierter Schwarzer aus Westafrika daherkommen, um unser Bild von einem der viktorianischen Klassiker zurechtzurücken.«

Sie wandten sich vom Fenster ab und nahmen einander gegenüber an dem großen Schreibtisch Platz. Im Sitzen kam Richard Willie breiter, schwerer und derber vor, als er ihn in Erinnerung hatte.

Richard sagte: »Eines Tages liefern Sie uns vielleicht eine neue Lesart von *Sturmhöhe.* Heathcliff war zur Hälfte indisch, ein Findelkind, das in den Hafenanlagen von Liverpool entdeckt wurde. Aber das wissen Sie ja.« Er griff nach ein paar maschinengeschriebenen Seiten. »Hier ist der Vertrag für Ihr Buch.«

Willie zog seinen Füller hervor.

Richard sagte: »Wollen Sie ihn nicht erst lesen?«

Willie war verwirrt. Er hätte den Vertrag gern durchgesehen, aber das glaubte er Richard gegenüber nicht zugeben zu können. Den Vertrag in Richards Beisein zu überprüfen, hätte bedeutet, Richards Ehrenhaftigkeit in Zweifel zu ziehen, und das schien Willie ein solcher Affront, dass er es nicht fertig brachte.

Richard sagte: »Es ist im Grunde unser Standardvertrag. Siebeneinhalb Prozent vom Inlandserlös, dreieinhalb vom Erlös in Übersee. Um die übrigen Lizenzen kümmern wir uns. Vorausgesetzt natürlich, das ist in Ihrem Sinne. Wenn wir es nach Amerika verkaufen, bekommen Sie fünfundsechzig Prozent. Sechzig Prozent für Übersetzungen, fünfzig für die Filmrechte, vierzig fürs Taschenbuch. Diese Rechte erscheinen Ihnen im Moment vielleicht unbedeutend. Aber man sollte nicht auf sie verzichten. Wir machen die Arbeit für Sie. Das ist schließlich unser Beruf. Sie lehnen sich einfach zurück und kassieren.«

Der Vertrag war in zweifacher Ausfertigung zu unterzeichnen. Während Willie das zweite Exemplar unterschrieb, zog Richard einen Umschlag aus einer Schreibtischschublade und legte ihn vor ihn hin.

»Das ist ein Vorschuss«, sagte er. »Fünfzig Pfund, in neuen Fünfpfundscheinen. Haben Sie je so viel auf einmal verdient?«

Nein. Willies höchstes Rundfunkhonorar hatte dreizehn Guineen betragen, für einen Fünfzehn-Minuten-Beitrag über *Oliver Twist* im Schulfunk.

Als er wieder hinunterkam, hatte sich die Frau am Empfang beruhigt. Aber die Erbärmlichkeit ihres Daseins – gefangen zwischen den Demütigungen bei der Arbeit und den Demütigungen zu Hause – war ihr ins Gesicht geschrieben. Hilfloser und hoffnungsloser als zuvor dachte Willie an Sarojini daheim in Indien.

Roger wollte den Vertrag sehen. Willie wurde nervös. Er hätte Roger ungern erklärt, warum er unterschrieben hatte. Roger las mit der ernsten Miene des Anwalts, und am Ende sagte er, nach kurzem Zögern: »Gut, die Hauptsache ist erst einmal, dass du publiziert wirst. Was hat er zu dem Buch gemeint? Für so etwas hat er in der Regel ein gutes Gespür.«

Willie sagte: »Zu dem Buch hat er gar nichts gemeint. Er hat nur über Marcus und *Jahrmarkt der Eitelkeit* geredet.«

Vier oder fünf Wochen später gab Richard in seinem Haus in Chelsea eine Party. Willie kam früh. Er konnte niemanden entdecken, den er kannte, und geriet mit einem kleinen, dicken, noch recht jungen Mann ins Gespräch, einem Brillenträger mit ungekämmtem Haar, zu engem Sakko und schmutzigem Pullover, der einer überholten, bohemehaften Vorstellung von Künstlertum anzuhängen schien. Er war Psychologe und hatte ein Buch mit dem Titel *Das Tier in dir – und mir* geschrieben. Ein paar Exemplare davon lagen herum; niemand schenkte ihnen viel Beachtung. Willie war so vertieft in seine Unterhaltung – die ihm, genau wie seinem Gegenüber, als Schutzschild gegen das allgemeine Desinteresse diente –, dass er Roger gar nicht hereinkommen sah. Kaum hatte er ihn bemerkt, da entdeckte er auch Serafina. Sie stand neben Richard. In einem geblümten rosafarbenen Kleid, sehr aufrecht und elegant, aber nicht so unnahbar wie bei Rogers Essen. Willie ließ den Psychologen stehen und ging zu ihr. Sie begrüßte ihn ungezwungen und herzlich, und in dieser neuen Stimmung kam sie ihm recht anziehend vor. All ihre Gedanken kreisten jedoch um Richard. Die beiden redeten, in unverständlichen Andeutungen und mit Unterbrechungen, von einem verwegenen gemeinsamen Geschäft: Sie wollten zunächst in Jujuy im Norden Argentiniens in die Papierherstellung einsteigen, um dann später zu niedrigeren Kosten als in Europa und den Vereinigten Staaten Taschenbücher zu drucken. Mit den heutigen Verfahren ließ sich hochwertiges Papier aus Bagasse gewinnen. Bagasse war das faserige Mark des Zuckerrohrs, das nach dem Auspressen übrig blieb. Serafina gehörten viele Quadratkilometer Zuckerrohrfelder in Jujuy. Bagasse kostete in Jujuy keinen Penny, sie war Abfall, und Zuckerrohr wuchs in weniger als einem Jahr.

Gut angezogene Herren und sorgfältig gekleidete Damen, die wortreich und lächelnd sehr wenig sagten, umkreisten diese – leicht effekthascherischen – Fachsimpeleien über Bagasse.

Willie dachte: ›In seinem großen Büro war Richard echt. Und die Frau am Empfang war auch echt. Hier in diesem kleinen Haus, auf dieser Party, verstellt er sich. Alle verstellen sich.‹

Als er mit Roger später über die Party und über Serafina sprach, sagte dieser: »Richard wird sie um einige Hunderttausend erleichtern. Er hat eine große Begabung dafür, sich solche attraktiven Projekte auszudenken. Das Verrückte dabei ist, dass viele von Richards Projekten sehr lukrativ sein könnten, wenn sich nur jemand richtig dahinterklemmen würde. Pläne ausführen, das ist etwas, das ihn einfach nicht interessiert. Dafür fehlt ihm die Geduld. Ihn reizt die kühne Idee, die Gefahr, das schnelle Geld. Und dann sucht er sich etwas Neues. Serafina ist bereits Feuer und Flamme. So gesehen macht es auch nichts, wenn sie ihr Geld nicht zurückbekommt. Sie hat ihren Spaß gehabt. Außerdem hat sie das Geld nicht verdienen müssen. Das haben andere vor langer Zeit für sie verdient. Und das wird Richard ihr auch sagen, wenn sie sich beschwert. Falls sie sich beschwert.«

»Es waren viele hochkarätige Leute da.« Das war ein Wort, das Willie im College aufgeschnappt hatte.

Roger sagte: »Sie haben allesamt Bücher geschrieben. Das ist die letzte Schwäche der Mächtigen und Hochgeborenen. Sie wollen nicht wirklich schreiben, aber sie wollen Schriftsteller sein. Sie wollen ihren Namen auf einem Buchumschlag gedruckt sehen. Und Richard ist – neben allem anderen – brillant im Umgang mit ihnen. Normalerweise müssen solche Leute dem Verleger Geld bezahlen, damit er ihre Bücher herausbringt. Richard macht es nicht so plump. Er handhabt alles so diskret und trifft seine Auswahl so sorgfältig, dass niemand den Finger darauflegen kann. Und es gibt viele wohlhabende und einflussreiche Leute, die ihm dankbar sind. In mancher Hinsicht ist er so mächtig wie ein Minister. Die kommen und gehen, aber Richard bleibt. Das bringt ihn in allen Kreisen der gehobenen Gesellschaft voran.«

Wochenlang war Willie in dem Haus am Marble Arch aus- und eingegangen. Er hatte sich bei Roger Rat für die Arbeit an seinem Manuskript geholt und die Absagen mit ihm besprochen. Oft war auch Perdita dagewesen. Er war ihrer Eleganz erlegen und fühlte sich immer befangener, wenn er mit Roger über das Buch und die Verlage sprach. Er wollte ihm alles gestehen, fand aber nicht den Mut dazu. Nun jedoch, da das Buch untergebracht war und er seine fünfzig Pfund erhalten hatte, schien es ihm unehrenhaft, noch länger zu zaudern. Er nahm sich vor, Roger in seiner Kanzlei aufzusuchen – so würde es offizieller sein –, und ihm zu sagen: »Roger, ich habe dir etwas mitzuteilen. Perdita und ich lieben uns.«

Doch es kam nicht zu dem Besuch, denn am selben Wochenende brachen in Notting Hill die Rassenunruhen aus. Die stillen Straßen mit ihren immer gegenwärtigen Mülltonnen, auf die die Haus- und Wohnungsnummern gemalt waren, und den gardinenverhängten, jalousiebewehrten, blicklosen Fenstern wimmelten plötzlich von erregten Menschen. Aus Häusern, die den Anschein erweckt hatten, dort würden nur die Alten und die Gleichgültigen wohnen, strömten nun mit einem Mal Horden junger Männer in edwardianischer Verkleidung, die durch die Straßen zogen, um Schwarze zu finden. Ein Westinder namens Kelso, der Urlaub bei Freunden machte, geriet vor dem U-Bahnhof Latimer Road nichts ahnend in ein Rudel Halbwüchsiger und wurde getötet.

In den Zeitungen und im Radio waren die Unruhen das große Thema. Am ersten Morgen ging Willie wie so oft auf einen Kaffee in das kleine Café neben dem College. Jeder dort, schien ihm, las eine Zeitung. Die Seiten waren schwarz von all den Photos und Schlagzeilen. Ein kleiner alter Arbeiter, dem Jahre der Entbehrung ins Gesicht geschrieben standen, sagte so unbefangen, als säße er daheim im eigenen Wohnzimmer: »Diese Neger werden zu einer Gefahr.« Es war eine beiläufige Bemerkung, völlig unbeeinflusst von den Zeitungsmeldungen, und Willie fühlte sich bedroht und beschämt zugleich. Ihm war, als würden ihn alle anstarren. Ihm war, als handelten die Zeitungsberichte von ihm. Von da an blieb er im College und ging nicht mehr aus. Sich so zu verstecken, war ihm nicht neu. Genauso hatten sie es zu Hause gemacht, wenn die Religions- oder Kastenauseinandersetzungen ausuferten.

Am dritten Tag der Unruhen kam ein Telegramm von dem Rundfunkredakteur. Er bat Willie, ihn anzurufen.

Der Redakteur sagte: »Willie. Das ist etwas, das wir einfach bringen müssen. Menschen in aller Welt warten gespannt, ob wir diese Geschichte bringen oder nicht, und wenn ja, wie wir sie bringen. Meine Idee ist folgende. Sie gehen ganz normal gekleidet zum U-Bahnhof Ladbroke Grove oder St Ann's Well Road oder Latimer Road. Die Latimer Road wäre natürlich ideal. Da ist die Lage am prekärsten. Tun Sie so, als wären Sie ein indischer Tourist, der sich Notting Hill ansehen möchte. Der sozusagen auf Kelsos Spuren wandelt. Das heißt, Sie gehen dahin, wo die Krawalle sind. Sie sind ein klein wenig auf Ärger aus, Sie legen es ein klein wenig darauf an. Natürlich nur bis zu einem gewissen Grad. Das ist schon alles. Schauen Sie, was sich ergibt. Der übliche Fünf-Minuten-Beitrag.«

»Wie viel zahlen Sie?«

»Fünf Guineen.«

»Das ist Ihr Standardhonorar. Wir reden hier schließlich nicht von einer Modenschau oder einer Kunstausstellung.«

»Wir haben ein knappes Budget, Willie. Das wissen Sie doch.«

Willie sagte: »Ich habe bald Prüfung. Ich muss mich vorbereiten. Ich habe keine Zeit.«

Von Roger kam ein Brief. *Lieber Willie, in einer Großstadt gibt es immer wieder Zeiten, in denen der Wahnsinn regiert. Manches bleibt davon aber unberührt. Du sollst wissen, dass Perdita und ich jederzeit für dich da sind.* Willie dachte: ›Er ist ein guter Mensch. Vielleicht der einzige, den ich kenne. Ein guter Instinkt hat mich zu ihm geführt, damals nach diesem Beitrag über seine Arbeit als Armenanwalt. Ich bin froh, dass ich nicht in seine Kanzlei gegangen bin, um ihm das mit Perdita zu sagen.‹

Seit Willie das College nicht mehr verließ, hatte er wieder öfter mit Percy Cato zu tun als in den vorangegangenen Monaten. Sie waren weiterhin Freunde, aber ihre unterschiedlichen Interessen ließen sie getrennte Wege gehen. Willie kannte sich in London jetzt besser aus; er kam auch ohne Percys Erfahrungen und seinen Rückhalt zurecht. Die Künstlerpartys mit Percy und June und all den anderen, den Verlorenen, den aus der Bahn Geworfenen, den Trunksüchtigen, den wahrhaft Unbürgerlichen, diese Parties in heruntergekommenen Wohnungen in Notting Hill hatten für ihn nichts Weltstädtisches und Schillerndes mehr.

Percy kleidete sich so modisch wie eh und je. Aber sein Gesicht wirkte anders; die Keckheit fehlte.

Er sagte: »Das wird den Alten sein Revier kosten. Die Zeitungen werden nicht lockerlassen. Aber er versucht mich in die Sache reinzuziehen. Er kann sehr bösartig sein. Er hat mir nie verziehen, dass ich meine eigenen Wege gegangen bin. Die Presse hat ein paar Dinge über seine Grundstückskäufe und seine Pläne für Notting Hill ausgegraben, und irgendwer verbreitet das Gerücht, dass ich seine rechte Hand war. Wenn ich im Aufenthaltsraum eine Zeitung aufschlage, erwarte ich jedes Mal, meinen Namen zu sehen. Das College wäre nicht gerade entzückt. Einem schwarzen Notting-Hill-Gangster auch noch ein Stipendium in den Rachen werfen! Die werden mich rausschmeißen. Und ich weiß nicht, wo ich dann hin soll, Willie.«

Aus Indien kam ein Brief. Umschläge von daheim waren unverwechselbar. Sie waren aus wiederaufbereitetem Papier, das an die Abfälle erinnerte, aus denen es hergestellt war, und sie waren im Zweifelsfall auf dem Basar angefertigt worden, von den armen kleinen Jungen, die in den Verschlägen hinter den Papierständen auf dem Boden kauerten und mit Leimpinseln oder riesigen Papierscheren hantierten, alles in bedrohlicher Nähe zu ihren Zehen. Willie sah sich selbst wieder dort, ohne Hoffnung, wie sie. Darum bedrückten Briefe aus der Heimat ihn schon durch ihren bloßen Anblick, und das Gefühl der Bedrückung hielt an, auch wenn er den Brief längst gelesen hatte und gar nicht mehr wusste, woher es kam.

Die Handschrift war die seines Vaters. Mit der Zärtlichkeit, die er neuerdings für den Vater empfand, dachte Willie: ›Der Arme hat von den Unruhen gehört und macht sich Sorgen. Er denkt, sie sind wie die Unruhen zu Hause.‹

Er las: »*Lieber Willie. Ich hoffe, dieser Brief trifft dich gesund und munter an. Ich schreibe dir für gewöhnlich nicht, weil ich normalerweise nichts zu berichten habe, oder zumindest nichts, von dem ich glaube, dass es berichtenswert wäre. Heute kann ich dir Neuigkeiten von deiner Schwester Sarojini berichten. Ich weiß nicht, was du dazu sagen wirst. Wie du weißt, kommen Menschen aus aller Welt in den Aschram. Eines Tages kam ein Deutscher. Er war ein älterer Mann mit einem kranken Bein. Nun, um es kurz zu machen, er wollte Sarojini heiraten, und so ist es geschehen. Du wirst dich erinnern, dass ich schon immer der Meinung war, Sarojinis einzige Hoffnung sei eine Heirat mit einem Ausländer, aber darauf war ich doch nicht gefasst. Ich bin sicher, dass er bereits eine Frau hat, aber es wäre vielleicht unklug, zu viele Fragen zu stellen. Er ist Photograph, und er erzählt von den Kämpfen in Berlin am Ende des Krieges – wie er mit einem Maschinengewehr auf die russischen Panzer gefeuert hat, während sein Freund sein Gewehr längst weggeworfen hatte und zitternd vor Angst auf dem Boden lag. Jetzt dreht er Filme über Revolutionen und verdient damit seinen Lebensunterhalt. Ungewöhnlich, aber heutzutage sucht sich jeder seinen eigenen Weg –* ›Allerdings!‹, dachte Willie – *und du wirst natürlich finden, dass gerade ich lieber still sein sollte. Sie wollen jetzt einen Film über Kuba drehen. Das ist das Land, wo die Zigarren herkommen. Sie besuchen da einen Mann mit einem goanisch klingenden Namen, Govia oder Govara, und danach reisen sie noch weiter herum. Deine Mutter ist sehr froh, das Mädchen los zu sein, aber wie du dir sicher denken kannst, tut sie so, als wäre sie es nicht. Ich weiß nicht, wo das alles hinführen wird und wie sich alles fügen wird für die arme Sarojini. Das sind fürs Erste alle Neuigkeiten.*

Willie dachte: ›Das habe ich gelernt, seit ich hier bin. Nichts geht je den vorgesehenen Weg. Die Welt müsste stillstehen, aber sie dreht sich weiter.‹

DREI

Eine zweite Wandlung

EINES TAGES FIEL WILLIE AUF, dass er Percy Cato schon eine ganze Weile nicht mehr gesehen hatte. Als er herumfragte, erfuhr er, dass Percy still und heimlich seine Sachen gepackt hatte und aus dem College ausgezogen war. Niemand wusste, wo er jetzt war, aber man erzählte sich, er habe London verlassen und sei nach Panama zurückgekehrt. Willie vernahm es beklommen. Es kam ihm so vor, als wäre seine ganze erste Londoner Zeit damit verloren – besonders jetzt, nach den Unruhen in Notting Hill. Percy hatte Angst gehabt, seinen Namen in den Zeitungen zu sehen. Aber obgleich die Zeitungen einige Wochen lang voll waren von den Immobilienschiebereien in Notting Hill – von Percy wussten sie offenbar nichts, und Willie bekam den Eindruck, Percy habe sich davongemacht, weil er, schlau wie immer, gespürt hatte, dass etwas noch viel Schrecklicheres nahte. Willie fühlte sich verraten und allein gelassen. Sein Leben hier wurde stumpf und glanzlos, und wie zu Beginn seiner Zeit in London begann er sich zu fragen, wo es überhaupt hinging mit ihm.

Seine Schwester Sarojini schrieb ihm aus Deutschland. Willie hätte den Brief am liebsten gar nicht geöffnet. Voll Scham erinnerte er sich daran, wie aufregend er es zu Hause, im Aschram oder in der Missionsschule, gefunden hätte, einen Brief mit einer deutschen oder einer anderen ausländischen Marke zu erhalten. Das Motiv auf der Marke hätte ihn von dem jeweiligen Land träumen lassen, und er hätte den Absender glücklich gepriesen.

Lieber Willie! Weißt du eigentlich, was für Sorgen du uns machst? Du schreibst nicht, und wir haben keine Ahnung, was du treibst. Machst du einen Abschluss an diesem College, und wird dieser Abschluss dir zu einer Stelle verhelfen? Du hast das Beispiel deines Vaters vor Augen, und wenn du nicht aufpasst, wirst du ein Tagedieb wie er. Das ist ein sehr häufiges Phänomen in Familien.

Willie dachte: ›Was habe ich mich gesorgt um dieses Mädchen. Ich habe geglaubt, sie habe keine Zukunft; ich hätte alles getan, um ihr zu helfen, eine glückliche Frau zu werden. Und dann kommt dieser alte Deutsche des Wegs, und die hässliche kleine Sarojini wird ein neuer Mensch. Plötzlich ist sie eine richtige verheiratete Frau, als wäre sie nie etwas anderes gewesen. Sie ist genau wie meine Mutter. Es kommt mir vor wie ein Hohn auf all meine Sorge und Liebe. Ich weiß nicht, ob mir diese Sarojini gefällt.‹

Wolf und ich fahren bald nach Kuba und in ein paar andere Länder. Wolf diskutiert mit mir viel über revolutionäre Ideen. Er ist wie der Onkel unserer Mutter, aber er hatte natürlich ganz andere Möglichkeiten und eine bessere Ausbildung, und dann hat er natürlich auch viel mehr von der Welt gesehen als unser armer Onkel. Ich wünschte, du würdest dich mehr nach dieser Seite der Familie orientieren. Dann würde dir nämlich klar werden, wie viel es in der Welt zu tun gibt und wie selbstsüchtig du in London vor dich hin lebst, wo du nur dies tust und das tust und nicht einmal so recht weißt, warum. Wolf und ich verbringen die nächsten Wochen in Deutschland. Wolf hat Termine mit Leuten vom Film und von der Regierung. Wenn sich alles eingependelt hat, komme ich für ein paar Tage nach London und besuche dich.

Willie dachte: ›Bitte komm nicht, Sarojini. Bitte komm nicht.‹

Aber sie kam und stellte drei oder vier Tage lang sein Leben auf den Kopf. Sie wohnte in einem kleinen Hotel in der Nähe des Colleges – sie hatte sich von Deutschland aus selbst um alles gekümmert –, und jeden Tag besuchte sie Willie in seinem Wohnheimzimmer und bereitete ihm ein krudes kleines Mahl. Sie brauchte keinerlei Hilfe von ihm. Sie schaffte billige neue Töpfe, Pfannen, Messer und Löffel an, machte Gemüseläden ausfindig, schleppte täglich frisches Grünzeug herbei und kochte auf dem kleinen Elektroofen in Willies Zimmer. Sie legte den Ofen auf den Rücken und stellte die Töpfe auf den Eisenrost über den glühenden Heizstäben. Gegessen wurde von Papptellern, und die Töpfe spülte sie in dem Spülbecken am Ende des Korridors. Mit Sarojinis Kochkünsten war es nie weit her gewesen, und das Essen, das sie im College fabrizierte, schmeckte schauderhaft. Das ganze Zimmer roch danach. Es war ein Verstoß gegen die Hausordnung. Willie war nicht wohl dabei, und erst recht war ihm unwohl bei dem Gedanken, jemand könnte die dunkle kleine, seltsam gekleidete Köchin mit der Strickjacke über dem Sari und den Socken an den Füßen sehen, die seine Schwester war. Mit ihrem neuen Selbstbewusstsein, das sich noch auf so wenig Wissen stützte, hätte sie binnen fünf Minuten jede einzelne von Willies sorgfältig erfundenen kleinen Geschichten über seine Familie und seine Herkunft zerredet gehabt.

Sie sagte: »Wenn du diesen fabelhaften Abschluss hast, dieses Diplom, was hast du dann damit vor? Irgendwo eine Stelle als Lehrer annehmen und dich für den Rest deines Lebens hier verkriechen?«

Willie sagte: »Du weißt es noch gar nicht, aber ich habe ein Buch geschrieben. Es erscheint nächstes Jahr.«

»So ein Unsinn. Kein Mensch hier oder sonstwo will ein Buch von dir lesen. Das weißt du doch selber. Denk daran, wie es war, als du Missionar werden wolltest.«

»Ich meine ja nur, dass ich vielleicht abwarten sollte, bis das Buch erschienen ist.«

»Und danach gibt es wieder etwas, das du abwarten musst, und danach wieder etwas. Du bist genau wie dein Vater.«

Noch Tage nachdem sie abgereist war, hing der Geruch ihres Essens in Willies Zimmer. Nachts roch Willie ihn in seinem Kopfkissen, in seinem Haar, an seinen Armen.

Er dachte: ›Es stimmt, was sie sagt, auch wenn ich es ihr übel nehme. Ich weiß nicht, was aus mir werden soll. Ich lasse einfach nur die Tage verstreichen. Den Platz, der zu Hause auf mich wartet, will ich nicht einnehmen. Zweieinhalb Jahre habe ich nun als freier Mann gelebt. Ich kann nicht in mein altes Leben zurückkehren. Ich habe keine Lust, jemanden wie Sarojini zu heiraten, aber genau das wird geschehen, wenn ich heimgehe. Wenn ich heimgehe, muss ich die Schlachten schlagen, die schon der Onkel meiner Mutter geschlagen hat. Ich will diese Schlachten nicht schlagen. Damit vertue ich mein kostbares Leben. Es gibt andere, die sich mit Lust in solche Kämpfe stürzen würden. Und auch darin hat Sarojini Recht: Wenn ich mein Lehrerdiplom mache und hier bleibe, um zu unterrichten, ist das im Grunde Drückebergerei. Außerdem wäre es nicht besonders schön, in einer Gegend wie Notting Hill Lehrer zu sein, aber genau da würde ich landen, und ich hätte unentwegt Angst, in eine randalierende Meute zu geraten wie Kelso und ein Messer in die Rippen zu bekommen. Das wäre schlimmer als zu Hause. Und wenn ich hier bliebe, würde ich ständig darauf spekulieren, mit den Freundinnen meiner Freunde ins Bett zu gehen. Ich weiß ja jetzt, dass das nicht weiter schwer ist. Aber ich weiß auch, dass es falsch ist, und irgendwann wird es mich in Schwierigkeiten bringen. Das Problem ist, dass ich nicht in der Lage bin, mir selber ein Mädchen zu suchen. Niemand hat es mir beigebracht. Ich weiß nicht, wie man Frauen anspricht oder wann der richtige Zeitpunkt ist, um sie zu berühren, ihre Hand zu nehmen, sie zu küssen. Als mein Vater mir seine Geschichte erzählt und seine Unbedarftheit in diesen Dingen beklagt hat, habe ich mich über ihn lustig gemacht. Damals war ich ein Kind. Jetzt merke ich, wie ähnlich ich meinem armen Vater bin. Alle Männer sollten ihre Söhne in die Kunst der Verführung einweihen. Aber in unserer Kultur findet keine Verführung statt. Unsere Ehen werden arrangiert. Die Liebe ist bei uns keine Kunst. Einige von den Studenten hier reden vom Kamasutra. Von so etwas war zu Hause nie die Rede. Es ist zwar eine Schrift der höheren Kasten, aber mein armer Vater, Brahmane hin oder her, hat bestimmt nie hineingeschaut. Dieser philosophisch-praktische Umgang mit Sexualität gehört unserer Vergangenheit an, einer Welt, die von den Muslimen zerschlagen und zerstört worden ist. Jetzt leben wir wie inzestuöse kleine Tiere in ihrem Bau. Wir befingern die gesamte weibliche Verwandtschaft und schämen uns immerzu. Niemand hat daheim über Sexualität und Verführung gesprochen, aber mir wird immer klarer, dass das Grundfertigkeiten sind, in denen alle Männer geschult werden sollten. Marcus und Percy Cato, und auch Richard, scheinen Meister darin zu sein. Als ich von Percy wissen wollte, wo er gelernt hat, sagte er, er habe klein angefangen – kleine Mädchen befummelt und später vergewaltigt. Darüber war ich schockiert. Jetzt schockiert es mich nicht mehr so.‹

Eines frühen Morgens rief er Perdita an. »Perdita, bitte komm nächstes Wochenende ins College.«

»Das ist verrückt, Willie. Und es wäre unfair Roger gegenüber.«

»Sicher ist es unfair. Aber ich sehne mich so nach dir. Ich war nicht gut beim letzten Mal. Aber ich sage dir, es ist ein kulturelles Problem. Ich will mit dir schlafen, ich will unbedingt mit dir schlafen, aber im entscheidenden Augenblick holen die alten Vorstellungen mich wieder ein, und ich schäme mich und bekomme Angst, ich weiß nicht, wovor, und alles geht schief. Diesmal mache ich es besser. Lass es mich versuchen.«

»Ach, Willie. Das hast du schon so oft gesagt.«

Sie kam nicht.

Er machte sich auf die Suche nach June. Er hatte sie seit Monaten nicht mehr gesehen. Er fragte sich, was wohl aus dem Haus in Notting Hill geworden war – ob sie dort nach den Krawallen überhaupt noch hinkonnten. Aber June stand nicht hinter der Parfümtheke bei Debenhams. Die anderen Verkäuferinnen mit ihren dick geschminkten Gesichtern waren nicht sehr entgegenkommend. Eine oder zwei wichen sogar vor ihm zurück, verschreckt vielleicht durch die Entschlossenheit, mit der er seine Schritte setzte. Schließlich fand er ein Mädchen, das ihm Auskunft über June geben konnte. June war verheiratet. Sie hatte ihre Jugendliebe geheiratet, einen Nachbarssohn, den sie kannte, seit sie zwölf war. Die junge Frau, die Willie die Geschichte erzählte, war noch immer ganz ergriffen von so viel Romantik, und in ihren Augen unter den falschen Wimpern und der Mascara und den gemalten Bögen der Brauen schimmerte echtes Gefühl. »Sie waren unzertrennlich. Wie Bruder und Schwester. Obwohl, sein Beruf ist schon ein bisschen sonderbar. Bestatter. Ein Familienunternehmen. Aber June sagt, wenn man damit aufwächst, ist es etwas anderes. Ein paar Beerdigungen haben sie sogar schon zusammen gemacht. Sie hatten einen alten Rolls-Royce für die Hochzeit. Ihre Familie hat ihn für fünfundzwanzig Pfund gemietet. Eine Stange Geld, aber das war's ihnen wert. June hat den Wagen gleich am Morgen gesehen. Der Mann, von dem er gemietet war, saß am Steuer. Mit Schirmmütze und allem Drum und Dran. Sie hat zu ihrem Vater gesagt: ›Den hast doch nicht etwa du gemietet, oder?‹ Er sagte: ›Nein, wahrscheinlich ist er zu einem Oldtimertreffen unterwegs.‹ Und dann stand er plötzlich vor der Tür. Wie Bruder und Schwester, die beiden. Das gibt es heute nicht oft.«

Je länger das Mädchen erzählte, je lebhafter Willie Junes gesichertes Leben in Cricklewood vor sich sah – dieses Leben im Kreis von Familie und Freunden, mit seinen kleinen Freuden und Aufregungen –, desto ausgeschlossener und verlorener fühlte er sich. Hätte er das Trinken gelernt – wäre das seine Welt gewesen –, dann hätte er in ein Pub gehen können. So aber beschloss er, zu einer Prostituierten zu gehen.

Spät am Abend fuhr er zum Piccadilly Circus. Er drückte sich in den Nebenstraßen herum, zu beklommen, um die aggressiven, gefährlich wirkenden Straßendirnen auch nur anzuschauen. Er lief durch das Viertel, bis er müde wurde. Gegen Mitternacht setzte er sich in ein grell erleuchtetes Café. Es war voller Prostituierter, grob, dümmlich, unattraktiv; die meisten tranken Tee und rauchten, ein paar aßen weiche, bleiche Käsebrötchen. Sie redeten mit schwer verständlichen Akzenten. Eine sagte zu einer anderen: »Fünf hab ich noch.« Sie sprach von Präservativen. Sie nahm sie aus ihrer Tasche und zählte sie.

Willie ging hinaus und lief weiter. Auf den Straßen war es jetzt stiller. In einer Nebenstraße sah er ein Mädchen freundlich mit einem Mann schwatzen. Neugierig ging er auf die beiden zu. Plötzlich rief ein Mann wütend: »Was fällt dir eigentlich ein?«, und überquerte die Straße. Er schrie nicht Willie an, sondern das Mädchen. Sie und der Mann, mit dem sie schwatzte, fuhren auseinander. Sie hatte eine Art Glitzerstaub in ihrem Haar, auf der Stirn, den Augenlidern. Sie sagte zu dem schimpfenden Kahlkopf: »Er ist ein Bekannter. Er war bei der Air Force, als ich bei der Hilfstruppe war.«

Später, nur um sich nicht völlig geschlagen zu geben, sprach Willie doch noch eine Frau an. Er achtete nicht auf ihr Gesicht. Er folgte ihr einfach. Er fühlte sich entsetzlich in dem kleinen überheizten Zimmer mit seinen Gerüchen nach Parfüm und Urin und vielleicht noch Schlimmerem. Er sah die Frau nicht an. Sie sprachen nicht. Er konzentrierte sich auf sich selbst, auf das Ausziehen, auf seine Kräfte. Die Frau entkleidete sich nur halb. Sie sagte zu Willie mit breitem Akzent: »Die Socken kannst du anlassen.« Und etwas später: »Pass auf meine Frisur auf.« Eine Erektion stellte sich ein, eine Erektion ohne Lust, die nicht wieder aufhören wollte. Er schämte sich. Ein Satz aus dem alten Pelican-Buch über Sex fiel ihm ein, Worte, die er damals wie eine Zurechtweisung empfunden hatte. Er dachte: ›Vielleicht bin ich ein Sexualathlet geworden.‹ Im selben Moment sagte die Frau zu ihm: »Fick gefälligst wie ein Engländer.« Wenige Augenblicke später stieß sie ihn von sich herunter. Er wollte keinen Streit. Er zog sich an und ging zurück ins College. Er war tief beschämt.

Als er einige Tage darauf im Bus an der Victoria Coach Station vorbeikam, wo die Überlandbusse hielten, erkannte er unter den Wartenden die Prostituierte wieder, die ihn sein halbes Wochengeld gekostet hatte. Sie war dicklich, unscheinbar, nichts sagend ohne den Aufputz der Nacht und den Ruch des Lasters, eine Frau, die ganz eindeutig vom Land gekommen war, um in London ein paar Nachtschichten einzulegen, und nun wieder heimfuhr.

Willie dachte: ›Hier habe ich nichts außer Demütigungen zu erwarten. Ich muss Percys Beispiel folgen. Ich muss fort von hier.‹

Er hatte keine Ahnung, wohin er gehen sollte. In dieser Hinsicht hatte Percy mit seinen so viel schlechteren Ausgangsbedingungen, mit einem Vater, der Jamaika verlassen hatte, um mit den gesichtslosen schwarzen Bauarbeitern den Panamakanal zu bauen, ihm etwas voraus. Percy konnte nach Panama oder Jamaika gehen oder, wenn ihm danach war, auch in die Vereinigten Staaten. Willie konnte nur nach Indien zurückkehren, und das wollte er nicht. Alles, was ihm blieb, war die Vorstellung – fast eine Art Wunderglaube –, dass eines Tages etwas geschehen würde; dass ihm eine Erleuchtung kommen und alles zusammenwirken würde, um ihn an den Ort seiner Bestimmung zu befördern. Seine Aufgabe war es, sich bereitzuhalten, damit er den Moment auch erkannte.

In der Zwischenzeit hieß es auf das Buch warten und den Abschluss machen. Er verkroch sich im College, ackerte sich durch öde Lehrbücher, wobei ihm weniger das Collegediplom als seine Befreiung von diesem Leben als der wahre Lohn für seine Mühen vorkam. Und so, wie er die Welt zu vergessen suchte, vergaß die Welt offenbar ihn. Keine Anfrage von dem BBC-Redakteur wegen eines Beitrags, keine Nachricht von Roger, ganze Wochen lang nichts, was ihn daran erinnert hätte, dass er bis vor kurzem ein aktives, vielseitiges Großstadtleben geführt hatte und der Autor eines Buches war, das bald erscheinen sollte. Bis Richards Katalog kam. Es war deprimierend. Mit dem Buch befasste sich nur ein kurzer Absatz irgendwo in der Mitte einer halben Seite. Willie wurde als »eine subversive neue Stimme vom Subkontinent« vorgestellt, und es war von der ungewöhnlichen Kulisse der indischen Provinz die Rede, aber mehr erfuhr man über die Geschichten nicht. Der Text, bescheiden, ja düster, eine Art kommerzielle Selbstverleugnung, drehte sich weniger um das Buch als um Richard und die altbekannte politische Einstellung seines Verlags. Das war die Seite an Richard, vor der Roger ihn gewarnt hatte. Willie war es, als sei sein Buch beschmutzt, für ihn verloren und eigentlich schon tot. Wenig später trafen die Fahnen ein. Er machte sich an die Arbeit, als gälte es die Riten und Formalitäten nach einer Totgeburt hinter sich zu bringen. Etwa vier Monate darauf erhielt er sechs Belegexemplare.

Er hörte nichts von Richard oder dem Verlag. Er hörte nichts von Roger; vielleicht, dachte er, hatte Perdita ihn verraten. Ihm war, als würde er versinken in diesem Schweigen. Er las die Tageszeitungen und Magazine in der Collegebibliothek. Er blätterte in Zeitschriften, die er nie zuvor in der Hand gehabt hatte. Zwei Wochen lang entdeckte er nirgends etwas über sein Buch, und dann fanden sich hier und da, weit unten in der Rubrik Neuerscheinungen, ein paar Zeilen.

... Wo man sich nach der pikanten anglo-indischen Kost eines John Masters ein authentisches Currygericht erhofft hätte, wird einem ein fades Allerlei ungewisser Herkunft vorgesetzt, von dem man am Ende das merkwürdige Gefühl zurückbehält, Häppchen aller Art probiert und darüber die Mahlzeit versäumt zu haben ...

... Diese disparaten, unfertigen Bilder der Angst, der Beklommenheit, der Bedrohung scheinen einer Weltsicht zu entspringen, deren Unausgegorenheit zutiefst besorgniserregend ist. Sie sprechen Bände über die Orientierungslosigkeit der jungen Generation und verheißen nichts Gutes für den neuen Staat ...

Willie dachte: ›Soll das Buch doch eingehen. Soll es doch in der Versenkung verschwinden. Ich will nicht daran erinnert werden. Ich schreibe nie wieder etwas. Ich hätte überhaupt nie damit anfangen dürfen. Das Buch war künstlich und verlogen. Ich kann nur dankbar sein, dass kein Kritiker durchschaut hat, wie es zustande gekommen ist.‹

Und dann erhielt er eines Tages zwei Briefe. Einer war von Roger. *Lieber Willie, meinen verspäteten Glückwunsch zu dem Buch, mit dem ich ja bestens vertraut bin. Die Besprechungen, die ich gesehen habe, waren gar nicht so schlecht. Es ist kein Buch, über das sich ohne weiteres schreiben lässt. Jeder der Kritiker scheint einen anderen Aspekt aufgegriffen zu haben. Und das ist viel wert. Richard hätte mehr dafür tun sollen, aber das ist nun mal sein Stil. Bücher haben ihr eigenes*

Schicksal, um mit einem römischen Dichter zu sprechen, und ich glaube, dein Buch wird auf eine Art weiterleben, von der du jetzt noch nichts ahnst. In seiner gedrückten Stimmung und seiner Sorge wegen Perdita las Willie Zweideutigkeiten aus dem Brief. Der Ton schien ihm kühl und distanziert, und er beschloss, nicht zu antworten.

Der andere Brief war von einem Mädchen oder einer jungen Frau aus einem Land in Afrika. Sie hatte einen portugiesisch klingenden Namen und absolvierte irgendeinen Kurs hier in London. Sie schrieb, sie habe die Besprechung in der *Daily Mail* gelesen – eine sehr schwache, wie Willie sich erinnerte, aber immerhin hatte der Rezensent versucht, auf die Geschichten einzugehen – und sich daraufhin das Buch gekauft. *In der Schule hieß es immer, es sei wichtig zu lesen, aber für Menschen meiner (und wahrscheinlich auch Ihrer) Herkunft ist es nicht einfach, Bücher zu finden, in denen wir uns wiedererkennen. Wir lesen dieses oder jenes Buch und reden uns ein, es gefällt uns, aber all die Bücher, die uns zur Lektüre aufgegeben werden, sind für andere geschrieben, und eigentlich sind wir immerzu in einem fremden Haus zu Gast, wo wir keinen Lärm machen dürfen und manchmal sogar die Ohren verschließen müssen vor den Dingen, die die anderen sagen. Ich musste Ihnen schreiben, weil ich in Ihren Geschichten zum ersten Mal Momente gefunden habe, die Momenten in meinem eigenen Leben ähneln, auch wenn Hintergrund und Inhalt so anders sind. Es tut mir in der Seele gut, zu wissen, dass es all diese Jahre jemanden gegeben hat, der denkt und fühlt wie ich.*

Sie wollte ihn kennen lernen. Er schrieb sofort zurück und lud sie ins College ein. Und dann grämte er sich. Vielleicht war sie nicht so nett wie ihr Brief. Er wusste nur wenig über ihr portugiesisch-afrikanisches Land, nur wenig über die Rassen, die Gruppierungen, die Spannungen dort. Sie hatte ihre Herkunft erwähnt, aber nichts Näheres darüber gesagt. Möglicherweise stammte sie aus einer Gesellschaftsschicht, die sich aus Mischlingen zusammensetzte, oder gehörte auf irgendeine andere Weise halb hierhin, halb dorthin. Das wäre eine Erklärung für die starken Gefühle, die sein Buch in ihr ausgelöst hatte. Willie dachte an Percy Cato, seinen verlorenen Freund: ein Modegeck und Sprüchemacher an der Oberfläche, aber darunter brodelte Zorn. Wenn sie aber nun kam und ihn zu genau über sein Buch befragte, würde er sich vielleicht verraten, und das Mädchen oder die junge Frau mit dem portugiesisch klingenden Namen würde erkennen, dass die indischen Geschichten, in denen sie Teile ihres afrikanischen Lebens wiederzufinden meinte, aus alten Hollywoodfilmen und der Maxim-Gorki-Trilogie aus Russland abgestaubt waren. Willie wollte sie nicht enttäuschen. Er wollte sich ihre Bewunderung erhalten. Dieser Gedankengang lenkte seine Sorge in eine andere Richtung: zu seiner eigenen Person. Er befürchtete, er könnte der Frau nicht gut genug für das Buch sein, das er geschrieben hatte, nicht schön genug, nicht charismatisch genug.

Aber sobald er sie sah, lösten sich all seine Ängste in Luft auf, und er war bezwungen. Sie behandelte ihn, als hätte sie ihn schon immer gekannt und schon immer gemocht. Sie war jung und klein und zerbrechlich und ziemlich hübsch. Sie hatte eine wunderbar natürliche Art. Doch am beglückendsten war für Willie, dass er zum ersten Mal in seinem Leben das Gefühl hatte, voll und ganz akzeptiert zu werden. Daheim war sein Leben von seiner gemischten Abstammung beherrscht worden. Sie hatte alles verdorben. Selbst die Liebe zu seiner Mutter war nicht so ungetrübt gewesen, wie sie es hätte sein sollen, sondern überschattet von dem Leiden an den Verhältnissen, in denen sie lebten. In England dann hatte er gelernt, sich mit der Rolle des Außenseiters zu arrangieren. Zunächst hatte er sie nur als Befreiung von den grausamen, einengenden Regeln der Heimat empfunden. Mit der Zeit jedoch hatte er begonnen, sie in bestimmten Situationen – bei June zum Beispiel, und später bei Perdita, und manchmal auch bei Schwierigkeiten im College – als Waffe einzusetzen, indem er sich einfältiger und primitiver gab, als er war. Diese Waffe wollte er auch gegen das Mädchen aus Afrika gebrauchen. Aber er bekam keine Gelegenheit dazu. Es gab einfach keinerlei Widerstand, keine Bedenken, die es auszuräumen galt, keine Fremdheit.

Auch nach einer halben Stunde war der Zauber noch nicht

gebrochen, und Willie begann das neue Bewusstsein zu genießen, als Mann anerkannt und damit in den eigenen Augen vollständig zu sein. Es mochte an dem Buch liegen, dass sie ihm so vorbehaltlos gegenübertrat. Oder es lag an Anas gemischter afrikanischen Abstammung. Willie hütete sich, zu genau nachzuforschen, und erwiderte das, was Ana ihm entgegenbrachte, aus vollem Herzen. Er war hingerissen von ihr, und im Lauf der nächsten Wochen lernte er alles an ihr lieben: ihre Stimme, ihren Akzent, ihr leichtes Stolpern bei bestimmten englischen Worten, ihre makellose Haut, ihre souveräne Art, mit Geld umzugehen. Das war ihm noch bei keiner Frau begegnet. Perdita wurde immer ganz panisch, wenn sie ihr Geld suchen musste; die breithüftige June wartete jedes Mal bis zur allerletzten Sekunde, bevor sie eine kleine Geldbörse hervorkramte und mit ihren großen Händen öffnete. Ana hatte ihr Geld stets griffbereit. Zu der Souveränität kam ihre nervöse Zerbrechlichkeit. Diese Zerbrechlichkeit weckte seinen Beschützerinstinkt. Mit Ana war die Liebe leicht, er fasste sie behutsam an, wie es seinem Wesen entsprach, ohne die Brutalität, zu der Percy Cato ihm geraten hatte, und alles, was zuvor, bei den anderen, so schwierig gewesen war, gelang bei ihr wie von selbst.

Nach ihrem ersten Kuss – in seinem Wohnheimzimmer, auf dem schmalen Sofa vor dem Heizofen – sagte sie: »Du solltest dich mehr um deine Zähne kümmern. Sie verderben dein Aussehen.« Er sagte im Scherz: »Neulich habe ich geträumt, sie wären bleischwer geworden und drohten jeden Moment auszufallen.« Es stimmte; er hatte seine Zähne vernachlässigt, seit er in England war, und nach den Krawallen in Notting Hill, dem Verschwinden von Percy Cato und der lieblosen Ankündigung seines Buchs in Richards grässlichem Katalog hatte er ganz aufgehört, sie zu pflegen. Mehr noch, er sah die Verfärbung, ja fast schon Schwärze seiner Zähne sogar mit einer gewissen Befriedigung. Er versuchte es ihr zu erklären. Sie sagte: »Geh zum Zahnarzt.« Er ging zu einem australischen Zahnarzt in Fulham und sagte zu ihm: »Ich war noch nie beim Zahnarzt. Ich habe keine Schmerzen. Ich habe meines Wissens überhaupt keine

Zahnprobleme. Ich komme nur, weil ich geträumt habe, mir würden die Zähne herausfallen.« Der Zahnarzt sagte: »Auch für solche Fälle sind wir gerüstet. Und alles auf Kosten des National Health Service. Dann wollen wir doch mal nachsehen.« Hinterher erklärte er: »Das war leider kein Traum mit einer versteckten Botschaft. Ihre Zähne wären tatsächlich demnächst ausgefallen. Zahnstein wie Beton. Und grauenhafte Verfärbungen – Sie trinken anscheinend Unmengen von Tee. Die unteren Zähne sind wie eine Mauer. Als wären sie mit Mörtel verbunden. So etwas ist mir noch nie untergekommen. Ein Wunder, dass Sie die Kiefer überhaupt noch auseinander gekriegt haben.« Und voller Lust machte er sich über den Zahnstein her, schabte und meißelte und schliff, und als er fertig war, fühlte Willies ganzer Mund sich wund an, seine Zähne kamen ihm nackt und wackelig vor, und selbst die Luft tat ihnen weh. Er sagte zu Ana: »Im College erzählen sie wilde Geschichten über australische Zahnärzte in London. Ich hoffe, wir haben keinen Fehler gemacht.«

Er wollte von Ana möglichst viel über ihr Land hören. Er versuchte es sich vorzustellen – die Ostküste Afrikas, das weite, leere Landesinnere. Aus ihren Erzählungen merkte er schon bald, dass sie die Menschen auf ganz eigene Weise betrachtete: Sie waren entweder Afrikaner oder keine Afrikaner. Willie dachte: ›Bin ich für sie dann lediglich jemand, der kein Afrikaner ist?‹ Aber er schob diese Frage beiseite.

Sie erzählte ihm von einer Schulfreundin. »Sie wollte immer Nonne werden. Sie ist jetzt in einem Orden hier in der Nähe, und vor einigen Monaten habe ich sie besucht. Sie leben wie Gefangene dort. Selbst ihr Kontakt zur Außenwelt ist wie der von Gefangenen. Während der Mahlzeiten liest ihnen jemand ausgewählte Zeitungsmeldungen vor, und sie kichern wie Schulmädchen über die plattesten Witze. Es ist zum Weinen. Dieses bildschöne Mädchen, dieses weggeworfene Leben. Ich konnte mir nicht helfen, ich musste sie fragen, warum sie sich das angetan hat. Es war nicht richtig von mir, ich hätte ihren Kummer nicht noch schlimmer machen dürfen. Sie sagte: ›Was blieb mir denn anderes übrig? Wir hatten kein Geld. Kein Mann hätte mich geheiratet und mich mitgenommen in sein Haus. Ich wollte nicht in diesem Land verkümmern.‹ Als ob sie so nicht erst recht verkümmern würde.«

Willie sagte: »Ich kann deine Freundin verstehen. Ich wollte früher Priester werden. Priester und Missionar. Ich wollte so sein wie die Patres. Sie waren so viel besser dran als die Menschen um uns herum. Es schien keinen anderen Ausweg zu geben.« Und er begann zu begreifen, dass sich Anas Situation in ihrer Heimat womöglich gar nicht so sehr von der seinen daheim unterschied.

Ein andermal, wieder auf dem kleinen Sofa, sagte Ana: »Ich erzähle dir jetzt eine Geschichte für dein nächstes Buch. Du kannst damit machen, was du willst. Meine Mutter hatte eine Freundin, die Luisa hieß. Niemand wusste irgendetwas über Luisas Herkunft. Sie war von einem reichen Plantagenbesitzer adoptiert worden und erbte einen Teil der Plantage. Luisa ging ins Ausland, nach Portugal, nach Europa. Sie lebte viele Jahre in Saus und Braus, und dann verkündete sie, sie habe einen wunderbaren Mann gefunden. Sie brachte ihn mit nach Hause. Die beiden gaben ein riesiges Fest in der Hauptstadt, und der wunderbare Mann erzählte allen von den vielen Berühmtheiten überall in Europa, die seine besten Freunde waren. Danach zogen sie in den Busch, auf Luisas Plantage. Alle warteten darauf, dass die berühmten Freunde zu Besuch kämen und in dem großen Haus aus und ein gingen. Aber nichts geschah. Luisa und ihr wunderbarer Mann wurden nur dick und dicker und erzählten immer noch dieselben Geschichten wie damals auf dem Fest. Immer weniger Leute kamen sie besuchen. Nach einer Weile fing der Mann an, mit Afrikanerinnen zu schlafen, aber selbst das wurde ihm zu viel, und er hörte wieder auf. Und so lebten die adoptierte Luisa und ihr wunderbarer Mann, glücklich oder auch nicht, und dann starben sie, und Luisas Familienvermögen war aufgebraucht, und keiner wusste, wer Luisa gewesen war oder wer der wunderbare Mann gewesen war. So hat meine Mutter es immer erzählt. Und ich weiß noch eine andere Geschichte. Im Internat gab es eine verhuschte, unglückliche Schülerin. Sie wohnte irgendwo im Busch, mit ihrem Vater und ihrer Stiefmutter. Dann heiratet ihre richtige Mutter wieder, und diese Schülerin zieht zu ihr. Sie verändert sich völlig. Sie wird elegant, fröhlich, strahlend. Aber das Glück ist nicht von Dauer. Ihr Stiefvater findet Gefallen an ihr, zu viel Gefallen. Er schleicht sich nachts in ihr Zimmer. Es folgt eine Szene, dann die Scheidung und ein Riesenskandal.«

Und Willie wusste, dass das Mädchen aus dieser zweiten Geschichte, das unglückliche Mädchen in dem unheimlichen, zerstörerischen Urwald ihrer afrikanischen Heimat, Ana war. Das erklärte ihre Zerbrechlichkeit, ihre Nervosität. Seine Liebe zu ihr wurde noch größer.

Aus Kuba kam ein Brief von Sarojini. Sie hatte ein Photo beigelegt. *Dieser Mann sagt, er kennt dich. Er ist ein Lateinamerikaner aus Panama und heißt Cato, weil seine Familie lange Zeit in den britischen Kolonien gelebt hat. Er sagt, früher hätten die Leute ihren Sklaven zum Scherz griechische und römische Namen gegeben, und so hat einer seiner Vorfahren den Namen Cato verpasst bekommen. Er fährt jetzt zu Che nach Südamerika, wo es so viel zu tun gibt, und eines Tages wird er vielleicht nach Jamaika zurückkehren können, um sich dort nützlich zu machen. Das ist das Land, für das sein Herz schlägt. Du solltest dir ein Beispiel an ihm nehmen.*

Auf dem quadratischen, etwas unscharfen Schwarzweißphoto saß Percy Cato im schräg einfallenden Morgen- oder Spätnachmittagslicht auf einem Mäuerchen und ließ die Beine baumeln. Er trug eine gestreifte Wollmütze und dazu eine Art Buschhemd aus hellem Stoff mit einer Ton in Ton gehaltenen Hochstickerei. Er war also so modisch wie eh und je. Er lächelte in die Kamera, und in seinen blitzenden Augen meinte Willie all die anderen Percys zu sehen: den aus Jamaika und den aus Panama, den von den Künstlerpartys in Notting Hill und aus dem Lehrerseminar.

Wie sehen deine Pläne aus? Uns erreichen hier sehr wenige Nachrichten aus England, nur ab und zu eine kurze Meldung über die Rassenunruhen. Ist dein Buch erschienen? Du hast nichts davon erwähnt.

Du hast uns kein Exemplar geschickt, und ich nehme an, es ist untergegangen. Gut, aber jetzt hast du dir alles von der Seele geschrieben, und es wird Zeit, dass du dich frei machst von solchen Eitelkeiten und dir konstruktive Gedanken über deine Zukunft machst.

Willie dachte: ›Sie hat Recht. Ich habe auf ein Wunder gewartet. Meine Zeit hier geht dem Ende entgegen. Mein Stipendium läuft bald aus, und ich habe keinerlei Pläne. Ich habe in einer Traumwelt gelebt. Wenn meine Zeit um ist und ich aus dem College ausziehen muss, wird sich mein Leben von Grund auf ändern. Ich werde mir ein Zimmer suchen müssen. Ich werde mir eine Stelle suchen müssen. Ich werde ein völlig anderes London kennen lernen müssen. In Notting Hill wird Ana mich nicht besuchen wollen. Ich werde sie verlieren.‹

Diese Sorgen trieben ihn einige Tage lang um, und dann dachte er: ›Wie dumm ich bin. Da warte ich auf etwas, das mich bei der Hand nimmt und mir den Weg weist. Auf ein Zeichen. Dabei habe ich doch längst ein Zeichen bekommen: Ich soll mit Ana in ihr Land zurückkehren.‹

Als sie sich das nächste Mal sahen, sagte er: »Ana, ich möchte mit dir nach Afrika gehen.«

»Für einen Urlaub?«

»Für immer.«

Sie sagte nichts. Nach etwa einer Woche fragte er: »Denkst du noch an das, was ich neulich gesagt habe, das mit Afrika?« Ihre Miene verdüsterte sich. Er sagte: »Du hast meine Geschichten gelesen. Du weißt, dass ich sonst nirgends hinkann. Und ich will dich nicht verlieren.« Sie wirkte verwirrt. Er drängte nicht weiter. Später, beim Abschied, sagte sie: »Du musst mir Zeit lassen. Ich muss nachdenken.« Als sie das nächste Mal zu ihm kam, fragte sie ihn auf dem kleinen Sofa: »Meinst du, du könntest dich in Afrika wohl fühlen?«

Er fragte zurück: »Meinst du, dass es dort etwas für mich zu tun gibt?«

»Wir müssen sehen, wie es dir im Busch gefällt. Wir brauchen einen Mann auf der Plantage. Aber du musst die Sprache lernen.«

In seiner letzten Woche im College kam ein Brief von Sarojini aus Kolumbien. *Ich bin froh, dass du endlich dein Diplom hast, auch wenn ich mich frage, was du da, wo du jetzt hingehst, damit anfangen willst. In Afrika ist Wichtiges zu leisten, gerade in diesen portugiesischen Gebieten, aber ich glaube kaum, dass es von dir geleistet werden wird. Du bist wie dein Vater, du klammerst dich bis zuletzt an alte Wertvorstellungen. Im Übrigen kann ich nur hoffen, dass du weißt, was du tust, Willie. Was du über das Mädchen schreibst, verstehe ich nicht. Ausländer, die nach Indien reisen, begreifen nichts von unserem Land, selbst während ihrer Zeit dort, und ich glaube kaum, dass das in Afrika sehr viel anders ist. Bitte sei vorsichtig. Du lieferst dich völlig Fremden aus. Du denkst, du weißt, was auf dich zukommt, aber du weißt nicht alles.*

Willie dachte: ›Ihre eigene Heirat ins Ausland findet sie in Ordnung, aber um meine sorgt sie sich.‹

Doch ihre Worte, so altklug sie daherkamen, die Worte eines Mädchens, das die Erwachsene spielte, beschäftigten ihn auch jetzt wieder und ließen ihn nicht los. Er hörte sie beim Packen, während er die Studentenbude Stück um Stück seiner Gegenwart entkleidete, aufräumte mit seinem Londoner Leben. Alles löste sich so bereitwillig auf, und er fragte sich, wie er hier, sollte er eines Tages in die Lage kommen, je wieder Fuß fassen sollte. Möglich, dass er ein zweites Mal Glück hatte; dass es noch einmal eine ähnliche Kette von Zufallsbegegnungen geben würde; aber sie würden ihn in eine Stadt führen, die er nicht kannte.

***

Sie – Ana und er – brachen von Southhampton auf. Die neue Sprache, die er lernen musste, beschäftigte ihn sehr. Er fragte sich, ob es ihm gelingen würde, sich seine eigene Sprache zu bewahren. Er fragte sich, ob er sein Englisch vergessen würde, die Sprache seiner Geschichten. Er dachte sich kleine Tests aus, und war einer bestanden, machte er sich sofort an den nächsten. Während draußen das Mittelmeer vorüberzog und die anderen Passagiere zu Mittag aßen und dinierten und Gesellschaftsspiele spielten, versuchte Willie mit einer Erkenntnis fertig zu werden, die ihm erst hier an Bord gekommen war: dass er der Sprache seiner Heimat kaum mehr mächtig war, dass sein Englisch ihm entglitt, dass er keinerlei richtige Sprache mehr besaß, keine Möglichkeit, sich auszudrücken. Ana sagte er nichts davon. Mit jedem Satz, den er sprach, stellte er sich auf die Probe, überprüfte, wie viel er noch konnte, und er zog es vor, sich mit dieser Narrheit, die ihn überkommen hatte, allein in seiner Kajüte herumzuschlagen. Alexandria wurde ihm auf diese Weise verleidet, der Suezkanal ebenso. (Wie aus einem anderen, glücklicheren Leben lange vor dieser Fahrt durch das rote Wüstengleißen zu beiden Seiten des Schiffes tauchte in seiner Erinnerung Krishna Menon auf, wie er in seinem dunklen Zweireiher zwischen den Blumenrabatten im Hyde Park dahinspaziert war, auf seinen Stock gestützt, den Blick gesenkt, in Gedanken bei seiner Rede über Ägypten und den Kanal.)

Drei Jahre zuvor, auf seiner Reise nach England, hatte er diesen Teil des Weges in umgekehrter Richtung zurückgelegt. Damals hatte er kaum gewusst, was er sah. Inzwischen hatte er klarere Begriffe von Geographie und Geschichte; klarere Begriffe auch vom Alter Ägyptens. Er hätte sich die Landschaft gern eingeprägt, aber die Angst vor dem Sprachverlust lenkte ihn zu sehr ab. Auf gleichermaßen ungenügende Weise nahm er auch die Küste Afrikas wahr: Port Sudan am Rande einer unermesslichen Einöde, Dschibuti, dann, nach dem Horn von Afrika, Mombasa, Daressalam und schließlich die Hafenstadt in Anas Heimatland. Während dieser ganzen Zeit erschien er nach außen vernünftig und guter Dinge. Weder Ana noch sonst irgendjemand hätte geahnt, dass etwas nicht stimmte. Aber Willie hatte immerzu das Gefühl, dass in ihm noch ein zweites Ich war, in einer stillen Kammer, in der all dieses äußere Leben gedämpft klang.

Er wünschte sich, er wäre auf einem anderen Weg in Anas Land gekommen. Die Stadt war groß und prächtig, weit prunkvoller, als er sie sich vorgestellt hatte; sie passte gar nicht zu seinem Bild von Afrika. Ihre Pracht schüchterte ihn ein. Er fühlte sich von ihr überwältigt. All die Fremden, die er auf den Straßen sah, waren mit der hiesigen Sprache und den hiesigen Gebräuchen vertraut. Er dachte: ›Ich bleibe nicht hier. Ich gehe wieder. Ich bleibe für ein paar Nächte, und dann sehe ich zu, dass ich irgendwie wegkomme.‹ Das sagte er sich die ganze Zeit über, die sie in der Hauptstadt verbrachten, im Haus einer Freundin Anas, und das sagte er sich auch auf der langsamen Weiterreise, als sie mit einem kleinen Küstenschiff zu der nördlichen Provinz fuhren, in der die Plantage lag: einen Bruchteil der Strecke zurück, die er hergekommen war, aber näher am Ufer diesmal, näher an den beängstigenden Mündungen und Marschen gewaltig breiter Ströme, in deren Stille und Leere Schlamm und Wasser ineinander strudelten, in weiten, bedächtigen Bogen von Grün und Braun. Diese Ströme waren es, die den Norden über Straßen oder überhaupt auf dem Landweg unerreichbar machten.

In einer kleinen Stadt gingen sie schließlich von Bord. Die Häuser hier waren niedrig, aus Beton, grau und ocker und schmutzig weiß, die Straßen so schnurgerade wie die Straßen der Hauptstadt, aber ohne die großen Reklametafeln, ohne auch nur die Andeutung städtischen Lebens. Gleich außerhalb führte ein schmales Asphaltsträßchen durch offenes Gelände landeinwärts. Und neben der Straße, auf der roten Erde zu beiden Seiten, sah man Afrikaner gehen, kleine, schmächtige Menschen hier – gehen wie in der Wildnis, doch es war keine Wildnis für sie. In kurzen Abständen, angekündigt durch kümmerliche Anpflanzungen von Mais, Maniok und anderen Feldfrüchten, kamen afrikanische Siedlungen in Sicht, Hütten und schilfumzäunte Gärtchen, die Hütten mit sauberen, geraden Wänden und Dächern aus langem, feinem Gras, das von Zeit zu Zeit das Sonnenlicht einfing; dann schimmerte es wie langes, gut gebürstetes Haar. Riesige, kegelförmige graue Felsen, manche so hoch wie ein Hügel, ragten jäh aus der Erde auf, jeder Felskegel für sich allein, jeder eine Wegmarke. Sie bogen auf einen unbefestigten Weg ab. Der Busch war hier so hoch wie der

Wagen, und die Dörfer, an denen sie vorüberkamen, waren belebter als die an der Asphaltstraße. Der Weg war rot und trocken, mit alten Pfützen hier und da, aus denen schwarzer Schlamm auf die Windschutzscheibe spritzte. Die Zufahrt zum Haus führte bergauf. Wo der Weg geradeaus verlief, war er tief gerippt; an den Kehren hatte der Regen Furchen ausgewaschen, das strömende Wasser sich ein eigenes Bett gegraben. Das Haus lag in einem verwilderten alten Garten, beschattet von einem hohen, weit verzweigten Regenbaum. Bougainvilleen rankten sich die Veranda entlang, die das Erdgeschoss auf drei Seiten einfasste.

Im Haus war die Luft heiß und stickig. Als er am Schlafzimmerfenster stand und durch Netzdraht und tote Insekten über den verwilderten Garten und die hohen Papayabäume und das abfallende Land mit seinen Cashewnusshainen und Grüppchen von Grasdächern hinweg zu den Felskegeln hinabblickte, die in der Ferne eine fortlaufende blassblaue Hügelkette zu bilden schienen, dachte Willie: ›Ich weiß nicht, wo ich bin. Ich weiß nicht, wie ich je wieder zurückfinden soll. Diese Aussicht darf mir niemals vertraut werden. Ich darf nicht auspacken. Ich darf mich keine Sekunde verhalten, als würde ich bleiben.‹

Er blieb achtzehn Jahre.

Eines Tages rutschte er auf der Eingangstreppe des Haupthauses aus. Anas weißer Großvater, der seinerzeit – wie man behauptete – alljährlich nach Lissabon und Paris gereist war, hatte das Haus in den fetten Jahren nach dem Ersten Weltkrieg gebaut, und die Eingangstreppe war halbkreisförmig angelegt und aus importiertem grauweißem Marmor. Der Marmor hatte inzwischen Risse bekommen, in denen Moos wuchs, und war an diesem verregneten Morgen schlüpfrig von der Nässe und dem Blütenstaub aus dem hohen Blätterdach.

Willie erwachte im Militärhospital der Stadt. Er lag zwischen verwundeten schwarzen Soldaten mit glänzenden Gesichtern und müden roten Augen. Als Ana ihn besuchte, sagte er: »Ich verlasse dich.«

Und sie sagte, mit der Stimme, die ihn früher so entzückt

hatte und die er immer noch gern hörte: »Du bist schlimm gestürzt. Ich habe dem neuen Mädchen so oft gesagt, sie soll die Stufen fegen. Dieser Marmor war schon immer schlüpfrig. Gerade bei Regen. Keine gute Idee, in einer Gegend wie unserer.«

»Ich verlasse dich.«

»Du bist gestürzt, Willie. Du warst eine ganze Weile bewusstlos. Diese Geschichten über die Kämpfe im Busch sind übertrieben. Das weißt du doch. Es wird keinen neuen Krieg geben.«

»Ich denke nicht an die Kämpfe. Die Welt ist voller schlüpfriger Dinge.«

Sie sagte: »Ich komme später wieder.«

Als sie wieder da war, sagte er: »Meinst du, jemand, der meine Prellungen und Abschürfungen untersucht, könnte daran ablesen, was mir widerfahren ist? Was ich mir zugefügt habe?«

»Du bist auf dem Wege der Besserung.«

»Ich habe dir achtzehn Jahre meines Lebens gegeben.«

»Du meinst, du bist meiner überdrüssig.«

»Ich meine, dass du achtzehn Jahre meines Lebens bekommen hast. Noch mehr kann ich dir nicht geben. Ich kann nicht mehr dein Leben leben. Ich muss endlich mein eigenes Leben beginnen.«

»Es war deine Idee, Willie. Und wenn du fortgehst, wo willst du hin?«

»Das weiß ich nicht. Aber ich muss aufhören, hier dein Leben zu leben.«

Als sie gegangen war, rief er die Oberschwester, eine Mulattin, und diktierte ihr, sehr langsam und die englischen Worte buchstabierend, einen Brief an Sarojini. All die Jahre hindurch hatte er für den Fall einer solchen Situation Sarojinis wechselnde Anschriften auswendig gelernt – in Kolumbien, Jamaika, Bolivien, Peru, Argentinien, Jordanien und einem halben Dutzend anderer Länder –, und nun diktierte er der Oberschwester, noch langsamer als zuvor, da er sich der deutschen Worte selbst nicht ganz sicher war, eine Adresse in Westberlin.

Er gab ihr einen der alten englischen Fünfpfundscheine, die Ana ihm mitgebracht hatte, und noch am selben Tag ging die Oberschwester mit dem Brief und dem Geld in den nahezu leeren Laden eines indischen Händlers, der einer der letzten Händler in der ganzen Stadt war. Einen regulären Briefdienst gab es nicht mehr, seit die Portugiesen abgezogen waren und die Guerilleros die Macht übernommen hatten. Aber dieser Händler hatte Kontaktleute an der ganzen afrikanischen Küste und konnte den kleinen Segelschiffen, die in Richtung Norden fuhren, Briefe mitgeben, die dann in Daressalam oder Mombasa einen Poststempel bekamen und weiterbefördert wurden.

Der Brief, ungelenk adressiert, wanderte in Afrika von Hand zu Hand und erreichte, ungelenk abgestempelt, in einem kleinen roten Postwägelchen schließlich seinen Bestimmungsort in Charlottenburg. Und sechs Wochen später traf Willie selbst dort ein. Alter Schnee lag auf den Bürgersteigen, mit Pfaden aus Salz und gelbem Sand in der Mitte und verstreuten Häufchen Hundekot an den Rändern. Sarojini bewohnte eine große, düstere Wohnung im zweiten Stock. Wolf war nicht da. Willie kannte ihn nicht und legte keinen Wert darauf, ihn kennen zu lernen. Sarojini sagte lediglich: »Er ist bei seiner anderen Familie.« Und Willie war gern bereit, es dabei zu belassen und keine weiteren Fragen zu stellen.

Die Wohnung erweckte den Eindruck jahrelanger Vernachlässigung, und Willie dachte bedrückt an das Herrenhaus, aus dem er vor so kurzer Zeit ausgezogen war. Sarojini sagte: »Hier ist seit dem Krieg nichts mehr gemacht worden.« Die Wandfarbe war alt und rauchverfärbt, eine blasse Farbschicht über der anderen, die Holz- und Stuckverzierungen hatte man zugekleistert, und an manchen Stellen waren die alten Farbschichten so abgeblättert, dass das alte, dunkle Holz darunter hervorsah. Aber während Anas Haus mit schweren Familienmöbeln voll gestellt war, stand Sarojinis riesige Wohnung halb leer. Das achtlos zusammengewürfelte Mobiliar stammte aus zweiter Hand und beschränkte sich auf das Nötigste. Teller, Tassen und Besteck – alles war billig. Alles kam Willie behelfsmäßig vor.

Ihm schmeckte nichts von dem, was Sarojini in der engen, muffig riechenden Küche am Ende des Ganges kochte.

Sie trug jetzt nicht mehr Sari, Strickjacke und Socken, sondern Jeans und einen dicken Pullover, und sie war noch bestimmter, noch gebieterischer, als Willie sie in Erinnerung hatte. Willie dachte: ›All das war in dem Mädchen verborgen, das ich daheim zurückgelassen habe. Nichts davon wäre ans Licht gekommen, wenn nicht der Deutsche aufgetaucht wäre und sie mitgenommen hätte. Wenn er nicht gewesen wäre – wäre sie dann mitsamt ihrer Seele einfach verkümmert?‹ Sie war jetzt attraktiv – zu Aschramzeiten eine Undenkbarkeit –, und den Bemerkungen, die sie hier und da fallen ließ, entnahm Willie, dass sie, seit sie sich zum letzten Mal gesehen hatten, etliche Liebhaber gehabt hatte.

Schon wenige Tage nach seiner Ankunft in Berlin verließ er sich in allem auf seine starke Schwester. Nach der Zeit in Afrika zog es ihn hinaus in die Kälte, und Sarojini machte Spaziergänge mit ihm, auch wenn die Gehsteige tückisch und seine Schritte noch unsicher waren. Wenn sie zusammen in einem Restaurant saßen, kamen mitunter junge Tamilen herein, die langstielige Rosen verkauften – ernst dreinschauende Knaben mit einer Mission, die durch ihre Arbeit den großen, fernen Tamilen-Krieg unterstützten. Für Willie und seine Schwester hatten sie kaum einen Blick. Sie gehörten einer anderen Generation an, aber Willie sah sich selbst in ihnen. Er dachte: ›So habe ich in London gewirkt. So wirke ich auch jetzt wieder. Ich bin nicht so allein, wie ich glaubte.‹ Dann dachte er: ›Aber das stimmt nicht. Ich bin nicht wie sie. Ich bin einundvierzig, ich stehe nicht mehr am Anfang. Sie sind fünfzehn bis zwanzig Jahre jünger, und die Welt hat sich verändert. Sie wissen, wer sie sind, sie bekennen sich dazu, und sie riskieren alles dafür. Ich habe mich vor mir selbst verkrochen. Ich habe nichts riskiert. Und jetzt ist über die Hälfte meines Lebens vorbei.‹

Nachts sahen sie im bläulichen Lichtschein der Telephonzellen manchmal Afrikaner, die so taten, als telephonierten sie, während es ihnen in Wahrheit nur darum ging, irgendwo unterzukommen, ein Obdach zu finden. Sarojini sagte: »Die Ostdeutschen fliegen sie nach Ostberlin ein, und dann kommen sie hierher.« Willie dachte: ›Wie viele von uns es inzwischen gibt! Wie viele, die so sind wie ich! Kann für uns alle Platz sein?‹

Er fragte Sarojini: »Was ist aus meinem Freund Percy Cato geworden? Du hast ihn vor langer Zeit in einem Brief erwähnt.«

Sarojini sagte: »Er hat gute Arbeit geleistet mit Che und den anderen. Aber dann hat ihn plötzlich ein furchtbarer Zorn gepackt. Er hatte Panama nicht mehr gesehen, seit er ein Kind war, und sein Bild von dem Kontinent war das eines Kindes. Als er dann zurückkam, veränderte sich seine Sicht. Er fing an, die Spanier zu hassen. Er hat sozusagen die Pol-Pot-Position bezogen.«

Willie fragte: »Was ist die Pol-Pot-Position?«

»Er hat sich auf den Standpunkt gestellt, dass der Kontinent von den Spaniern so brutal ausgeraubt und ausgeplündert worden ist, dass nichts Gutes dort entstehen kann, bevor nicht alle Spanier und alle Spanischstämmigen umgebracht worden sind. Bis dahin ist jede Revolution reine Zeitverschwendung. Das ist keine ganz unproblematische Sichtweise, aber immerhin eine interessante, und früher oder später werden die Befreiungsbewegungen sich damit auseinander setzen müssen. Das Elend in Lateinamerika kann einem das Herz brechen. Aber Percy konnte seine Ideen nicht gut verkaufen, und er hat immer wieder vergessen, dass er mit lauter Spaniern zusammengearbeitet hat. Er ist nicht gerade taktvoll vorgegangen. Er schien es nicht für nötig zu halten, um Verständnis für seine Meinung zu werben. Sie haben zugesehen, dass sie ihn loswurden. Ihn hinter seinem Rücken als *negrito* bezeichnet. Schließlich ist er nach Jamaika zurückgekehrt. Angeblich, um dort für die Revolution zu arbeiten, aber dann haben wir erfahren, dass er an der Nordküste einen Nachtclub für Touristen aufgemacht hat.«

Willie sagte: »Das Trinken war eigentlich nicht seine Sache, aber diese Arbeit hat ihm immer gelegen. Die Guten ins Töpfchen, die Schlechten ins Kröpfchen.«

Und wie einst sein Vater Willie von seinem Leben erzählt

hatte, begann nun Willie – über viele Berliner Wintertage hinweg, in Cafés und Restaurants und der halb leeren Wohnung –, Sarojini von seinem Leben in Afrika zu erzählen.

***

DER ERSTE TAG in Anas Haus (sagte Willie) war so lang, wie man ihn sich nur vorstellen kann. Alles in diesem Haus war neu für mich: die Farben, das Holz, die Möbel, die Gerüche. Selbst das Badezimmer war neu für mich – all die leicht antiquierten Armaturen und der alte Boiler. Andere hatten diesen Raum gestaltet, diese Armaturen montieren lassen, diese weißen Kacheln ausgesucht – einige davon hatten inzwischen Sprünge, die Risse und Fugen waren schwarz vor Schimmel oder Schmutz, und die Wände selbst wirkten etwas uneben. Andere Menschen hatten sich an all diese Dinge gewöhnt und sie als Teil des Komforts betrachtet, den das Haus zu bieten hatte. In diesem Raum fühlte ich mich besonders fremd.

Irgendwie brachte ich den Tag hinter mich, ohne dass Ana oder sonst jemand etwas von meiner inneren Verfassung merkte, von den tiefen Zweifeln, die mich seit unserer Abreise aus England begleiteten. Und dann wurde es Abend. Ein Generator wurde eingeschaltet. Der elektrische Strom, den er lieferte, schwoll an und ab. Das Licht der Glühbirnen im Haus und in den Nebengebäuden wurde ständig heller und dunkler, als folgte es einem Puls: Hatte es eben noch den ganzen Raum erfüllt, so schien es im nächsten Augenblick zu den Wänden zurückzuweichen. Am jenem ersten Abend wartete ich die ganze Zeit darauf, dass das Licht zu einer Beständigkeit fand. Gegen zehn Uhr wurde es sehr schwach. Einige Minuten später wurde es sogar noch schwächer, und kurz darauf erlosch es ganz. Der Motor des Generators kam wimmernd zum Stillstand, und nun erst wurde mir bewusst, welchen Lärm er gemacht hatte. In meinen Ohren war erst ein Sirren und dann ein Geräusch wie von Grillen in der Nacht, und dann senkten sich Stille und Dunkelheit herab, die eine die Begleiterin der anderen. Danach war in den Hütten der Dienstboten hinter dem Haus das blassgelbe Licht von Öllampen zu sehen.

Ich fühlte mich weit entfernt von allem, was ich kannte. Ich war ein Fremder in diesem weißen Betonhaus mit seinen seltsamen, alten portugiesischen Kolonialmöbeln und den ungewohnten Badezimmerarmaturen; und als ich mich schlafen legte, sah ich wieder – und zwar länger, als ich sie tagsüber gesehen hatte – die phantastischen Felskegel vor mir, die schnurgerade Asphaltstraße, die gehenden Afrikaner.

Ich fühlte mich getröstet von Ana, von ihrer Stärke und Autorität. Und wie ich mich jetzt – das hast du vielleicht bemerkt, Sarojini – auf dich stütze, so stützte ich mich seit dem Tag, an dem sie sich einverstanden erklärt hatte, mit mir nach Afrika zu gehen, auf Ana. Ich glaubte auf eine besondere Weise an ihr Glück. Zum Teil hatte es damit zu tun, dass sie eine Frau war, die sich mir geschenkt hatte. Ich glaubte, dass sie auf irgendeine besondere Weise geführt und beschützt wurde und dass mir, solange ich bei ihr war, nichts passieren könne. Vielleicht liegt es in irgendeinem Element unserer Kultur begründet, dass Männer, entgegen allem äußeren Anschein, in Wirklichkeit Frauen suchen, auf die sie sich stützen können. Und wenn jemand nicht daran gewöhnt ist, dass Regierungen, Gesetze, die Gesellschaft oder gar die Geschichte auf seiner Seite stehen, dann muss er auf sein Glück oder seinen Leitstern vertrauen oder sterben. Ich weiß, dass du die Radikalität des Onkels unserer Mutter geerbt hast und anderer Ansicht bist. Ich will mich darüber nicht mit dir streiten. Ich will dir nur begreiflich machen, warum ich imstande war, jemandem, den ich kaum kannte, in eine Kolonie in Afrika zu folgen, von der ich lediglich wusste, dass man dort problematische Anschauungen über Rasse und Gesellschaft hatte. Ich liebte Ana und glaubte an ihr Glück. Diese beiden Vorstellungen gingen Hand in Hand. Und da ich weiß, dass du, Sarojini, deine eigene Auffassung von Liebe hast, will ich es dir erklären. Ana war für mich wichtig, weil ich für mein Selbstverständnis als Mann auf sie angewiesen war. Du weißt, was ich meine, und ich glaube, wir können es Liebe nennen. Ich liebte Ana also, und zwar weil sie mir etwas so Großes geschenkt hatte, und ebenso sehr glaubte ich an ihr Glück. Mit ihr wäre ich überallhin gegangen.

In der ersten oder zweiten Woche stieß ich im Wohnzimmer eines Morgens auf ein afrikanisches Dienstmädchen, eine junge, magere Frau mit glänzendem Gesicht und einem fadenscheinigen Baumwollkleid. Sie sagte auf eine unangemessen vertrauliche und recht affektierte Art: »Sie sind also Anas Mann aus London.« Dann lehnte sie den Besen an den hohen Sessel, nahm darin Platz, als wäre es ein Thron – die Unterarme flach auf dem abgenutzten Polsterstoff der Lehnen –, und begann eine höfliche Unterhaltung. Sie sprach, als stammten ihre Sätze aus einem Lehrbuch. »Hatten Sie eine angenehme Reise?« Und: »Hatten Sie Gelegenheit, etwas vom Land zu sehen? Was halten Sie von diesem Land?« Ich hatte die Sprache seit einiger Zeit gelernt und besaß genügende Kenntnisse, um mich auf dieselbe gestelzte Art mit diesem kleinen Dienstmädchen zu unterhalten. Ana trat ein. Sie sagte: »Ich habe mich gefragt, mit wem du dich unterhältst.« Sogleich hörte das kleine Dienstmädchen auf, vornehm zu tun, sprang auf und nahm den Besen. Ana sagte: »Ihr Vater ist Júlio. Er ist der Zimmermann. Er trinkt zu viel.«

Ich hatte Júlio bereits kennen gelernt. Er war ein Mischling mit lächelnden, unaufrichtig blickenden Augen und lebte in einer der Dienstbotenhütten. Sein Trinken war dort Gegenstand zahlreicher Witzeleien, und ich musste lernen, mich deswegen nicht vor ihm zu fürchten. Er war ein Wochenendtrinker, und seine afrikanische Frau kam freitags, samstags oder sonntags oft am späten Nachmittag in den Garten des Haupthauses gelaufen, ganz allein in ihrer Angst; das afrikanische Gewand rutschte ihr von der Schulter, während sie sich rückwärts oder seitwärts bewegte und nach dem Betrunkenen Ausschau hielt, der die Unterkünfte der Dienstboten unsicher machte. So konnte es weitergehen, bis der Abend hereinbrach. Dann wurde der Generator eingeschaltet, dessen Summen alles andere übertönte. Das unbeständige elektrische Licht veränderte zusätzlich die Erscheinung der Dinge; die Krise ging vorüber; am nächsten Morgen waren die Leidenschaften des Abends verebbt, und in den Hütten war wieder Frieden eingekehrt.

Für Júlios Tochter dagegen war das alles gewiss nicht sehr komisch. Auf ihre schlichte, offene Weise sprach sie über ihr Familienleben, das sich in den beiden Räumen hinter dem Haupthaus abspielte. Sie sagte zu mir: »Wenn mein Vater betrunken ist, verprügelt er meine Mutter. Manchmal verprügelt er auch mich. Manchmal so sehr, dass ich nicht einschlafen kann. Dann laufe ich im Zimmer auf und ab, bis ich müde bin. Manchmal laufe ich die ganze Nacht.« Nach dieser Unterhaltung dachte ich jede Nacht, wenn ich zu Bett ging, kurz an die junge Frau in den Dienstbotenhütten. Ein andermal sagte sie zu mir: »Wir essen jeden Tag dasselbe.« Ich wusste nicht, ob sie sich beklagte oder ob sie stolz darauf war oder ob sie lediglich auf eine Eigenheit afrikanischer Lebensumstände hinwies. In jenen ersten Tagen, bevor die Einheimischen mir ein anderes Bild afrikanischer Frauen vermittelten, machte ich mir Sorgen um Júlios Tochter, denn ich sah in ihr mich selbst und fragte mich, wie sie mit dem, was mir wie ein Sinn für etwas Höheres im Leben erschien, in dieser Wildnis, in die sie geboren worden war, zurechtkommen sollte.

Natürlich war es keine Wildnis. Das Land wirkte weit und wild, doch es war längst kartographiert und parzelliert, und wenn man in einem geeigneten Fahrzeug auf den unbefestigten Straßen fuhr, kam man etwa alle halbe Stunde an dem Hauptgebäude einer Plantage vorbei, einem Haus, das mehr oder weniger Ähnlichkeit mit Anas hatte: recht neuer weißer Beton, eine umlaufende, breite Veranda, von deren Überdachung Töpfe mit Bougainvilleen hingen, Nebengebäude im Hof.

Eines Sonntags kurz nach unserer Ankunft fuhren wir zum Mittagessen zu einem dieser Nachbarn. Es war ein großes Ereignis. Auf der weiten, sandigen Fläche vor dem Haus waren schlammbespritzte Jeeps und Land-Rover und andere Geländefahrzeuge geparkt. Die afrikanischen Diener trugen weiße, bis zum Kragen zugeknöpfte Uniformen. Nach den Drinks teilten sich die Gäste ihren persönlichen Vorlieben entsprechend auf: Die einen setzten sich an den großen Esszimmertisch, die anderen an die kleineren Tische auf der Veranda, wo die Ranken der alten Bougainvilleen das grelle Licht dämpften. Ich hatte keine Ahnung, wie diese Menschen waren und was sie von mir halten würden. Ana hatte nicht darüber gesprochen, und ich hatte es ihr gleichgetan und das Thema ebenfalls nicht angeschnitten. Nun stellte ich fest, dass es keine besondere Reaktion auf meine Anwesenheit gab. Das war eigenartig enttäuschend. Ich hatte damit gerechnet, dass das Außergewöhnliche an mir irgendwie bemerkt werden würde – doch es geschah nichts. Einige dieser Plantagenbesitzer schienen zu Unterhaltungen gar nicht imstande zu sein; es war, als hätte die Einsamkeit ihres Lebens sie dieser Fertigkeit beraubt. Als man das Essen servierte, setzten sie sich und aßen, Mann und Frau Seite an Seite – allesamt weder jung noch alt, sondern irgendwo dazwischen; sie aßen, ohne zu sprechen, ohne sich umzusehen, sich selbst genug, als wären sie in ihrem eigenen Haus. Gegen Ende des Essens winkten zwei oder drei Frauen den Dienern und sagten etwas zu ihnen, und kurz darauf kehrten diese mit Papiertüten zurück, in denen ein Teil des Essens verpackt war. Das schien hier Tradition zu sein. Möglicherweise waren sie von weit her gekommen und wollten, wenn sie wieder zu Hause waren, etwas zu essen haben.

Was die Rassenzugehörigkeit der Anwesenden betraf, so reichte das Spektrum von Reinweiß bis Dunkelbraun. Einige hatten die Hautfarbe meines Vaters, vielleicht mit ein Grund, warum sie mich zu akzeptieren schienen. Ana sagte später: »Sie wissen nicht, was sie von dir halten sollen.« Inder gab es hier, ich war also kein absoluter Exot. Es gab recht viele indische Kaufleute. Sie besaßen billige Läden, und ihr gesellschaftlicher Umgang beschränkte sich auf ihre Familien. Dann gab es eine alteingesessene, große indische Gemeinde – Leute, die aus der sehr alten portugiesischen Kolonie Goa stammten und die hierher gekommen waren, um als Schreiber und Buchhalter in der Verwaltung zu arbeiten. Sie sprachen Portugiesisch mit einem unverkennbaren Akzent. Man konnte mich nicht für einen von ihnen halten. Mein Portugiesisch war schlecht, und aus irgendeinem Grund sprach ich es mit einem englischen Akzent. Man vermochte mich also nicht einzuordnen und ließ mich in Ruhe. Ich war, wie das kleine Dienstmädchen gesagt hatte, Anas Mann aus London.

Über die Gäste bei diesem Mittagessen sagte Ana mir später: »Es sind Portugiesen zweiter Klasse. So werden sie offiziell angesehen, und so sehen sie sich selbst. Sie sind zweitklassig, weil die meisten, wie ich, eine afrikanische Großmutter haben.« In jenen Tagen war selbst ein zweitklassiger Portugiese jemand von Rang; sie beugten beim Essen die Köpfe und aßen, und ebenso beugten sie in dieser kolonialen Gesellschaft die Köpfe und verdienten Geld, wo es Geld zu verdienen gab. Das sollte sich in einigen Jahren ändern, doch zu jener Zeit erschien die reglementierte Kolonialwelt allen Beteiligten ganz und gar solide und dauerhaft. Dies also war die Welt, in der ich zum ersten Mal vollkommene Anerkennung fand.

Niemals habe ich Ana so geliebt wie in dieser Zeit. Ich liebte sie – in dem Zimmer, in dem ihr Großvater und ihre Mutter geschlafen hatten, mit Ausblick auf die nervösen Zweige und filigranen Blätter des Regenbaums –, weil sie mir Glück und Befreiung gebracht hatte, weil sie die Angst von mir genommen hatte, weil ich bei ihr meine ganze Männlichkeit gefunden hatte. Ich liebte – wie immer – den Ernst, der sich auch in solchen Augenblicken auf ihrem Gesicht spiegelte. Dort, wo an den Schläfen ihr Haar ansetzte, kräuselte es sich ganz leicht. In diesem Kräuseln sah ich ihre afrikanische Herkunft, und auch dafür liebte ich sie. Und eines Tages wurde mir bewusst, dass ich eine ganze Woche lang nicht an meine Angst gedacht hatte, ich könnte Worte und Ausdrucksfähigkeit, ja eigentlich mein Sprachvermögen selbst verlieren.

Auf der Plantage wurden Baumwolle, Cashewnüsse und Sisal angebaut. Ich wusste nichts über diese Pflanzen. Aber es gab einen Verwalter und mehrere Aufseher. Sie wohnten etwa zehn Minuten vom Haupthaus entfernt, am Ende einer eigenen schmalen, unbefestigten Zufahrtsstraße in einer Siedlung aus kleinen, weißen, einander ähnelnden Bungalows aus Beton mit Wellblechdächern und engen Veranden. Ana hatte gesagt, die Plantage brauche einen Mann, und ohne dass sie es ausgesprochen hätte, wusste ich, dass meine einzige Funktion darin bestand, Anas Autorität gegenüber diesen Männern zu stärken. Ich versuchte nie, mehr zu tun als das, und die Aufseher akzeptierten mich. Ich wusste, dass sie, indem sie mich akzeptierten, in Wirklichkeit Anas Autorität respektierten. Also kamen wir alle gut miteinander aus. Ich begann zu lernen. Ich genoss dieses Leben, das so vollkommen anders war als alles, was ich bis dahin erfahren oder für mich ins Auge gefasst hatte.

Anfangs machte ich mir Sorgen wegen der Aufseher. Sie schienen nicht viel vom Leben zu haben. Sie waren Mischlinge, zumeist im Land geboren, und lebten in besagten kleinen Betonhäusern. Nur der Beton unterschied sie von den Afrikanern ringsum. Afrikanisches Stroh und Flechtwerk war gewöhnlich, Beton dagegen bedeutete Würde. Doch der Beton war keine echte Barriere. Im Grunde lebten diese Aufseher in einer Gemeinschaft mit den Afrikanern. Es blieb ihnen gar nichts anderes übrig. Ich versuchte, mich an ihre Stelle zu versetzen, und dachte, dass sie mit ihrer schwarzweißen Herkunft doch eigentlich nach etwas Höherem streben müssten. Da war die Stadt an der Küste. Sie bot Abwechslung, doch die Fahrt dauerte bei Tageslicht eine Stunde und bei Dunkelheit erheblich länger. Sie war das Ziel kurzer Ausflüge, mehr nicht. Wer auf der Plantage arbeitete, lebte auf der Plantage, und es war bekannt, dass viele der Aufseher afrikanische Familien hatten. Ganz gleich, wie sich diese Männer uns gegenüber darstellten – das Leben, das sie zu Hause, in ihren Betonhäusern, erwartete, war ein afrikanisches Leben, über das ich nur spekulieren konnte.

Eines Tages, als ich mit einem der Aufseher zu einem neu angelegten Baumwollfeld fuhr, begann ich mit ihm eine Unterhaltung über sein Leben. Wir saßen in einem Land-Rover, hatten die unbefestigte Straße verlassen und fuhren durch den

Busch, wobei wir den größeren Schlammlöchern und den toten Ästen gefällter Bäume auswichen. Ich erwartete, eine Geschichte über ungestillten Ehrgeiz zu hören, über Dinge, die schief gegangen waren, ich erwartete einen unterschwelligen Groll auf Menschen, die besser gestellt waren, einen Groll auf die Welt dort draußen. Doch er hegte keinen Groll. Dieser Aufseher betrachtete sich als einen Mann, der Glück gehabt hatte. Er hatte versucht, in Portugal zu leben; er hatte sogar versucht, in einer südafrikanischen Stadt zu leben; er war zurückgekehrt. Er schlug mit der Handwurzel auf das Lenkrad des Land-Rovers und sagte: »Ich kann nirgendwo anders leben.« Als ich ihn fragte, warum, sagte er: »Das hier. Was wir jetzt tun. Das kann man in Portugal nicht.« Land-Rover und Geländefahrzeuge waren neu für mich; ich fand es noch immer aufregend, die Straße zu verlassen und mir einen Weg durch hügeliges, sumpfiges Gelände zu bahnen. Aber ich hatte das Gefühl, dass dieser Aufseher das Leben an diesem Ort auf eine andere, profundere Weise zu schätzen wusste; seine Hingabe war mehr als der einfache, sexuelle Reflex, als der er mir erschien. Und als ich das nächste Mal diese weißen, schimmelbefallenen Bungalows sah, betrachtete ich sie mit neuem Respekt. So lernte ich nach und nach. Nicht nur im Hinblick auf Baumwolle und Cashewnüsse und Sisal, sondern auch im Hinblick auf die Menschen.

Allmählich gewöhnte ich mich an den Weg in die Stadt. Jetzt kannte ich die riesigen Felskegel, die rechts und links der Straße lagen. Jeder Kegel hatte seine eigene Form und diente mir als Wegmarke. Einige ragten schroff aus dem Boden; andere waren umgeben von abgebrochenem Gestein; einige waren grau und nackt; einige waren auf einer Seite mit gelblichen Flechten überzogen; einige hatten Simse, auf denen Pflanzen wuchsen, manchmal sogar ein Baum. Die Kegel waren immer neu. Es war stets ein Abenteuer, nach ein, zwei Wochen auf der Plantage in die Stadt zu fahren. Für eine Stunde oder so erschien auch sie mir neu: die kolonialen Geschäfte, die ländlichen, unordentlichen Auslagen, die afrikanischen Ladearbeiter, die vor den Geschäften darauf warteten, irgendwelche Waren ausladen zu dürfen; die geteerten Straßen, die Personen- und Lieferwagen, die Garagen; die bunt gemischte Bevölkerung, die rotgesichtigen, jungen portugiesischen Wehrdienstpflichtigen aus der kleinen Garnison, die dem Ort eine seltsam europäische Atmosphäre verliehen. Die Garnison war damals noch winzig und die Kaserne ebenfalls klein und unscheinbar und unbedrohlich; die niedrigen, zweistöckigen Gebäude aus weißem oder grauem Beton unterschieden sich nicht vom Rest der Stadt. Manchmal gab es ein neues Café, das man aufsuchen konnte. Doch Cafés hielten sich nicht lange in unserer Stadt. Die Soldaten hatten kein Geld, und die Leute, die hier lebten, zogen ein privateres Leben vor.

Die meisten Geschäfte, in denen wir kauften, gehörten Portugiesen. Ein oder zwei gehörten Indern. Anfangs scheute ich mich, sie zu betreten. Ich wollte von den Inhabern und Verkäufern nicht mit Blicken bedacht werden, die mich an die Heimat und ihre Schattenseiten erinnern würden. Doch es gab keine Blicke – kein noch so kurzes Aufflackern in den Augen des Inhabers oder seiner Familie verriet, dass sie mich als einen der ihren erkannten. Auch hier akzeptierte man den neuen Menschen, der ich in Anas Land geworden war. Man schien nicht zu wissen, dass ich einst etwas anderes gewesen war. Auch hier beugte man den Kopf und tat, was man zu tun hatte, sodass dieses Land für mich, ähnlich wie für die Aufseher – wenn auch auf andere Weise –, eine kleine, zusätzliche Befreiung bereithielt.

An den Wochenenden fuhren wir manchmal an den Strand jenseits der Stadt, zu einem kleinen, primitiven portugiesischen Ausflugslokal, wo man Fisch und Schalentiere frisch aus dem Meer bekam und dazu roten und weißen portugiesischen Wein.

Ich dachte oft zurück an den Schrecken meines ersten Tages – das Bild der Landstraße und der Afrikaner, die neben ihr hergingen, begleitete mich überallhin – und wunderte mich darüber, dass dieses Land derart hatte gezähmt werden können, dass man einer so kargen Landschaft ein so annehmbares Leben abgetrotzt, ja in gewisser Weise Blut aus einem Stein gepresst hatte.

Vor sechzig oder siebzig Jahren hatte es anders ausgesehen, damals, als Anas Großvater gekommen war, um das riesige Stück Land in Besitz zu nehmen, das ihm eine Regierung gegeben hatte, die – im Bewusstsein ihrer Schwäche und angesichts der rastlosen Energie und der weit größeren Bevölkerungen Großbritanniens und Deutschlands – darauf drängte, die von ihr beanspruchte afrikanische Kolonie zu besiedeln. Die Stadt konnte damals nicht mehr als eine primitive kleine Ansiedlung an der Küste mit einer Bevölkerung aus schwarzen Arabern gewesen sein, Menschen, die das Ergebnis von mehr als einem Jahrhundert rassischer Vermischung waren. Die Straße ins Inland war wohl nur ein staubiger Weg gewesen. Alles hatte auf Karren transportiert werden müssen, die nur drei Kilometer pro Stunde zurücklegten. Die Fahrt, für die ich heute nur eine Stunde brauchte, hätte damals zwei Tage gedauert. Das Hauptgebäude der Plantage war zu jener Zeit wohl sehr schlicht gewesen und dürfte sich nicht sonderlich von den Hütten der Afrikaner unterschieden haben, auch wenn es immerhin mit Holzbalken, Wellblech, Nägel und Türangeln aus Metall ausgestattet war, allesamt Dinge, die per Schiff aus der Hauptstadt geschickt und dann auf Karren verladen worden waren. Es hatte kein elektrisches Licht, keine Moskitogitter vor den Fenstern, kein Wasser gegeben, es sei denn das Regenwasser, das man vom Dach geleitet und aufgefangen hatte. Dort zu leben, musste bedeutet haben, Monat um Monat, Jahr um Jahr mit dem Land, mit dem Klima und mit den Krankheiten zu leben und vollkommen von den Einheimischen abhängig zu sein. Es war nicht leicht, sich das vorzustellen. So wie sich niemand wirklich wünschen kann, ein anderer zu sein, weil niemand sich ein Leben ohne das Herz und den Verstand vorstellen kann, die einem mitgegeben worden sind, so kann sich in späteren Zeiten niemand wirklich ein Bild von dem Leben jener Tage machen. Unser Urteil beruht immer nur auf dem, was wir kennen. Anas Großvater und alle, mit denen er Umgang pflegte, kannten nur, was sie hatten. Und sie waren wohl damit zufrieden.

Die ehemaligen Siedler entlang der ganzen Küste – Araber aus Muskat und Oman – waren ganz und gar zu Afrikanern geworden. Sie hatten aufgehört, Araber zu sein, und wurden überall nur »Mohammedaner« genannt. Auch Anas Großvater war über dem rauen Leben in einem rauen Land – dem einzigen Leben, das er kannte – ein halber Afrikaner mit einer afrikanischen Familie geworden. Doch während die Geschichte für die afrikanischen Araber an der Küste im Verlauf von Generationen stillgestanden hatte und sie hatten bleiben dürfen, was sie geworden waren, begann sich die Geschichte rings um Anas Großvater unerwartet zu beschleunigen. In Europa brach 1914 der große Krieg aus. Damals machte Anas Großvater ein Vermögen. Immer mehr Siedler kamen ins Land; die Hauptstadt entwickelte sich; es gab Straßenbahnen, in denen Weiße (und Goaner) vorn und Afrikaner hinten saßen, getrennt durch eine Segeltuchplane. In dieser Zeit besann sich Anas Großvater auf seine vernachlässigte europäische Persönlichkeit. Er schickte seine beiden halb afrikanischen Töchter nach Europa auf die Schule und machte kein Geheimnis daraus, dass er sich portugiesische Schwiegersöhne wünschte. Und er baute das große Haus mit den weißen Betonmauern und roten Betonböden. Davor und zu beiden Seiten legte er einen großzügigen Garten an und an der Rückseite einen Gästetrakt mit einer Veranda, die von der Hauptveranda abging. Zu jedem Gästezimmer gehörte ein eigenes großes, mit den modernsten Armaturen ausgestattetes Badezimmer. Die Dienstbotenquartiere waren sehr weitläufig; sie lagen ein ganzes Stück hinter dem Haus. Er schaffte die edlen Kolonialmöbel an, die uns noch heute umgaben. Wir schliefen in seinem Schlafzimmer, Ana und ich, in seinem hohen, mit Schnitzereien verzierten Bett. Es fiel mir schwer, mich in die Persönlichkeit eines Mannes zu versetzen, der ein halber Afrikaner geworden war, aber noch schwerer tat ich mich mit dieser späteren Persönlichkeit, die doch eigentlich zugänglicher hätte sein sollen. Ich kam mir in diesem Haus immer wie ein Fremder vor. Ich konnte mich an die Erhabenheit nicht gewöhnen; das Mobiliar erschien mir bis zum Schluss seltsam und unpassend.

Und angesichts meiner Herkunft, die sich in solchen Situationen stets in mein Bewusstsein drängte, konnte ich die Afrikaner nicht vergessen. Anas Großvater, all die anderen Siedler und auch die Priester und Nonnen in der beklemmend hübschen, in einem altmodischen Stil errichteten Missionsstation, die sich so unvermittelt in der offenen, kargen Landschaft erhob – sie alle hatten wohl gedacht, es sei richtig, den Afrikanern ihren Willen aufzuzwingen und ihnen eine neue Lebensweise zu verordnen. Ich wunderte mich, wie sie das hatten bewerkstelligen wollen, fragte aber lieber nicht danach. Irgendwie war es den Afrikanern jedoch gelungen, zu bleiben, wie sie waren, und viele ihrer Traditionen und das meiste ihrer Religion beizubehalten, obgleich das ganze Land ringsum parzelliert worden war und man Felder angelegt hatte, auf denen sie arbeiten mussten. Diese Menschen, die zu beiden Seiten der Straße gingen, waren weit mehr als bloße Plantagenarbeiter. Sie waren eingebunden in gesellschaftliche Verpflichtungen, die ebenso komplex waren wie jene, mit denen ich aufgewachsen war. Sie konnten ohne Ankündigung für Tage verschwinden und weite Entfernungen zu Fuß zurücklegen, um an einem Fest teilzunehmen oder ein Geschenk zu überbringen. Unterwegs blieben sie nicht stehen, um einen Schluck Wasser zu trinken; sie schienen kein Bedürfnis danach zu haben. Was das Essen und Trinken betraf, so hielten sie sich nach wie vor an ihre alten Traditionen. Nur am Anfang und am Ende des Tages tranken sie Wasser, niemals aber zwischendurch. Bei Tagesanbruch, bevor sie zur Arbeit gingen, aßen sie nichts, und ihre erste Mahlzeit, die sie gegen Mitte des Morgens einnahmen, bestand immer nur aus Gemüse. Sie hatten ihre eigenen Gerichte, und das meiste von dem, was sie aßen, bauten sie in den Gärten rings um ihre Hütten an. Das Grundnahrungsmittel war getrockneter Maniok. Er konnte zu Mehl gemahlen oder roh gegessen werden. Wenn ein Mann eine Reise unternahm, kam er pro Tag mit zwei oder drei Stücken aus. In den kleinsten Dörfern konnte man Leute sehen, die getrockneten Maniok aus ihrem Garten verkauften, immer ein oder zwei Säcke auf einmal, auch wenn sie damit ihre Reserven für die kommenden Wochen aufs Spiel setzten.

Es war eigenartig, diese beiden verschiedenen Welten nebeneinander existieren zu sehen: die großen Plantagen mit ihren Häusern aus Beton und die afrikanische Welt, die auf den ersten Blick weniger bedeutsam war, jedoch allgegenwärtig wie eine Art Meer. Es war wie eine Abwandlung dessen, was ich in meiner Heimat – in einem anderen Leben, wie mir schien – erfahren hatte.

Durch eine seltsame Fügung des Schicksals befand ich mich hier auf der anderen Seite. Dennoch dachte ich, als ich mehr von seiner Geschichte erfahren hatte, dass Anas Großvater alles andere als angetan gewesen wäre, wenn man ihm gegen Ende seines Lebens prophezeit hätte, eines Tages werde jemand wie ich in seinem großen Haus wohnen, in seinen schönen Sesseln sitzen und in seinem hohen, mit Schnitzereien verzierten Bett mit seiner Enkelin schlafen. Er hatte andere Pläne für die Zukunft seiner Familie und seines Namens gehabt. Er hatte seine beiden halb afrikanischen Töchter auf eine Schule in Portugal geschickt, und jedermann hatte gewusst, dass er sich richtige portugiesische Schwiegersöhne wünschte, damit das afrikanische Erbe ausgemerzt würde, das er ihnen mitgegeben hatte – in jenen schweren Zeiten, als er mit dem Land verwachsen gewesen war und die Vorstellung von einer Welt außerhalb dieses Lebens sich immer mehr verflüchtigt hatte.

Die Mädchen waren hübsch und hatten Geld. Es fiel ihnen – zumal in der Zeit der Weltwirtschaftskrise – nicht schwer, portugiesische Ehemänner zu finden. Eine der Töchter blieb in Portugal, die andere, Anas Mutter, kehrte mit ihrem Mann nach Afrika und auf die Plantage zurück. Man lud zum Mittagessen ein, man veranstaltete Feste, man stattete Besuche ab. Anas Großvater konnte nicht genug davon bekommen, seinen neuen Schwiegersohn herzuzeigen. Er trat sein Schlafzimmer mit dem extravaganten Mobiliar an das junge Paar ab. Um nicht im Weg zu sein, zog er erst in eines der Gästezimmer auf der Rückseite des Gebäudes und schließlich, aus einem übersteigerten

Taktgefühl, in ein noch abgelegeneres Aufseherhaus. Nach einiger Zeit wurde Ana geboren. Und dann entwickelte Anas Vater in diesem Zimmer, in dem ich jeden Morgen erwachte, sehr seltsame Verhaltensweisen. Er wurde passiv und teilnahmslos. Er hatte keinerlei Pflichten, es gab nichts, das ihn zwang aufzustehen, und an manchen Tagen verließ er nicht das Zimmer, ja nicht einmal das Bett. Gerüchten zufolge, die unter den gemischtrassigen Aufsehern und unseren Nachbarn kursierten – und die zwangsläufig bald nach meiner Ankunft auch mir zu Ohren kamen –, hatte Anas Vater die Ehe, die ihm in Portugal so vorteilhaft erschienen war, in Afrika nicht mehr so vorteilhaft gefunden, und darüber war er bitter geworden.

Ana kannte die Geschichten, die man sich über ihren Vater erzählte. Als wir begannen, über diese Dinge zu sprechen, sagte sie: »Was sie sagen, stimmt. Aber es ist nur ein Teil der Wahrheit. Als er noch in Portugal war, hat er sich wahrscheinlich – abgesehen von allem anderen, abgesehen vom Geld, meine ich – etwas davon versprochen, in privilegierter Stellung in ein neues Land zu gehen. Aber er war nicht geschaffen für den Busch. Er war nie ein aktiver Mensch gewesen, und als er hierher kam, ließ seine Energie noch mehr nach. Je weniger er tat und je mehr er sich im Schlafzimmer verkroch, desto mehr ließ seine Energie nach. Er hegte keinen Groll gegen mich oder meine Mutter oder meinen Großvater. Er war einfach teilnahmslos. Nicht einmal die einfachsten Dinge wollte er noch tun. Ich weiß noch, wie sein Gesicht sich vor Schmerz und Wut verzerrte, wenn man ihn um etwas bat. Im Grunde war er jemand, der Hilfe brauchte. In meiner Kindheit betrachtete ich ihn als Kranken und sein Zimmer als Krankenzimmer. Das hat mich sehr unglücklich gemacht. Wenn ich an meine Eltern dachte, dann dachte ich: ›Diese Leute wissen nicht, dass auch ich ein Mensch bin, dass auch ich Hilfe brauche. Ich bin kein Spielzeug, das sie einfach so gemacht haben.‹«

Nach einiger Zeit begannen Anas Eltern, getrennte Wege zu gehen. Ihre Mutter zog in die Hauptstadt, in das Stadthaus der Familie, und sorgte für Ana, die dort eine Klosterschule besuchte. Viele Jahre lang wusste niemand außerhalb der Familie, dass etwas nicht stimmte. In der Kolonialzeit war es üblich, dass die Frau in der Hauptstadt oder in einer der Städte an der Küste lebte und für die Erziehung der Kinder sorgte, während der Mann sich um die Plantage kümmerte. Aufgrund dieser Trennung legten sich die Männer gewöhnlich eine afrikanische Frau und eine afrikanische Familie zu. In diesem Fall jedoch geschah das Umgekehrte: Anas Mutter nahm sich in der Hauptstadt einen Liebhaber. Er war ein Mischling, ein Verwaltungsangestellter, der einen hohen Posten beim Zoll bekleidete, aber eben nur ein Verwaltungsangestellter. Die Affäre ging immer weiter. Sie wurde allgemein bekannt. Anas Großvater, dessen Leben nun seinem Ende entgegenging, fühlte sich verhöhnt. Er gab Anas Mutter die Schuld an der gescheiterten Ehe und allem anderen. Er war der Ansicht, dass ihr afrikanisches Blut sich durchgesetzt hatte. Kurz vor seinem Tod änderte er sein Testament. Was ursprünglich ihrer Mutter zugedacht gewesen war, bekam nun Ana.

Ana war inzwischen auf einer Sprachenschule in England. Sie sagte: »Ich wollte von der portugiesischen Sprache loskommen. Ich glaube, das war es, was den Horizont meines Großvaters so eingeengt hat. Er hatte keine Vorstellung von der Welt. Er dachte immer nur an Portugal und Portugiesisch-Afrika und Goa und Brasilien. Die portugiesische Sprache ließ in seinem Kopf für nichts anderes Raum. Und ich wollte nicht das südafrikanische Englisch lernen wie alle anderen hier. Ich wollte englisches Englisch lernen.«

Während sie in Oxford die Sprachenschule besuchte, verschwand ihr Vater. Er verließ eines Tages das Haus und kehrte nie mehr zurück. Und er nahm einen erheblichen Teil des Vermögens mit. Er hatte eine Gesetzeslücke entdeckt und eine Hypothek auf die Hälfte von Anas Erbe aufgenommen, zu dem auch das Haus in der Hauptstadt gehörte. Ana konnte das Geld unter keinen Umständen zurückzahlen, und so fiel alles, was mit der Hypothek belastet war, an die Bank. Es war, als hätten die Aufseher und alle anderen, die zwanzig Jahre lang an ihrem

Vater gezweifelt hatten, am Ende Recht behalten. Ana lud ihre Mutter und deren Liebhaber ein, auf der Plantage zu wohnen. Nachdem sie die Sprachenschule abgeschlossen hatte, zog sie ebenfalls dorthin, und alle waren glücklich und zufrieden, bis der Liebhaber ihrer Mutter eines Nachts versuchte, mit ihr in das große, geschnitzte Bett zu steigen.

Sie sagte: »Aber das habe ich dir ja schon in London erzählt, andeutungsweise.«

Sie liebte ihren Vater noch immer. Sie sagte: »Wahrscheinlich wusste er die ganze Zeit, was er tat. Wahrscheinlich hatte er die ganze Zeit diesen oder einen ähnlichen Plan. Für das, was er getan hat, muss er eine Menge geplant haben. Er muss etliche Male in die Hauptstadt gefahren sein und mit Anwälten und Banken gesprochen haben. Aber seine Krankheit war auch nicht vorgetäuscht. Diese mangelnde Energie, die Hilflosigkeit. Und er hat mich geliebt. Daran habe ich nie gezweifelt. Ich habe ihn in Portugal besucht, kurz bevor ich dich kennen gelernt habe. Dort war er schließlich gelandet. Erst hatte er es in Südafrika versucht, aber das war zu hart für ihn. Er wollte nicht alles in einer fremden Sprache abwickeln müssen. Er hätte nach Brasilien gehen können, aber er hatte zu viel Angst. Also ging er zurück nach Portugal. Er lebte in Coimbra. In einer kleinen Wohnung in einem modernen Mietshaus. Nichts Großartiges. Aber er lebte noch immer von der Hypothek. In gewisser Weise könnte man also sagen, dass er auf eine Goldader gestoßen war. Er lebte dort allein. Nichts in der Wohnung deutete auf eine Frau hin. Alles war so karg und spärlich, dass sich mir das Herz zusammenkrampfte. Er war sehr liebevoll, aber auf eine seltsam leblose Art. Irgendwann bat er mich, ihm eine Medizin aus dem Nachttisch zu holen, und als ich ins Schlafzimmer ging und die Nachttischschublade öffnete, entdeckte ich darin einen alten Kodak-620-Schnappschuss von mir als Mädchen. Ich war kurz davor, in Tränen auszubrechen, aber dann dachte ich: ›Das hat er geplant.‹ Ich riss mich zusammen, und als ich ihm die Medizin brachte, ließ ich mir nichts anmerken. Er nannte eines der beiden Schlafzimmer sein Atelier. Das wunderte mich, aber es stellte sich heraus, dass er angefangen hatte, kleine, moderne Bronzeskulpturen zu machen – kleine Figuren von Halb-Pferden und Halb-Vögeln und anderen Halb-Dingen: die eine Seite grün und rau, die andere auf Hochglanz poliert. Sie gefielen mir wirklich. Er sagte, er brauche zwei bis drei Monate, um eine solche Skulptur zu machen. Er schenkte mir einen kleinen Falken. Ich steckte ihn in meine Handtasche und holte ihn jeden Tag hervor und hielt ihn in der Hand; ich strich immer wieder über die glatte und die raue Seite. Zwei oder drei Wochen lang glaubte ich wirklich, er sei ein Künstler, und war sehr stolz auf ihn. Ich glaubte, dass er das alles getan hatte, weil er ein Künstler war. Doch dann sah ich diese Bronzeskulpturen überall. Sie wurden in Souvenirläden verkauft. Das, was er in seinem Atelier machte, war Teil seiner Untätigkeit. Ich schämte mich meiner selbst, ich schämte mich dafür, dass ich ihn für einen Künstler gehalten und ihm nicht mehr zugesetzt hatte. Dass ich ihm nicht die Fragen gestellt hatte, die ich ihm hätte stellen sollen. Das war, kurz bevor ich dich kennen gelernt habe. Jetzt verstehst du vielleicht, warum deine Geschichten mich so angerührt haben. All diese Fassaden, diese Vorspiegelungen – und dahinter die echte Traurigkeit. Es war regelrecht unheimlich. Das war der Grund, warum ich dir geschrieben habe.«

Sie hatte sich nie zuvor so ausführlich über meine Geschichten geäußert, und ich war besorgt, dass ich vielleicht mehr über mich preisgegeben hatte, als ich dachte, und dass sie wahrscheinlich schon immer gewusst hatte, wer und was ich war. Ich besaß kein Exemplar meines Buches – ich hatte all das hinter mir lassen wollen. Ana dagegen hatte ihr Exemplar mitgenommen. Doch ich wollte nicht hineinsehen, denn der Gedanke daran, was ich dort möglicherweise finden würde, war mir unbehaglich.

Ich hatte ohnehin kaum Papiere bei mir: zwei Schulhefte mit Geschichten und Entwürfen, die ich zu Hause, in der Missionsschule, geschrieben hatte, einige Briefe von Roger in seiner wunderschönen, kultivierten Handschrift, die ich aus irgendeinem Grund nicht hatte wegwerfen wollen, sowie meinen indischen Pass und zwei Fünfpfundscheine, die mein Fluchtgeld waren. Ich war als armer Schlucker zu Ana gekommen, und es war, als hätte ich von Anfang an gewusst, dass ich eines Tages würde gehen müssen. Mit zehn Pfund ließ sich nicht viel ausrichten, doch es war alles Geld, das ich in London hatte sparen können; und in dem Winkel meines Bewusstseins, in dem ich mit einer wohl von meinen Ahnen ererbten Vorsicht diesen Halb- oder Viertel-Plan geschmiedet hatte, dachte ich, dass diese kleine Summe zumindest für den ersten Schritt ausreichen würde. Die zehn Pfund, der Pass und die anderen Dinge befanden sich in einem braunen Umschlag, den ich in der untersten Schublade des schweren Schreibtischs im Schlafzimmer aufbewahrte.

Eines Tages konnte ich diesen Umschlag nicht mehr finden. Ich befragte die Hausbediensteten, und Ana befragte sie ebenfalls. Doch niemand hatte irgendetwas gesehen oder konnte irgendetwas dazu sagen. Der Verlust des Passes beunruhigte mich mehr als alles andere. Wie konnte ich ohne ihn irgendeinem Beamten in Afrika oder England oder Indien beweisen, wer ich war? Ana sagte, ich solle doch einfach nach Indien schreiben und einen neuen Pass beantragen. Sie hatte leicht reden. In ihrer Vorstellung war die Bürokratie eine strikte, unparteiische Institution, deren Mühlen langsam mahlten, aber immerhin mahlten. Ich dagegen wusste, wie es in unseren Behörden zuging – ich sah das Bild lebhaft vor mir: erbsengrüne Wände, die auf Kopf-, Schulter- und Gesäßhöhe mit einer speckigen Schmutzschicht überzogen waren, roh gezimmerte Tresen und Kassenschalter, dreckstarrende Böden, *Pan* kauende Angestellte in Hosen oder *Lungis*, ein jeder versehen mit einem frischen, korrekten Kastenzeichen (die erste und wichtigste Aufgabe des Tages), auf jedem Tisch unordentliche Stapel alter Akten in verschiedenfarbigen, ausgeblichenen Deckeln, Papier von schlechter Qualität, das langsam zerfiel. Ich wusste, ich würde im weit entfernten Afrika lange warten und nichts würde geschehen. Ohne meinen Pass hatte ich keinerlei Beglaubigung, keinerlei Anspruch auf irgendetwas. Ohne meinen Pass war ich verloren. Ich konnte nirgendwohin. Je länger ich darüber nachsann, desto schutzloser fühlte ich mich. Einige Tage lang konnte ich an nichts anderes denken. Das Ganze wuchs sich zu einer Qual aus, nicht unähnlich der, die ich auf dem Weg hierher, entlang der Küste Afrikas, ausgestanden hatte, als es meine große Sorge gewesen war, ich könnte mein Sprachvermögen verlieren.

Ana sagte eines Morgens: »Ich habe mit der Köchin gesprochen. Sie meint, wir sollten nach einem Fetisch-Mann schicken. Dreißig, vierzig Kilometer von hier gibt es einen, der sehr berühmt ist. Er ist in allen Dörfern bekannt. Ich habe die Köchin gebeten, ihn zu rufen.«

Ich sagte: »Wer sollte einen Pass und ein paar alte Briefe stehlen?«

Ana sagte: »Wir dürfen das jetzt nicht verderben. Wir dürfen keine Namen aufschreiben. Bitte hör auf mich. Wir dürfen nicht mal an irgendwelche Namen denken. Wir müssen die Sache dem Fetisch-Mann überlassen. Er ist ein ernst zu nehmender und anständiger Mann.«

Am nächsten Tag sagte sie: »Der Fetisch-Mann kommt in sieben Tagen.«

An diesem Tag fand der Zimmermann Júlio den braunen Umschlag und einen von Rogers Briefen in seiner Werkstatt. Ana rief die Köchin und sagte: »Das ist gut. Aber es fehlen noch andere Dinge. Der Fetisch-Mann muss trotzdem kommen.« So ging es nun jeden Tag: Verschiedene Papiere – Rogers Briefe, meine Schulhefte – tauchten an verschiedenen Stellen auf. Doch der Pass und die Fünfpfundscheine blieben verschwunden, und jeder wusste, dass der Fetisch-Mann kommen würde. Letzten Endes kam er nie. Am Tag bevor er eintreffen sollte, fanden sich der Pass und das Geld in einer der kleineren Schubladen des Schreibtischs. Ana schickte dem Fetisch-Mann durch die Köchin Geld. Er schickte es zurück, denn er war ja nicht gekommen.

Ana sagte: »Das musst du dir merken. Afrikaner haben vielleicht keine Angst vor dir oder mir, aber sie haben Angst voreinander. Jeder kann zum Fetisch-Mann gehen, und das heißt, dass noch der armseligste Mann Macht besitzt. Insofern sind sie besser dran als wir.«

Ich hatte wieder meinen Pass. Ich fühlte mich wieder sicher. In stummer Übereinkunft ließen Ana und ich die Sache auf sich beruhen. Wir erwähnten den Fetisch-Mann nie mehr. Aber der Boden unter mir hatte gewankt.

***

Die Anwesen unserer Freunde – oder vielmehr der Leute, die wir an den Wochenenden besuchten – lagen nicht mehr als zwei Fahrtstunden entfernt. Die Straßen waren zum größten Teil unbefestigt, und jede hatte ihre Eigenheiten und Gefahren (manche Wege schlängelten sich durch afrikanische Dörfer). Fahrten, die wesentlich länger als zwei Stunden dauerten, warfen Probleme auf. Hier in den Tropen dauerte ein Tag zwölf Stunden, und im Busch galt die Regel, dass niemand nach vier Uhr unterwegs sein sollte, auf keinen Fall aber nach fünf. Vier Stunden Fahrt, unterbrochen von einem dreistündigen Mittagessen – das ließ sich an einem Sonntag erledigen; alles, was darüber hinausging, war eine Belastungsprobe. Infolgedessen sahen wir immer dieselben Leute. Für mich waren sie Anas Freunde; ich betrachtete sie bis zuletzt nicht als meine Freunde. Und vielleicht hatte auch Ana sie nur mit der Plantage geerbt. Wahrscheinlich konnten diese Freunde mit demselben Recht sagen, sie hätten uns geerbt. Wir alle gehörten zu dem Land, auf dem wir lebten.

Anfangs empfand ich dieses Leben als erfüllt und aufregend. Mir gefielen die Häuser, die sehr breiten, umlaufenden Veranden (beschattet von Bougainvilleen oder anderen Ranken), die dunklen, kühlen Räume, von wo das gleißende Licht und der Garten sich schön ausnahmen – obgleich das Licht dort draußen grell war, obgleich die Luft vor Insekten schwirrte und obgleich die Erde grob und sandig und der Garten stellenweise versengt war, während ihn an anderen Stellen der Busch wieder zurückzuerobern drohte. Im Schutz dieser kühlen, komfortablen Häuser erschien sogar das Wetter wie ein Segen, als hätte der Reichtum ihrer Bewohner eine Veränderung in der Natur bewirkt, als wäre das Klima nicht mehr jene zermürbende Strafe, die es für Anas Großvater und die anderen Siedler gewesen war.

Anfangs war es mein einziger Wunsch, aufgenommen zu werden in dieses üppige und sichere Leben, das so weit über alles hinausging, was ich mir je erträumt hatte, und ich war manchmal sehr nervös, wenn ich neue Bekanntschaften machte. Ich wollte in den Augen der anderen keinen Zweifel sehen. Ich wollte in Anas Gegenwart keine Fragen hören, die ich nicht beantworten konnte. Doch diese Fragen wurden nicht gestellt; meine Gesprächspartner behielten die Gedanken, die sie möglicherweise hatten, für sich; unter den Plantagenbesitzern besaß Ana Autorität. Und so legte ich meine Nervosität sehr rasch ab. Nach etwa einem Jahr jedoch begann ich – nicht zuletzt aufgrund meiner eigenen Herkunft – zu verstehen, dass die Welt, in die ich Einlass gefunden hatte, bloß eine Halb-Welt war und dass viele unserer Freunde sich im Grunde ihres Herzens als Menschen zweiter Klasse ansahen. Sie waren keine ganzen Portugiesen, und dabei war das doch all ihr Streben.

Mit diesen Halb-Freunden verhielt es sich wie mit der Stadt an der Küste. Eine Fahrt in die Stadt war stets ein Abenteuer, doch schon nach etwa einer Stunde kam einem dort alles schal vor. Und ebenso konnte eine sonntägliche Fahrt zum Mittagessen auf einer der Nachbarplantagen frisch und voller Verheißung erscheinen, doch schon nach etwa einer Stunde in der Gesellschaft von Menschen, die allen Zauber verloren hatten und deren Geschichten man längst kannte, gab es nichts mehr zu sagen, und jeder war froh, sich dem langwierigen Ritual des Essens und Trinkens widmen zu können, bis wir um drei Uhr, wenn die Sonne noch hoch am Himmel stand, in unsere Geländefahrzeuge steigen konnten, um nach Hause zu fahren.

Wir verstanden diese Freunde und Nachbarn, die zu dem

Land gehörten, nur in einem ganz oberflächlichen Sinn. Wir nahmen sie so wahr, wie sie sich uns präsentierten, und sahen jedes Mal denselben Ausschnitt ihrer Persönlichkeit. Sie waren wie Protagonisten in einem Drama, das in der Schule durchgenommen wird: Jeder war eine »Figur«, und jede Figur war auf wenige charakteristische Merkmale reduziert.

Die Correias beispielsweise waren stolz auf ihren aristokratischen Namen. Außerdem waren sie besessen von Geld. Sie sprachen ununterbrochen davon. Sie waren überzeugt, dass eine Katastrophe unmittelbar bevorstand. Sie wussten nicht, worin diese Katastrophe bestehen würde und ob es eine regionale oder weltweite Katastrophe sein würde, waren jedoch überzeugt, dass ihre Sicherheiten sowohl in Afrika als auch in Portugal davon hinweggefegt werden würden. Daher unterhielten sie Konten in London, New York und der Schweiz. Auf diese Weise hofften sie, einen »Notgroschen« zur Verfügung zu haben, wenn die schlechten Zeiten anbrachen. Die Correias erzählten jedem von diesen Konten. Gelegentlich kamen sie mir einfältig vor, dann wieder erschienen sie mir prahlerisch. Hauptsächlich aber wollten sie andere mit ihrer Vision einer kommenden Katastrophe infizieren und unter ihren Freunden im Busch eine kleine Panik auslösen, und sei es nur, damit sie das Gefühl haben konnten, mit ihren Vorsichtsmaßnahmen hinsichtlich der ausländischen Bankkonten Weitblick bewiesen zu haben und allen anderen voraus gewesen zu sein.

Ricardo war ein hochgewachsener, militärisch wirkender Mann, der sein graues Haar soldatisch kurz trug. Im Gespräch mit mir übte er gern sein Englisch; er sprach mit starkem südafrikanischem Akzent. Diesen großen Mann belastete ein schwerer Kummer. Seine Tochter war eine vielversprechende Sängerin gewesen. Jeder in der Kolonie, der sie hatte singen hören, war überzeugt gewesen, dass sie eine hervorragende Stimme besaß und das Zeug dazu hatte, in Europa ein Star zu werden. Ricardo, der kein reicher Mann war, hatte etwas Land verkauft und seine Tochter zur Gesangsausbildung nach Lissabon geschickt. Dort war sie zu einem Afrikaner aus Angola gezogen, der portugiesischen Kolonie auf der anderen Seite des Kontinents. Das war das Ende ihrer Gesangskarriere, das Ende der Verbindung zu ihrer Familie, das Ende der stolzen Hoffnungen ihres Vaters. Ricardo zerstörte sämtliche Tonbänder, auf denen seine Tochter zu hören war. Manche sagten, er habe sie zu sehr angetrieben und sie habe aufgehört zu üben, noch bevor sie den Afrikaner kennen gelernt habe. Bei einer der Sonntagseinladungen spielte unser Gastgeber ein Tonband mit Gesangsaufnahmen von Ricardos Tochter ab. Er tat das (wie Ana und ich, denen er es zuvor gesagt hatte, wussten) nicht in der Absicht, Ricardo zu quälen, sondern um ihn und seine Tochter zu ehren und seinen Schmerz zu lindern. Unser Gastgeber hatte die unbeschriftete Spule irgendwo in seinem Haus gefunden; er hatte die Aufnahme selbst gemacht und später vergessen. Nun hörten wir zu, wie das Mädchen auf Italienisch und dann auf Deutsch sang – zur Mittagszeit an einem heißen Tag, während draußen das Sonnenlicht gleißte. Obgleich ich von Gesang nichts verstand, ging es mir zu Herzen, dass einem Menschen, der hier gelebt hatte, diese Art von Ehrgeiz und Talent zuteil geworden war. Und Ricardo machte keine Szene. Er sah unter Tränen zu Boden, ein Lächeln alten Stolzes auf den Lippen, während vom Tonband die Stimme seiner Tochter erklang, eine Stimme und eine Hoffnung, die seit vielen Jahren vergangen waren.

Die Noronhas waren unsere Aristokraten, reinrassige Portugiesen. Er war klein und dünn und angeblich von adligem Geblüt, obgleich ich nicht wusste, ob das stimmte. Sie war verkrüppelt oder irgendwie behindert – ich erfuhr nie, wie und wodurch, und traute mich nicht zu fragen –, und wenn sie sich zu uns gesellte, saß sie in einem Rollstuhl, den ihr Mann schob. In unserer Halb-Welt bewegten sie sich mit einer kaum wahrnehmbaren Herablassung. Die beiden kannten das Land und wussten, wo sie standen und wo wir standen. Es wäre denkbar gewesen, dass sie nur darum gegen die Regeln verstießen, weil die Dame behindert war und man ihr daher ihren Willen lassen musste. Tatsächlich aber kamen sie, weil Senhora Noronha über eine besondere Begabung verfügte. Sie war eine »Mystikerin«. Ihr Ehemann, der Mann von Geblüt, war stolz auf diese Fähigkeit seiner Frau. Wenn die beiden bei einem sonntäglichen Mittagessen erschienen und er ihren großen Rollstuhl schob, war der Hochmut auf seinem schmalen, mürrischen Gesicht unverkennbar. Niemand, nicht einmal Ana, sprach mir gegenüber ausdrücklich von Senhora Noronhas mystischer Gabe. Es wurde ihr vielmehr einfach gestattet, sich zu offenbaren, und zwar auf so stille Weise, dass ich es die ersten paar Male gar nicht bemerkte. Um sie zu bemerken, musste man wissen, dass es sie gab. Jemand sagte beispielsweise: »Ich will im nächsten März nach Lissabon fahren.« Dann sagte Senhora Noronha, die zusammengesunken in ihrem Rollstuhl saß, leise und wie zu sich selbst: »Das ist kein guter Zeitpunkt. September wäre besser.« Mehr nicht. Sie bot auch keine Erklärung an; und danach war von einer Reise nach Lissabon im März keine Rede mehr. Und wenn – dies nur, um die Sache zu illustrieren – wenn ich, der ich zu diesem Zeitpunkt von den Fähigkeiten der Dame nichts ahnte, gesagt hätte: »Aber im März muss Lissabon doch wunderschön sein«, hätte Senhor Noronha mit einem unübersehbaren Ausdruck der Indignation in seinen wässrigen Augen erwidert: »Es gibt Gründe dafür, warum es kein geeigneter Zeitpunkt ist«, und seine Frau hätte mit ausdruckslosem, blassem Gesicht den Blick abgewandt. Ich hatte den Eindruck, dass ihre zauberischen Kräfte in Verbindung mit ihrer Behinderung und der adligen Herkunft ihres Mannes sie zu einer Tyrannin machten. Sie konnte alles sagen; sie konnte so grob und geringschätzig sein, wie sie wollte; und aus drei oder vier oder fünf guten Gründen war niemand imstande, ihre Worte in Zweifel zu ziehen. Ich sah, dass hin und wieder ein krampfartiger Schmerz sie durchzuckte, und doch konnte ich mich des Eindrucks nicht erwehren, dass sie sich, sobald sie und ihr Mann nach Hause kamen, aus dem Rollstuhl erhob und kerngesund war. Sie stand für umfassende mystische Beratungen zur Verfügung. Diese waren exklusiv und nicht billig; und die kleinen Kostproben in Gegenwart der Plantagenbesitzer dieser Halb-

Welt, die in mehr als einer Hinsicht dafür empfänglich waren, trugen dazu bei, dass ihre Klientel bei der Stange blieb.

Ana und ich waren sicher ebenfalls auf unsere festen Merkmale reduziert. Und da jeder sein eigenes Bild von sich hat, hätte es uns gewiss überrascht und vielleicht sogar gekränkt – wie es auch die Correias und Ricardo und die Noronhas überrascht und gekränkt hätte –, zu sehen, was die anderen sahen.

Diese Lebensart der Plantagenbesitzer hatte ihren Ursprung in den zwanziger Jahren, in der Zeit des Booms, den der Erste Weltkrieg gebracht hatte. Während des Zweiten Weltkriegs hatte sie sich dann verfestigt. Sie war also einigermaßen neu – kein ganzes Menschenleben, ja nicht einmal ein Erwachsenenleben alt. Jetzt waren ihre Tage jedoch gezählt, und ich fragte mich, ob wir, die wir zu diesem Kreis gehörten, ob wir alle (und nicht nur die theatralischen Correias) vielleicht gewisse beunruhigende Vorzeichen wahrgenommen und sogleich beiseite gewischt hatten, die darauf hindeuteten, dass es mit unserem prätentiösen Leben in Afrika eines Tages vorbei sein würde. Doch wer hätte sich träumen lassen, dass diese Welt aus Beton so ganz und gar durch die zerbrechliche alte Welt aus Stroh besiegt werden würde?

An manchen Sonntagen aßen wir in dem Ausflugslokal an der Küste zu Mittag. Es bot frische, einfach zubereitete Meeresfrüchte und bekam nach und nach mehr Zulauf. Es wurde weniger primitiv. Eines Sonntags war der Boden gefliest, in hübschen, arabesken Mustern aus Gelb und Blau, was uns zu überraschten Ausrufen der Anerkennung veranlasste. Der Fliesenleger war ein hoch gewachsener Mulatte mit hellen Augen. Aus irgendeinem Grund – vielleicht, weil er nicht rechtzeitig fertig geworden war – schrie der portugiesische Besitzer des Lokals ihn an und beschimpfte ihn. Uns und den anderen Gästen gegenüber war er so höflich wie immer, doch im nächsten Augenblick schaltete er auf eine andere Stimmung, eine andere Haltung um und schimpfte weiter auf den Fliesenleger ein. Bei jeder Schmähung zog der große, helläugige Mann den Kopf ein, als hätte er einen Schlag erhalten. Er schwitzte, und zwar, wie es schien, nicht nur wegen der Hitze. Er setzte seine schwierige Arbeit fort, strich eine dünne Schicht schnell trocknenden Mörtels auf, passte die hübschen portugiesischen Kacheln ein und klopfte sie vorsichtig fest. Schweißtropfen rannen über seine hellbraune Stirn, und von Zeit zu Zeit wischte er sie aus den Augen, als wären es Tränen. Er trug Shorts, und da er hockte, spannte sich die Hose über seinen muskulösen Oberschenkeln. Dort und im Gesicht, wo zu scharfe Rasuren die Haut verunstaltet hatten, wuchsen kurze, kräftige, gekräuselte Haare. Er erwiderte nichts auf das Geschrei des Besitzers, den er mit Leichtigkeit hätte niederschlagen können. Er arbeitete einfach weiter.

Später sprachen Ana und ich über den Vorfall. Ana sagte: »Dieser Fliesenleger war ein uneheliches Kind. Seine Mutter war Afrikanerin. Sein Vater war mit ziemlicher Sicherheit ein portugiesischer Großgrundbesitzer. Der Mann, dem das Restaurant gehört, weiß das. Die reichen Portugiesen haben ihre unehelichen Kinder bestimmte Handwerksberufe lernen lassen: Elektriker, Mechaniker, Installateur, Zimmermann, Fliesenleger. Obwohl die meisten Fliesenleger hierzulande aus dem Norden Portugals stammen.«

Ich sagte nichts mehr zu Ana. Doch so oft ich mich an den großen, schwitzenden Mann mit den gekränkten, hellen Augen erinnerte, der die Schande seiner Herkunft wie ein Brandzeichen im Gesicht trug, dachte ich: ›Wer wird diesen Mann retten? Wer wird ihn rächen?‹

Im Lauf der Zeit mischten sich noch andere Empfindungen in dieses Gefühl. Doch das Bild blieb. Es war meine eigene Vorahnung dessen, was kommen musste. Und als ich in meinem dritten Jahr dort in unseren zensierten Zeitungen Nachrichten über die großen Ereignisse auf der anderen Seite des Kontinents las, war ich mehr oder weniger gewappnet.

Die Neuigkeiten waren zu groß, als dass man sie hätte verschweigen können. Anfangs hatten die Behörden sie wohl unterdrücken wollen, doch dann gingen sie auf Gegenkurs und verbreiteten Greuelmeldungen. In einem Teil der Kolonie hatte es einen Aufstand gegeben, und auf dem Land waren zahlreiche Portugiesen massakriert worden. Zweihundert, dreihundert, vielleicht sogar vierhundert Tote – mit Macheten zerstückelt. Ich stellte mir eine Landschaft wie die unsere vor (auch wenn ich wusste, dass das nicht zutraf) und Afrikaner wie die unseren, ihre Hütten und Dörfer, ihre Maniok- und Maisäcker zwischen den großen Plantagen, den sich wiederholenden ordentlichen Sisal- und Cashewnusspflanzungen, den riesigen Viehweiden, die aussahen wie eben erst gerodeter Busch, wo die schwarzen Stämme großer Bäume herumlagen, die man gefällt oder verbrannt hatte, damit die giftigen Fliegen, die den Rindern zusetzten, keinen Unterschlupf fanden. Ordnung und Logik; das Land wurde dadurch sanfter; doch das Bild, das ich am ersten Tag gesehen hatte – zartgliedrige Menschen, die stets neben der Straße gingen –, war traumartig und bedrohlich gewesen und hatte mir klar gemacht, in welche Ferne es mich verschlagen hatte. Jetzt erschien mir dieses Bild prophetisch.

Die Afrikaner in unserer Umgebung schienen jedoch nichts von den Ereignissen gehört zu haben. Ihr Verhalten veränderte sich nicht. Weder an jenem Tag noch am nächsten, weder in der nächsten Woche noch im nächsten Monat. Correia, der Mann mit den Bankkonten, sagte, diese Normalität sei unheilvoll; auch bei uns braue sich ein schrecklicher Aufstand zusammen. Doch für den Rest des Jahres änderte sich nichts, und es sah so aus, als würde es dabei bleiben. All die Vorsichtsmaßnahmen, die wir getroffen hatten – in den Schlafzimmern lagen Knüppel und Pistolen griffbereit, die allerdings im Fall allgemeiner Unruhen oder auch nur eines Aufruhrs unter den Dienstboten reichlich nutzlos gewesen wären –, kamen uns allmählich übertrieben vor.

In dieser Zeit lernte ich, mit Waffen umzugehen. Man teilte uns und unseren Nachbarn diskret mit, dass wir den Schießstand der Polizei in der Stadt benutzen könnten. Die kleine Garnison war so wenig auf einen Krieg vorbereitet, dass sie nicht einmal über einen Schießstand verfügte. Unsere Nachbarn nahmen dieses Angebot freudig an; ich dagegen war nicht allzu erpicht darauf, davon Gebrauch zu machen. Waffen hatten mich nie interessiert. An der Missionsschule hatte es kein Kadettenkorps gegeben, und mehr als irgendwelche Gewalttaten von Seiten der Afrikaner fürchtete ich, mich in Gegenwart wichtiger Leute zu blamieren. Zu meiner großen Überraschung war ich jedoch fasziniert, als ich zum ersten Mal ein Ziel anvisierte und den Finger an den Abzug legte. Es erschien wie die intimste, intensivste Art der Zwiesprache mit dem eigenen Ich, dieses ständige Kommen und Gehen jenes Sekundenbruchteils, in dem die Entscheidung fällt – beinahe analog zu den Bewegungen der Gedanken. Damit hatte ich nicht gerechnet. Die religiöse Verzückung, die manche Menschen angeblich empfinden, wenn sie in einem verdunkelten Raum vor einer Kerze meditieren, kann kaum größer sein als mein Hochgefühl, wenn ich das Ziel anvisierte und mich meinem Geist und meinem Bewusstsein so nahe fühlte. Innerhalb einer Sekunde verschoben sich alle Maßstäbe, und ich verlor mich in einem privaten Universum. Es war seltsam, auf einem Schießstand in Afrika zu stehen und ganz neue Gedanken über meinen Vater und seine brahmanischen Vorfahren zu denken – Hunger leidende Gottesdiener im großen Tempel. Ich kaufte ein Gewehr. Ich stellte Ziele vor dem Haus von Anas Großvater auf und übte, wann immer ich konnte. Unsere Nachbarn betrachteten mich mit neuem Respekt.

Die Regierung ließ sich Zeit, doch schließlich kam Bewegung in die Sache. Die Garnison wurde verstärkt. Neue Kasernengebäude wurden errichtet, dreistöckig diesmal, aus leuchtend weißem Beton. Die Straßen auf dem Gelände wurden ausgebaut – nackter Beton auf Sand. Ein Schild mit verschiedenen militärischen Emblemen verkündete, dass sich hier das Hauptquartier eines neuen militärischen Oberkommandos befand. Das Leben in der Stadt veränderte sich.

***

Die Regierung war autoritär, auch wenn wir sie meist nicht so empfanden. Uns schien sie weit entfernt, eine Macht in der Hauptstadt, eine Macht in Lissabon. Hier, wo wir waren, merkte man wenig von ihr. Ich dachte nur an sie, wenn die Zeit der Sisalernte kam und wir Arbeitskräfte vom Gefängnis anforderten. Dann überstellte man uns gegen ein geringes Entgelt Sträflinge (gut bewacht), die den Sisal schnitten. Die Sisalernte war gefährliche Arbeit. Die Afrikaner aus den Dörfern weigerten sich, dabei mitzumachen. Die Sisalagave gleicht einer großen Aloe oder Ananasstaude oder auch einer überdimensionalen grünen Rose, weit über einen Meter hoch, mit dicken, fleischigen Blättern anstelle einer Blüte. Die Blätter haben scharfe, gezahnte Kanten, die am Ansatz sehr dick sind und einem schwere Schnittwunden beibringen können, wenn man in der falschen Richtung darüber streicht. Sie lassen sich nur schwer abschneiden, und das Verladen ist eine mühsame, gefährliche Arbeit. Die langen, schwarzen Blattenden sind nadelspitz und giftig. In Sisalplantagen gibt es viele Ratten; sie mögen den Schatten, den die Pflanzen spenden, und fressen das Fruchtfleisch. Die Ratten wiederum ziehen giftige Schlangen an, die sie fangen und sehr langsam verschlingen. Es ist ein grausiger Anblick, Kopf oder Hinterteil einer scheinbar noch lebenden Ratte aus dem geweiteten Maul einer Schlange ragen zu sehen. Eine Sisalplantage ist ein schrecklicher Ort, und wenn Sisal geerntet wurde, war es die Regel (jedenfalls bei uns), dass eine Krankenschwester mit Medikamenten und Schlangenserum bereitstand. Es war eine gefährliche Arbeit, und dabei betrug der Faseranteil des Fruchtfleisches nur fünf Prozent; diese Fasern waren billig und wurden zu Gebrauchsgegenständen wie Seilen, Körben und Sandalensohlen verarbeitet. Ohne die Sträflinge wäre es schwer gewesen, den Sisal zu ernten. Selbst damals schon begannen synthetische Fasern den Sisal zu verdrängen. Ich trauerte ihm nicht nach.

Seit Jahren hatte sich unsere autoritäre, aber lässige Regierung keinen wirklich schwierigen Aufgaben stellen müssen, und daher war sie eigenartig faul geworden. Der Gouverneur, durch nichts angefochten, empfand die politische Alltagsarbeit offenbar als unnötige Belastung; er hatte wichtige administrative Funktionen an emsige, energische und loyale Männer abgetreten oder vermietet. Diese Männer wurden sehr reich, und je reicher sie wurden, desto loyaler wurden sie und desto besser erledigten sie die Aufgaben, mit denen sie betraut worden waren. Es war ein Herrschaftsprinzip, das also einer merkwürdig kruden Logik gehorchte, die wiederum zu Effizienz führte.

Dieses Prinzip sorgte nun auch für die Erweiterung der Garnison und die Entwicklung der Stadt. Es herrschte weiterhin Frieden. Von einer Bedrohung war nichts mehr zu spüren. Dennoch floss das Kriegsgeld Jahr um Jahr. Es kam uns allen zugute. Wir fühlten uns rechtschaffen und belohnt. Jeder zählte immer wieder seinen Gewinn. Und dann stellte sich heraus, dass unser Freund Correia mehr von der neuen Entwicklung profitierte als die anderen in unserem Kreis, der gerissene Correia, der jahrelang versucht hatte, uns mit seinen Visionen von Katastrophen zu ängstigen, und zahlreiche Konten im Ausland unterhielt. Irgendwie hatte Correia einen bedeutenden Mann aus der Hauptstadt kennen gelernt, und nun war er (ohne seine Plantage aufzugeben) der für unsere Stadt oder Provinz oder sogar das ganze Land zuständige Großhändler einer Reihe von ausländischen Herstellern technischer Geräte. Niemand konnte sich vorstellen, dass es hierzulande einen Bedarf an diesen Geräten gab. Anfangs prahlte Correia gern mit seiner engen Verbindung zu diesem bedeutenden Mann, der zudem ein echter Portugiese war. Der bedeutende Mann tätigte offenbar zahlreiche Geschäfte über Correias Großhandel, und wir sprachen spottend, aber voller Neid über diese außergewöhnliche Beziehung. Hatte Correia sich an den bedeutenden Mann gewendet? Oder war die Wahl des bedeutenden Mannes aus bestimmten Gründen und über einen Mittelsmann (vielleicht einen Händler in der Hauptstadt) auf Correia gefallen? Letzten Endes waren solche Überlegungen natürlich müßig. Correia hatte einen Treffer gelandet. Er stand jetzt weit über uns.

Er sprach von Reisen in die Hauptstadt (mit dem Flugzeug und nicht mit einem jener altersschwachen Küstenschiffe, die die meisten von uns noch immer benutzten); er sprach von Mittag- und Abendessen mit dem bedeutenden Mann, ja einmal war er sogar zum Dinner in dessen Haus eingeladen gewesen. Nach und nach war von dem bedeutenden Mann jedoch immer seltener die Rede. In unserer Gesellschaft begann Correia so zu tun, als stammten seine Geschäftsideen von ihm selbst. Wenn er die ausländischen Firmen erwähnte, für die er tätig war, und die technischen Geräte aufzählte, die er importierte – Dinge, derer die Armee oder die Stadt eines Tages vielleicht bedurfte –, stellte ich verwundert fest, wie wenig ich von der modernen Welt wusste. Und ebenso verwundert war ich darüber, mit welcher Leichtigkeit sich Correia (der doch eigentlich nur etwas von Plantagenwirtschaft verstand) darin zurechtfand.

Er wurde unser großer Mann. Als er merkte, dass der Neid sich gelegt hatte und keiner von uns, seinen Freunden und Nachbarn, ihm die neue Position streitig machte, wurde er eigenartig bescheiden. Eines Sonntags sagte er zu mir: »Sie könnten das sicher auch, Willie. Glauben Sie mir, es ist nur eine Frage des Mutes. Sie haben doch in England gelebt. Sie kennen doch die Ladenkette Boots. Wir brauchen die Dinge, die sie herstellen – Medikamente und so weiter. Die haben hier keinen Großhändler, und Sie könnten dieser Großhändler werden. Schreiben Sie ihnen einfach. Schicken Sie ihnen die Referenzen, die sie haben wollen, und Sie sind im Geschäft. Die werden begeistert sein.« Ich sagte: »Aber was mache ich mit den Waren, die sie mir schicken? Wie soll ich die verkaufen? Wo soll ich sie lagern?« Er sagte: »Das ist das Problem. Um Geschäfte zu machen, muss man im Geschäft sein. Sie müssen Ihre gesamte Denkweise umstellen. Sie können nicht an eine Firma wie Boots schreiben und denken, dass die nur mal eben so mit Ihnen Geschäfte machen.« Aus der Art, wie er das sagte, schloss ich, dass er und sein Förderer ernsthaft versucht hatten, mit Boots ins Geschäft zu kommen, jedoch gescheitert waren.

Eines Sonntags sagte er, dass er mit dem Gedanken spiele, einen berühmten Hubschrauberhersteller zu vertreten. Es verschlug uns den Atem, denn wir wussten inzwischen, dass er nicht scherzte, und diese Bemerkung ließ uns ahnen, wie hoch er gestiegen war. Er schien eine Menge über Hubschrauber zu wissen. Die Idee, erzählte er, sei ihm ganz plötzlich gekommen, als er in seinem Wagen an der Küste entlanggefahren sei – er stellte es dar, als wäre es eine göttliche Erleuchtung gewesen. Viele Wochen lang sprach er immer wieder von Hubschraubern. Und dann lasen wir eines Tages in den zensierten Zeitungen – vielleicht hätte niemand darauf geachtet, wenn wir Correia nicht gekannt hätten –, dass eine Reihe Hubschrauber angeschafft worden waren, allerdings ein anderes Fabrikat als das, von dem Correia gesprochen hatte. Danach erwähnte er das Thema Hubschrauber nicht mehr.

Correia war also reich geworden – das gescheiterte Hubschraubergeschäft war nur eine kleine Panne gewesen –, und er und seine Frau fuhren fort, auf ihre gewohnte, naive Art von ihrem Geld zu reden. Sie glaubten noch immer, dass eine Katastrophe bevorstand. Der Erfolg machte sie nur umso ängstlicher, und sie sagten, sie hätten beschlossen, ihr Vermögen nicht in der Kolonie anzulegen. Das Einzige, was sie hier kauften, war ein Strandhaus unweit des Ausflugslokals, das wir hin und wieder besuchten, in einer Urlaubsregion, die sich nun rasch entwickelte. Sie bezeichneten das Haus als »Investition«. Das war eines der neuen Worte, die sie benutzten. Sie gründeten eine Gesellschaft namens Jacar Investments und verteilten, als wären wir ländliche Verwandtschaft, die sie längst übertrumpft hatten, Visitenkarten mit diesem hochtrabenden Namen, der sich aus Elementen ihrer Vornamen – Jacinto und Carla – zusammensetzte. Das neue Geschäft zwang sie, viel zu reisen, doch nun eröffneten sie nicht bloß Bankkonten. Sie erwogen, sich »Papiere« für verschiedene Länder zu besorgen – was uns nur noch mehr das Gefühl gab, als hätten sie uns weit hinter sich gelassen –, und unternahmen Reisen, auf denen sie ihre Pläne in die Tat umsetzten: Papiere für Australien, Papiere für Kanada, Papiere für die Vereinigten Staaten, Papiere für Argentinien und Brasilien. Sie sprachen sogar davon – jedenfalls erwähnte Carla es eines Sonntags –, dass sie sich vielleicht in Frankreich niederlassen würden. Sie waren soeben von dort zurückgekehrt und hatten eine Flasche eines berühmten Weines zum Essen mitgebracht. Jeder bekam ein halbes Glas davon, und alle nippten und bestätigten, dass es ein guter Wein sei, obgleich er in Wirklichkeit zu sauer war. Carla sagte: »Die Franzosen verstehen zu leben. Eine Wohnung am linken Seineufer und ein kleines Haus in der Provence – das wäre sehr schön. Das habe ich auch schon zu Jacinto gesagt.« Und wir, die wir uns nicht in Frankreich niederlassen würden, nippten an dem sauren Wein, als wäre es Gift.

So ging es einige Jahre lang. Es schien, als würde die Glückssträhne der Correias niemals abreißen – jedenfalls nicht, solange die Armee hier war und die Stadt wuchs und der bedeutende Mann seinen Posten in der Hauptstadt behielt –, doch da kam es zu einer Krise. Wir merkten es am Verhalten der Correias. Sie fuhren jeden Morgen eineinhalb Stunden zur Missionskirche und hörten die Messe. Täglich drei Stunden Fahrt und eine Stunde Messe und zu Hause wer weiß wie viele Gebete oder Novenas: So etwas ließ sich nicht leicht verheimlichen. Jacinto Correia wurde schmal und blass. Dann lasen wir in den zensierten Zeitungen, dass man im Beschaffungsamt auf Unregelmäßigkeiten gestoßen war. Ein paar Wochen lang schürten die Zeitungen die öffentliche Empörung, und dann gab der echte Portugiese, Jacinto Correias bedeutender Gönner, vor dem örtlichen Exekutivrat eine Erklärung ab. In allen Belangen, die das Gemeinwohl beträfen, sagte er, dürfe die Wachsamkeit des Staates niemals nachlassen, und er sei entschlossen, den Machenschaften im Beschaffungsamt ohne Ansehen von Stellung oder Person auf den Grund zu gehen. Niemand in der ganzen Kolonie solle daran zweifeln, dass die Schuldigen rücksichtslos zur Rechenschaft gezogen werden würden.

Das war das andere Gesicht des lässigen autoritären Staates, und wir wussten, dass es schlecht aussah für die Correias und dass weder Bankkonten in großen Städten noch Papiere für große Länder ihnen helfen würden. Hier war Finsternis eben dies: Finsternis.

Die arme Carla sagte: »Ich wollte nie so leben. Fragen Sie die Nonnen: Ich wollte immer Nonne werden.«

Nun wussten wir also – wir hatten jahrelang darüber spekuliert –, warum Correia von dem bedeutenden Mann auserwählt worden war: aus Vorsorge für eine Situation wie diese, in der jener bedeutende Mann gezwungen sein würde, jemanden in die Finsternis zu schleudern. Einen Portugiesen, wie er selbst einer war, zu vernichten, hätte nach dem kolonialen Kodex gegen die Gebote der Kaste verstoßen und den bedeutenden Mann ins Zwielicht gerückt. Hingegen waren keinerlei Schwierigkeiten zu erwarten, wenn er einen zweitklassigen Mann der Finsternis überantwortete, jemanden aus der Halb-Welt, gebildet, geachtet und emsig, ungewöhnlich sachkundig im Umgang mit Geld und aus vielerlei Gründen bereit zu tun, was immer man von ihm verlangte.

Drei oder vier Monate lang lebten die Correias in dieser Qual. Die ganze Zeit träumten sie von den Tagen, als das Leben noch einfach gewesen war und sie keine Großhändlergeschäfte getätigt hatten, und die ganze Zeit gingen sie hart mit sich ins Gericht. Wir fühlten mit ihnen, doch ihr Unglück machte sie auch langweilig. Jacinto glich immer mehr einem Invaliden, der mit seiner Krankheit lebte wie mit einem Feind und an wenig anderes denken konnte. Und dann, ganz unvermittelt, war die Krise vorüber. Jacintos bedeutender Mann in der Hauptstadt hatte eine Möglichkeit gefunden, den Widersacher, der den ganzen Ärger verursacht hatte, aus dem Weg zu räumen. Die Zeitungen hörten auf, ihre Hetzartikel zu bringen, und der Beschaffungsskandal (der ohnehin nur in den Zeitungen existiert hatte) löste sich in Wohlgefallen auf.

Doch das war nicht das Ende von Jacintos Angst. Er hatte eine Kostprobe von den Launen der Macht erhalten. Er wusste jetzt, dass er vielleicht nicht immer die Protektion eines bedeutenden Mannes genießen würde, und es war möglich, dass jemand aus mancherlei Gründen den Fall noch einmal aufrollte. Und so litt er. Und das war eigentlich befremdlich, denn jahrelang hatten wir Jacinto sagen hören (manchmal hatte er sich geradezu ereifert), es stehe eine Katastrophe bevor, etwas, das die Existenz der Kolonie beenden und seine Welt hinwegfegen werde. Ein Mensch, der mit dieser Vorstellung lebte (und dem es gefiel, andere damit zu erschrecken), hätte sich über die Ränke einiger neidischer Männer in der Hauptstadt – die doch ohnehin allesamt zum Untergang verurteilt waren – keinen Augenblick lang Sorgen machen dürfen. Doch Jacintos große Katastrophe, die alle und alles in den Abgrund reißen würde, war ein philosophischer Schwindel. Bei genauerem Hinsehen zerflossen ihre Konturen. Sie war nichts weiter als eine moralische Vorstellung, eine Art Selbstabsolution, die es ihm ermöglichte, in der Kolonie zu leben und sich zugleich außerhalb zu stellen. Sie war ein Abstraktum. Die Schmach, die er nun fürchtete, war jedoch keineswegs abstrakt. Sie war sehr real und in vielen Details ganz konkret erfahrbar. Sie war persönlich. Sie würde ihn allein treffen und den ganzen Rest der Welt verschonen.

Eines Sonntags, als wir die Gastgeber waren, luden wir unsere Freunde in das Ausflugslokal mit dem gelb und blau gefliesten Boden ein. Correia schlug vor, anschließend zu seinem Strandhaus zu fahren, zu seiner Investition. Ana und ich und die meisten anderen hatten das Haus noch nie gesehen, und er selbst sagte, er sei seit zwei Jahren nicht mehr dort gewesen. Wir fuhren vom Restaurant zurück zu der schmalen, asphaltierten Küstenstraße – eine schwarze Kruste auf dem Staub – und bogen nach einer Weile in einen sandigen Zufahrtsweg ein, der zwischen leuchtend grünen Sandgewächsen und tropischen Mandelbäumen hindurch wieder zum Meer führte. Eine afrikanische Hütte kam in Sicht, deren glattes Grasdach beinahe rostrot schimmerte. Wir hielten an, und Correia rief: »Tante! Tante!« Eine alte Schwarze in einem afrikanischen Gewand schlurfte hinter einem Schilfzaun hervor. Correia sagte zu uns: »Ihr Sohn ist Halb-Portugiese. Er ist der Hausmeister.« Er sprach laut und leutselig mit der Afrikanerin, ein wenig zu leutselig sogar, vielleicht um sich vor uns in seiner Doppelrolle wichtig zu tun: als der Mann, der gut mit Afrikanern zurechtkam, und zugleich als der Boss, der seine Leute gut behandelte. Die Frau war besorgt. Sie spielte die Komödie nicht mit. Correia fragte nach Sebastião. Sebastião war nicht da. Wir folgten Correia, der viel Lärm machte, zu seinem Haus am Strand.

Das Haus war eine halbe Ruine. Fensterscheiben waren zerbrochen; die feuchte Luft hatte überall die Nägel rosten lassen, und der Rost war verlaufen und hatte ausgebleichte Farbe und ausgebleichtes Holz verfleckt. Die beiden Flügel der Verandatür waren aus den Angeln gehoben worden. Ein hochbordiges Fischerboot stand, teils im Wohnzimmer, teils draußen, auf Baumstämmen aufgebockt.

Die alte afrikanische Frau verharrte ein Stück hinter Correia. Er sagte nichts. Er starrte vor sich hin. Sein Gesicht legte sich in Falten und nahm einen seltsamen Ausdruck an. Er befand sich jenseits von Wut, er war innerlich weit entfernt von der Szenerie ringsum. Er war hilflos und ertrank in Schmerz. Ich dachte: ›Er ist verrückt. Warum habe ich das vorher nie gemerkt?‹ Doch Carla, die Klosterschülerin, schien mit dem, was ich erst jetzt gesehen hatte, vertraut. Sie ging zu ihm und sprach mit ihm wie mit einem Kind, als wären wir gar nicht vorhanden, und dabei gebrauchte sie Worte, die ich noch nie aus ihrem Mund gehört hatte. Sie sagte: »Wir fackeln das Scheißding einfach ab. Ich hole das Kerosin, und dann verbrennen wir die Bude mitsamt dem Scheißboot.« Er sagte nichts und ließ sich von ihr an Tantes Hütte vorbei zum Wagen führen.

Als wir ihn einige Wochen später das nächste Mal sahen, wirkte er elend. Seine schmalen Wangen waren weich und schlaff. Carla sagte: »Wir fahren für eine Weile nach Europa.«

Senhora Noronha, die zusammengesunken in ihrem Rollstuhl saß, sagte mit leiser Stimme: »Ein schlechter Zeitpunkt.« Carla sagte: »Wir wollen die Kinder besuchen.« Die Correias hatten ihre beiden halbwüchsigen Kinder etwa ein Jahr zuvor auf Internate in Portugal geschickt. Senhora Noronha sagte: »Ein besserer Zeitpunkt für die Kinder.« Und dann, im selben Tonfall: »Was ist mit dem Jungen? Warum ist er so krank?« Carla geriet in Aufregung. Sie sagte: »Ich wusste nicht, dass er krank ist. Er hat nichts davon geschrieben.«

Senhora Noronha beachtete sie nicht. Sie sagte: »Ich habe einmal zu einem schlechten Zeitpunkt eine Reise unternommen. Das war kurz nach dem Krieg. Lange bevor ich an diesen Stuhl gefesselt wurde. An meinen Thron, wenn man so will. Wir fuhren nach Südafrika, nach Durban. Eine hübsche Stadt, aber ein schlechter Zeitpunkt. Etwa eine Woche nach unserer Ankunft begannen die Eingeborenen einen Aufstand. Geschäfte wurden geplündert und in Brand gesteckt. Die Unruhen richteten sich gegen die Inder, aber ich wurde eines Tages auf der Straße von ihnen überrascht. Ich wusste nicht, was ich tun sollte. Ich kannte mich nicht aus. In einiger Entfernung sah ich eine weiße Frau mit blondem Haar und einem langen Kleid. Sie winkte mir, und ich ging zu ihr. Sie führte mich wortlos durch eine Reihe von Nebenstraßen zu einem großen Haus, und da blieb ich, bis alles wieder ruhig war. Abends erzählte ich meinen Freunden davon. Sie fragten: ›Wie sah die Frau aus?‹ Ich beschrieb sie ihnen. Sie sagten: ›Und das Haus?‹ Ich beschrieb ihnen das Haus. Und jemand sagte: ›Aber dieses Haus ist vor zwanzig Jahren abgerissen worden. Diese Frau hat dort gewohnt, aber nach ihrem Tod hat man das Haus abgerissen.‹« Nachdem sie ihre Geschichte, die in Wirklichkeit eine Geschichte über ihre übersinnlichen Fähigkeiten war, zu Ende erzählt hatte, drehte Senhora Noronha den Kopf zur Seite wie ein Vogel, der schlafen will. Und wie so oft, wenn sie eine Prophezeiung oder eine Geschichte zum Besten gegeben hatte, wusste am Ende keiner so recht, wie wir zu diesem Ende gelangt waren. Wir konnten nur feierliche Gesichter aufsetzen und für eine Weile schweigen.

Doch ob der Zeitpunkt nun schlecht war oder nicht – die Correias fuhren nach Europa, um ihre Kinder zu besuchen und andere Dinge zu erledigen. Sie blieben viele Monate fort.

***

Ich lernte ihren Verwalter kennen. Ich sah ihn oft in der Stadt. Er war ein kleiner, drahtiger Mischling in den Vierzigern mit einer sehr gewählten Ausdrucksweise. Manchmal übertrieb er es. So sagte er etwa über einen portugiesischen oder indischen Händler, mit dem er sich gestritten hatte: »Er ist nicht im entferntesten Ansatz das, was man geneigt wäre, als Gentleman zu bezeichnen.« Das gab sich jedoch, als wir einander näher kamen. Wie sich herausstellte, war er ein Schalk und zugleich sehr vertrauensvoll, sodass ich das Gefühl hatte, in eine Reihe kleiner Verschwörungen gegen die Correias gezogen zu werden. Wir probierten die neuen Cafés aus, die ständig eröffneten und wieder schlossen. Wir erkundeten die Bars. Ich lernte die neue Atmosphäre der Garnisonsstadt kennen und merkte, dass sie mir gefiel. Ich war gern in Gesellschaft der portugiesischen Soldaten. Manchmal geriet ich an einen Offizier mit einem guten Gedächtnis, der etwas von Goa und den Indern murmelte. Indiens Annexion von Goa war allerdings bereits sieben oder acht Jahre her. Die wenigsten der jungen Wehrpflichtigen wussten davon, und im Allgemeinen waren die Soldaten sehr freundlich. Im Busch wurde noch kein Krieg geführt. Man hörte zwar Geschichten von Guerilla-Ausbildungslagern in Algerien und später in Jordanien, doch dabei handelte es sich, wie sich zeigte, um bloße Gerüchte: Einige Studenten aus Lissabon und Coimbra hatten in den Semesterferien Guerilleros gespielt. In unserer Garnisonsstadt herrschte noch immer Frieden, und man ging höflich miteinander um. Es war, als wäre man in Europa und noch dazu im Urlaub. Und für mich war es, als wäre ich wieder in London, diesmal jedoch mit Geld in der Tasche. Meine Ausflüge in die Stadt dauerten immer länger.

Eines Tages fragte mich Álvaro, der Verwalter der Correias: »Möchten Sie wissen, wie *die* es machen?« Wir saßen in einem

Café in der Hauptstadt und tranken vor der Heimfahrt noch einen Kaffee. Er wies mit dem Kinn auf eine Gruppe Afrikanerinnen, die vor dem Fenster vorbeigingen. Ihre bunten Kleider leuchteten im Licht der Nachmittagssonne. Normalerweise sah man nachmittags vor allem träge, schmutzstarrende Bettelkinder, die an Mauern, Schaufenstern oder Masten lehnten, den Mund wie in Zeitlupe öffneten und schlossen und nichts wahrzunehmen schienen. Selbst wenn man ihnen Geld gab, war es, als merkten sie nichts davon, und sie gingen nie weg, ganz gleich, wie viel man ihnen gab. Man musste lernen, sie zu ignorieren. Die Frauen waren anders. Sie hatten etwas Majestätisches. Ich nahm an, dass sie Marketenderinnen waren, und sagte zu Álvaro, dass ich gern wissen wollte, wie diese Frauen es machten. Er sagte: »Dann hole ich Sie morgen Abend ab. Abends ist es besser, und noch viel besser ist es an den Wochenenden. Für Senhora Ana sollten Sie sich eine Ausrede einfallen lassen.«

Aus Álvaros Mund klang das leicht, doch mir fiel es schwer. In zehn Jahren hatte ich Ana nicht ein einziges Mal belogen – ich hatte schlicht keinen Anlass dazu gehabt. Anfangs, in London, als mir unklar gewesen war, wie es mit mir weitergehen sollte, hatte ich mir Geschichten ausgedacht, hauptsächlich über meine Herkunft. Damals wusste ich nicht, wie weit Ana mir glaubte oder inwiefern ihr das überhaupt etwas bedeutete. In Afrika hatte ich diese Londoner Märchen nach und nach aufgegeben – unter unseren Halb-Freunden brauchte ich sie nicht. Im Lauf der Jahre hatte Ana die Wahrheit über mich herausgefunden. Diese unterschied sich nicht sonderlich von dem Bild, das sie sich von mir gemacht hatte, und sie demütigte mich nie, indem sie mich an meine Lügenmärchen erinnerte. In Afrika waren wir einander sehr nahe, das erschien mir nur natürlich. Sie hatte mir mein afrikanisches Leben geschenkt; sie war meine Beschützerin; nur bei ihr fand ich Halt. Daher fiel es mir schwer, eine Ausrede zu erfinden. Es verdarb mir den ganzen nächsten Tag. Ich dachte mir eine Geschichte aus. Sie kam mir unglaubwürdig vor. Ich versuchte, sie überzeugender zu machen, doch dadurch wurde sie nur übermäßig kompliziert. Ich dachte: ›Das klingt wie etwas, das die Dienstboten erzählen würden.‹ Und dann dachte ich: ›Ich benehme mich wie damals in London.‹ Als der Zeitpunkt gekommen war, hörte Ana mir kaum zu. Sie sagte: »Ich hoffe, dass von der Plantage noch etwas übrig ist, wenn Carla zurückkommt.« Es war ganz leicht gewesen. Aber ich wusste, dass ich etwas zerstört, etwas geopfert hatte – für so gut wie nichts.

Álvaro kam auf die Minute pünktlich; vielleicht hatte er im Dunkeln an der Einfriedung gewartet. Ich hatte angenommen, dass wir in die Stadt fahren würden, doch er nahm nicht die Hauptstraße. Stattdessen steuerte er den Wagen langsam über Nebenstraßen, die mir inzwischen auch bei Nacht ganz vertraut waren. Ich dachte, er wolle noch etwas Zeit totschlagen. Wir fuhren an Baumwollfeldern vorbei, dann durch offenes Buschland und schließlich durch dunkle Cashewnussplantagen. Alle paar Kilometer kamen wir an ein Dorf; dann verlangsamte Álvaro das Tempo. Manchmal fand in einem solchen Dorf eine Art abendlicher Markt statt – kümmerliche Verkaufsstände in offenen, von Sturmlaternen erleuchteten Hütten, wo Streichhölzer, einzelne Zigaretten und allerlei Krimskrams in kleinen Blechschachteln verkauft wurden. Einige Menschen – Männer, Frauen oder Kinder –, die nicht gut gewirtschaftet hatten und nun mittellos waren, saßen am Straßenrand, neben sich Kerzen in Papiertüten und sehr kleine Häufchen eigener Lebensmittel: getrocknete Maniokstreifen, Pfefferschoten, Gemüse. Sie erinnerten mich an Kinder, die Haushalten oder Kaufladen spielten.

Álvaro sagte: »Hübsch, nicht?« Ich kannte einige dieser Dörfer sehr gut. Ich hatte diese abendlichen Märkte Dutzende Male gesehen. Sie waren nicht das, was ich mir von dem Ausflug mit Álvaro erhofft hatte. Er sagte: »Sie wollten doch sehen, was die Afrikaner nachts machen. Ich werde es Ihnen zeigen. Sie sind jetzt seit zehn Jahren hier. Ich weiß nicht, wie viel Sie wissen. In ein paar Stunden wimmeln die Straßen, über die wir jetzt fahren, von Menschen, die auf Abenteuer aus sind. Bis dahin sind hier zwanzig oder dreißig Parties im Gange. Wussten Sie das? Und die Leute gehen nicht nur zum Tanzen hin, das kann ich Ihnen sagen.«

Gerade noch rechtzeitig beleuchteten die Scheinwerfer des Land-Rovers ein junges Mädchen in einem Trägerkleid. Es stand am Straßenrand; sein Gesicht glänzte im Lichtschein, dann waren wir vorbei, und es sah uns nach. Álvaro sagte: »Was meinen Sie, wie alt die Kleine ist?« Ich hatte nicht darüber nachgedacht – sie hatte ausgesehen wie so viele andere auch, und ich glaubte nicht, dass ich sie wiedererkennen würde. Álvaro sagte: »Ich werde es Ihnen sagen. Sie ist ungefähr elf. Sie hat ihre erste Periode gehabt, und das heißt, dass sie jetzt mit Männern schlafen kann. Die Afrikaner haben da eine sehr vernünftige Einstellung. Kein ausländischer Quatsch von wegen Sex mit Minderjährigen. Dieses Mädchen, das Sie nicht zweimal ansehen würden, geht jede Nacht mit irgendeinem Mann ins Bett. Erzähle ich Ihnen etwas, das Sie schon wissen?« Ich sagte: »Sie erzählen mir etwas, das ich noch nicht wusste.« Er sagte: »Das ist genau das, was wir alle über Sie denken. Ich hoffe, Sie sind nicht gekränkt.« Und tatsächlich hatte ich die Dörfer und die Afrikaner, die neben der Straße gingen, in meinen zehn Jahren hier noch nie aus diesem Blickwinkel betrachtet. Wahrscheinlich lag das an einem Mangel an Neugier, und wahrscheinlich war es ein Überbleibsel des Kastenbewusstseins. Aber andererseits stammte ich ja auch nicht von hier; ich war mit den hiesigen sexuellen Gebräuchen nicht vertraut (obgleich ich sie beobachtet hatte) und hatte nie einen Führer wie Álvaro gehabt.

Ganz zu Anfang, als ich von den Freuden eines Lebens in der Wildnis noch nichts geahnt hatte, war ich der Meinung gewesen, das Leben der gemischtrassigen Aufseher müsse recht trist sein, da sie in so unmittelbarer Nähe der Afrikaner wohnten und so viel von sich selbst aufgeben mussten. Jetzt wurde mir zum ersten Mal bewusst, dass es für einige ein Leben in ständiger Erregung sein musste. Álvaro lebte in einem schäbigen Betonhaus mit vier Zimmern. Es stand für sich allein auf einem baumlosen, schattenlosen Fleckchen Erde und wirkte zu trostlos, um es als ein Zuhause zu bezeichnen, doch Álvaro lebte dort glücklich und zufrieden mit seiner afrikanischen Frau und seiner afrikanischen Familie, und in den Dörfern der Umgebung warteten jede Menge Geliebte, Konkubinen und Eroberungen. Ein Leben wie dieses hätte er nirgendwo anders finden können. Weil er auf Nebenstraßen gefahren war, hatte ich zu Beginn des Abends gedacht, er wolle Zeit totschlagen. Ich hatte mich geirrt. Er hatte mir zeigen wollen, wo die verborgenen Schätze lagen. Er sagte: »Zum Beispiel die Kleine, an der wir gerade vorbeigekommen sind. Wenn Sie anhalten und sie nach dem Weg fragen würden, dann würde sie Ihnen ihre kleinen Brüste entgegenrecken, und sie wüsste genau, was sie tut.« Mir wurde klar, dass Álvaro bereits in Stimmung war und an dieses oder irgendein anderes Mädchen dachte, das ihm seine Brüste entgegenrecken würde.

Schließlich erreichten wir die Hauptstraße. Jetzt, nach der Regenzeit, hatte sie viele tiefe Schlaglöcher. Wir konnten die Straße nicht weit übersehen und mussten daher langsam fahren. Hin und wieder kamen wir an einem Felskegel vorbei. Sie schienen über uns in der Dunkelheit zu schweben – Meilensteine auf unserem Weg. In der Stadt herrschte ein reges, aber kein ausgelassenes Treiben. Die Straßenlaternen waren spärlich und brannten nicht allzu hell. In der Stadtmitte verwandelte eine Neonröhre hier und da ein Schaufenster in eine Schachtel aus Licht – allerdings nicht, um die minderwertigen Waren im Durcheinander der Auslage zu beleuchten, sondern um Einbrecher abzuschrecken. Der schwache, bläuliche Schimmer reizte die Augen, drang aber nicht weit in die Dunkelheit der Straße, wo tagsüber die Ladearbeiter breitbeinig auf den Stufen der Geschäfte saßen und den ganzen Morgen oder Nachmittag auf Arbeit warteten – und wo nun Müßiggänger anderer Art auf das warteten, was ihnen der neue Verkehr der Garnisonsstadt vor die Füße spülen mochte. Álvaro sagte: »Von denen hält man sich besser fern. Die kriegt man einfach nicht in den Griff.«

Und wie er zu Beginn des Abends auf Nebenstraßen über die Plantagen gefahren war, so fuhr er jetzt durch die ruhigeren Straßen der Stadt. Gelegentlich stieg er aus und sprach vertraulich mit Leuten, die er sah. Er suche nach einem guten Tanzlokal, sagte er mir; diese seien jedoch mal hier, mal dort. Tanzlokale seien besser als Bars. In den Bars gehe es manchmal recht brutal zu. Dort habe man es nicht nur mit dem Mädchen selbst zu tun, sondern auch mit seinem Beschützer, der leicht einer jener Müßiggänger von der Straße sein könne. Und in einer Bar, erklärte er mir, fehle nun mal das Drum und Dran. Wenn man ein Mädchen gefunden habe, müsse man mit ihm in eine dunkle Gasse oder das afrikanische Viertel gehen, in das so genannte Strohviertel am Rande der Stadt, und dabei sei man die ganze Zeit der Gnade des Beschützers ausgeliefert. Für einen Soldaten möge das ja angehen, doch für einen Plantagenverwalter sei es von Übel. Wenn es Schwierigkeiten mit dem Beschützer gebe, spreche sich das in Windeseile bis zur Plantage herum, und dann könne es sein, dass die Arbeiter aufsässig würden.

Endlich standen wir vor dem Haus, das Álvaro gesucht hatte. Ich nahm an, dass hier für das Drum und Dran gesorgt war. Er sagte: »Wie unsere Eltern immer gesagt haben: Wenn man lange genug fragt, kommt man nach Rom.« Wir befanden uns am Stadtrand, wo die asphaltierten Straßen in vom Regen ausgewaschene Wege übergingen. Es war dunkel, nur hier und da schimmerte ein Licht, und es herrschte eine Stille, in der das Schlagen der Land-Rover-Türen überlaut wirkte.

Vor uns lag ein großes Gebäude, eine Art Lagerhaus. Hoch oben an einer Ecke war eine trübe Lampe mit einem Metallschirm angebracht, die von fliegenden Ameisen (um diese Jahreszeit stets eine Plage) umschwirrt wurde. Auf dem Platz vor dem Gebäude waren noch andere Wagen geparkt, und jetzt sahen wir, dass es auch hier Aufpasser gab (vielleicht waren es auch nur Gaffer), die am Rand des Grundstücks auf einer niedrigen Mauer saßen, hinter der das Land abfiel. Einer dieser Gaffer wies uns den Weg, und wir gingen auf dem schmalen, betonierten Weg zwischen dem Lagerhaus und der Mauer zu einem zweiten Lagerhaus. Von drinnen erklang Musik. Eine kleine Tür wurde geöffnet, und ein Mann mit einem Knüppel ließ uns ein. Wir gaben ihm Geld. Vor uns lag ein schmaler, dunkler Gang, der scharf abknickte und zum Hauptraum führte. Bläuliche Glühbirnen beleuchteten eine kleine Tanzfläche. Zwei Paare tanzten – portugiesische Männer, afrikanische Frauen –, undeutlich reflektiert von dunklen Spiegeln oder Spiegelkacheln an der Wand jenseits der Tanzfläche. Der Raum war voller Tische mit schummrigen Lampen, doch es war schwer zu erkennen, wie viele von ihnen besetzt waren. Wir gingen nicht weit, sondern nahmen an einem Tisch neben der Tanzfläche Platz. Die Frauen saßen alle auf der anderen Seite, und sie ähnelten den Kurtisanen, die wir am Vortag gesehen hatten, wie sie in ihren schönen Gewändern die Straße entlanggeschlendert waren und die Blicke auf sich gezogen hatten. Als meine Augen sich an das Licht gewöhnten, stellte ich fest, dass viele von ihnen nicht aus den Dörfern im Landesinneren stammten, sondern von der Küste, wo die von uns so genannten Mohammedaner mit ihrem entfernt arabischen Einschlag lebten. Zwischen den Tischen gingen zwei afrikanische Kellner und ein dünner Portugiese in einem Sporthemd umher – vermutlich der Besitzer. Er kam in unsere Nähe, und ich sah, dass er nicht jung war, außerordentlich ruhige Augen hatte und eigenartig distanziert wirkte.

Ich wünschte mir seine Distanziertheit. Doch ich war dieses Leben nicht gewöhnt und von Scham erfüllt. Die Mädchen waren allesamt Afrikanerinnen. Es konnte vermutlich nicht anders sein, aber dennoch fragte ich mich, ob die beiden afrikanischen Kellner nicht ein wenig litten. Und die Mädchen waren so jung, so töricht und hatten, wie ich glaubte, kaum eine Ahnung, wie sehr sie ihren Körper missbrauchten und ihr Leben beschmutzten. Ich dachte mit vertrauter Traurigkeit zurück an mein Zuhause. Ich dachte an meine Mutter, und ich dachte an meinen armen Vater, der kaum gewusst hatte, was Sex überhaupt war. Ich dachte auch an dich, Sarojini. Ich stellte mir vor, du wärest eines dieser Mädchen, und mein Herz krampfte sich zusammen.

Álvaro war sehr still. Er war still, seit wir das dunkle Lagerhaus betreten hatten. Sein Revier waren die unbefestigten Straßen: Jeden Monat gab es eine neue Ernte unschuldiger Mädchen einzufahren, die gerade ihre erste Periode gehabt hatten und ihm ihre kleinen Brüste entgegenreckten. Doch was wir hier sahen, in diesem halb umgebauten Lagerhaus, war etwas vollkommen anderes. Ein Etablissement wie dieses, wo für alles gesorgt war, hatte es vor der Stationierung der Soldaten vermutlich nicht gegeben. Für Álvaro war das wahrscheinlich ebenfalls etwas Neues. Obgleich er sich als mein Führer aufspielte, war er in Wirklichkeit unerfahren. Er war nervös und brauchte mich als Rückhalt.

Wir tranken Bier. Das Gefühl der Scham verflog. Ich betrachtete die Paare, die im bläulichen Licht tanzten, ihre schemenhaften Reflexionen im geheimnisvollen Raum des wandhohen, dunklen Spiegels. Ich hatte Afrikaner noch nie tanzen sehen. Das Plantagenleben, das ich führte, bot dazu keine Gelegenheit. Sobald diese Mädchen zu tanzen begannen, strahlten sie Anmut aus. Ihre Gesten waren nicht extravagant; sie konnten sehr sparsam sein. Wenn ein Mädchen tanzte, wurde alles zu einem Teil des Tanzes: die Unterhaltung mit dem Partner, ein über die Schulter zu einer Freundin gesprochenes Wort, ein Lachen. Dies war mehr als ein bloßer Zeitvertreib; im Tanz schien eine tiefere Wesenheit zum Ausdruck zu kommen. Diese Wesenheit war in jedem Mädchen verborgen, ganz gleich, wie es aussah, und man konnte sie leicht als einen Teil von etwas weit Größerem sehen. Aufgrund meiner Herkunft hatte ich über Afrikaner immer nur unter politischen Aspekten nachgedacht. In diesem Lagerhaus bekam ich erstmals eine Ahnung davon, dass es im Herzen der Afrikaner etwas gab, das abseits aller Politik lag und dem Rest von uns verschlossen war.

Álvaro begann mit einem der Mädchen zu tanzen, auf dem Gesicht einen Ausdruck von Selbstironie, der mich nicht täuschen konnte. Anfangs alberte er noch auf der Tanzfläche herum und betrachtete sich im Spiegel, doch schon bald wurde er todernst, und als er an unseren Tisch zurückkehrte, war er vollkommen verändert. Seine Augen waren umschattet von Verlangen. Er musterte sein Bierglas mit gerunzelter Stirn. Dann sagte er mit gespieltem Zorn, als wollten alle anderen im Raum ihn zurückhalten: »Ich weiß nicht, wie Sie das sehen, Willie, aber wenn wir schon mal in diesem verdammten Schuppen sind, will ich auch ein bisschen Spaß haben.« Und er ging, die Stirn in wütende Falten gelegt, mit seiner Tanzpartnerin zu einer Tür im entfernten, unbeleuchteten Teil der Halle.

Ich hätte einfach dasitzen, Bier trinken und auf Álvaro warten können, doch der Portugiese mit den ruhigen Augen verstand sein Geschäft, und auf einen Wink von ihm setzte sich drei oder vier oder vielleicht auch fünf Minuten später eine der Frauen an meinen Tisch. Unter den hübschen Kleidern war sie sehr zierlich. Unter dem Make-up, dem Rouge auf den hohen Backenknochen und dem bläulich weißen Lidschatten war sie sehr jung. Ich betrachtete ihr »arabisches« Gesicht und fragte mich, was Álvaro an ihr attraktiv gefunden hätte, wobei ich nur zur Hälfte oder einem Viertel darauf abzielte, mich zu stimulieren. Als sie aufstand und mich zum Mitkommen aufforderte, folgte ich ihr. Wir gingen zu der kleinen Tür in der dunklen Ecke. Sie führte zu einem Flur mit Betonboden, von dem kleine Verschläge abgingen. Die Trennwände reichten nicht bis zur Decke, und der ganze Raum wurde von zwei nackten Glühbirnen beleuchtet, die hoch an der gegenüberliegenden Wand montiert waren. Hätte ich angestrengt gelauscht, so hätte ich wahrscheinlich Álvaro hören können. Das Lagerhaus war umgebaut und so billig wie möglich ausgestattet worden. Der Besitzer hätte es jederzeit schließen können, ohne einen nennenswerten Verlust zu erleiden.

Ohne die steifen Kleider war die Kleine tatsächlich sehr klein. Aber ihr Körper war fest und hart; wahrscheinlich hatte sie als Kind viel körperlich gearbeitet. Ana war nicht so, Ana war schwach und knochig. Ich befühlte die Brüste – sie waren klein und nur wenig weicher als der Rest des Körpers. Álvaro hätten diese Brüste gefallen; man konnte sich gut vorstellen, wie sich die steifen jungen Brustwarzen unter einem billigen Dorfkleid aus Baumwolle abzeichneten. Doch die Brustwarzen waren an der Spitze breit und schwammig: Sie hatte schon ein Kind, vielleicht auch mehrere. Ich konnte kein Verlangen nach ihr empfinden. Und selbst wenn – all die alten Gespenster versammelten sich bereits um mich, die Gespenster der Heimat, die Gespenster, die mich vor elf, zwölf Jahren in London heimgesucht hatten, die grässliche Prostituierte in Soho, Junes breite Hüften auf der Matratze, die in dem heruntergekommenen Haus in Notting Hill auf dem Boden gelegen hatte, all die Scham, all das Unvermögen. Allzu viel würde ich bei dieser armen Kleinen, die unter mir auf der billigen Matratze aus Armeebeständen lag, wohl kaum zustande bringen.

Bis jetzt war ihr Blick unbeteiligt gewesen, doch dann, kurz vor dem Augenblick, da ich zu versagen drohte, trat ein fordernder Ausdruck in ihre Augen, ein Ausdruck voller Aggression und Gier. Ihr Körper spannte sich an, und sie presste mich mit ihren starken Händen und Beinen an sich. Im Bruchteil einer Sekunde – ähnlich dem Sekundenbruchteil der Entscheidung beim Anvisieren eines Ziels mit dem Gewehr – dachte ich: ›Das ist es, wofür Álvaro lebt‹, und ich entdeckte mein Begehren.

Auf dem Heimweg waren Álvaro und ich schweigsam. Erst kurz vor der Ankunft wurde er wieder so lebhaft und geschwätzig wie gewohnt. Man hatte die Kerosinlampe über den halbkreisförmigen Eingangsstufen für mich brennen lassen. Ana schlief im großen, geschnitzten Bett ihres Großvaters. Noch vor zwei Stunden hatte ich ungerecht und herabwürdigend über sie gedacht. Ich hatte das Bedürfnis zu duschen, bevor ich mich neben sie ins Bett legte. Die altmodische Badezimmerausstattung – der in Portugal hergestellte Boiler, der tückische Duschkopf, das Waschbecken mit den winzigen Sprüngen und den verzierten Metallstützen – gab mir noch immer das Gefühl, ein Fremder zu sein. Sie ließ mich an die denken, die vor mir in diesem großen, geschnitzten Bett geschlafen hatten: an Anas

Großvater, der sich von der afrikanischen Mutter seiner Kinder abgewendet hatte; an Anas Mutter, die erst von ihrem Mann und dann von ihrem Liebhaber betrogen worden war; an Anas Vater, der alle Menschen betrogen hatte. Ich hatte an jenem Abend nicht das Gefühl, Ana auf eine folgenschwere oder endgültige Weise betrogen zu haben. Ich konnte, ohne zu lügen, sagen, dass das Geschehene bedeutungslos gewesen war, dass ich kein echtes Verlangen und keine wirkliche Befriedigung empfunden hatte. Doch in meinem Kopf war jener Bruchteil einer Sekunde gespeichert, in dem das Mädchen mich mit diesem fordernden Blick angesehen hatte und ich mir der Spannung und der Kraft in diesem kleinen Körper bewusst geworden war. Mir fiel kein Grund ein, warum ich getan hatte, was ich getan hatte. Doch in irgendeinem Winkel, einem anderen Teil meines Kopfes, keimte der Verdacht, dass es einen Grund gegeben haben musste.

Und wie nach einer besonders langen oder gefährlichen Fahrt die Straße auch dann noch vor dem inneren Auge des Fahrers vorbeizieht, wenn er sich schlafen gelegt hat, so tauchte, als ich neben Ana lag, in meinen Gedanken immer wieder jener Sekundenbruchteil mit dem Mädchen auf. Und er ließ mich innerhalb einer Woche zu dem umgebauten Lagerhaus am Stadtrand zurückkehren, zu den bläulichen Glühbirnen und der Tanzfläche und den Verschlägen. Diesmal gebrauchte ich gegenüber Ana keine Ausrede.

Ich begann mit einer neuen Vorstellung von Sex, einer neuen Vorstellung von meinen sexuellen Fähigkeiten zu leben. Es war, als hätte ich eine neue Vorstellung von mir selbst bekommen. Alle Menschen haben sexuelle Impulse, aber nicht alle besitzen sexuelle Fertigkeiten, und es gibt keine Schulen, wo diese gelehrt werden. Menschen wie ich sind gezwungen, sich vorzutasten, so gut sie können, und auf den Zufall zu warten, der ihnen ein wenig weiterhilft. Ich war dreiunddreißig. Abgesehen von meiner Londoner Zeit, die nicht wirklich zählte, hatte ich all meine sexuellen Erfahrungen mit Ana gemacht. Kurz nach unserer Ankunft in Afrika hatten wir Leidenschaft erlebt.

Ich jedenfalls hatte Leidenschaft erlebt. Damals musste es echte Erregung gegeben haben, Augenblicke sexueller Entdeckung. Doch ein großer Teil dieser zehn Jahre zurückliegenden Leidenschaft war wohl weniger aus Sinnlichkeit oder echtem Verlangen entstanden, sondern aus meiner Nervosität und Angst, dieser Kinderangst, die mich erfüllte, seit ich in Afrika war, seit ich mich ins Leere gestürzt hatte. Später hatte es zwischen uns nie mehr eine derartige Leidenschaft gegeben. Und selbst in jener Zeit war Ana halb gehemmt gewesen, und angesichts ihrer Familiengeschichte war mir diese Gehemmtheit nur verständlich erschienen. In gewisser Weise passten wir also gut zusammen. Jeder fand beim anderen Trost; wir waren uns sehr nah und suchten Befriedigung nur beieinander – ja wir wussten nicht einmal, dass eine andere Art von Befriedigung überhaupt möglich war. Und wenn Álvaro nicht gekommen wäre, hätte ich wohl so weitergelebt und über Sinnlichkeit und Sex nicht viel mehr erfahren als mein armer, zu kurz gekommener Vater.

Das Lagerhaus wurde nach einer Weile geschlossen; dafür machte ein anderes auf und danach wieder ein anderes. Die Betonstadt war sehr klein, und die Händler, die Verwaltungsbeamten und andere, die dort lebten, duldeten diese Freudenhäuser nicht in der Nähe ihrer Häuser und Familien. Die bläulichen Glühbirnen und der dunkle, wandhohe Spiegel zogen von einer behelfsmäßigen Unterkunft zur nächsten. Es lohnte sich auch nicht, ein dauerhafteres Domizil zu bauen, da die Soldaten, auf die das Gewerbe angewiesen war, jederzeit an einen anderen Ort verlegt werden konnten.

Eines Abends entdeckte ich unter den geschminkten, herausgeputzten Mädchen die Tochter von Júlio, dem Zimmermann – das kleine Dienstmädchen, das an meinem ersten Morgen auf der Plantage den Besen weggestellt, sich in den Sessel gesetzt und versucht hatte, eine kultivierte Unterhaltung mit mir zu führen. Später hatte sie mir dann erzählt, dass ihre Familie jeden Tag dasselbe aß und dass sie, wenn ihr Vater zu betrunken war oder gewalttätig wurde, in dem kleinen Zimmer, das sie bewohnten, auf und ab ging, um irgendwann Schlaf zu finden. Noch später hieß es, sie habe wie ihr Vater mit dem Trinken angefangen und treibe sich oft außerhalb der Dienstbotenquartiere herum. Wahrscheinlich war sie von irgendeiner Freundin hierher gebracht worden, so wie ich damals von Álvaro.

Unwillkürlich beschloss ich, sie zu übersehen, und sie schien zu demselben Entschluss gekommen zu sein. Wenn unsere Wege sich kreuzten, taten wir, als würden wir uns nicht kennen. Ich erzählte niemandem von ihr, und auch sie sagte nichts; als wir uns das nächste Mal auf der Plantage begegneten, verriet nicht einmal die kleinste Geste, dass sie mich im Lagerhaus gesehen hatte. Ihre Augen weiteten sich nicht, sie zog nicht die Augenbrauen hoch, ihr Mund blieb unbewegt. Wenn ich später daran dachte, schien mir dies der Augenblick meines wahren Betrugs an Ana gewesen zu sein, der Augenblick, in dem ich sie sozusagen in ihrem eigenen Haus beschmutzt hatte.

***

Die Correias waren seit einem Jahr fort, als wir – jede Familie auf Umwegen und keineswegs gleichzeitig – erfuhren, dass Jacinto gestorben war. Er war in einem Londoner Hotel im Schlaf gestorben. Álvaro war ganz aufgelöst. Er wusste nicht, was die Zukunft für ihn bereithielt. Er hatte stets mit Jacinto zu tun gehabt und ahnte, dass Carla ihn nicht mochte.

Etwa einen Monat darauf kehrte Carla zurück, besuchte die Familien, die sie kannte, und ließ sich bemitleiden. Immer wieder erzählte sie, wie unvermittelt der Tod gekommen sei: Noch am Nachmittag waren sie in den großen Geschäften einkaufen gewesen, und die geöffneten Pakete hatten in jener Nacht noch ganz unordentlich rings um das Bett gelegen, das zum Sterbebett des armen Jacinto geworden war. Ursprünglich hatte sie seinen Leichnam in die Kolonie überführen lassen wollen, doch ein »schlechtes Gefühl« hinsichtlich des kleinen Friedhofs der

Stadt (eine Einflüsterung von Senhora Noronha) hatte sie davon abgehalten, und so hatte sie ihn stattdessen nach Portugal bringen lassen, in das kleine Städtchen, in dem Jacintos reinblütiger Großvater begraben war. Über alledem hatte sie keine Zeit gehabt zu trauern. Die Trauer war erst später gekommen – besonders überwältigend, als sie in Lissabon einige Bettler gesehen hatte. Sie sagte: »Ich dachte: ›Diese Menschen haben nichts, für das zu leben sich lohnt, und doch leben sie. Und Jacinto hatte so vieles, für das zu leben sich lohnte, und doch ist er tot.‹« Diese Ungerechtigkeit war ihr unerträglich erschienen. Sie war auf offener Straße in Tränen ausgebrochen, und die Bettler, die sie angesprochen hatten, waren bestürzt gewesen; ein paar hatten sie sogar um Verzeihung gebeten. (Ana sagte später: »Ich dachte immer, dass Jacinto glaubte, Reichtum schütze vor dem Tod. Oder dass *er* nicht zu sterben bräuchte, wenn *er* genügend Reichtümer anhäufen würde. Aber ich verstand es immer nur als Witz. Ich wusste nicht, dass es ihm ernst war.«)

Jacinto habe stets betont, dass Besitz einen Menschen auszeichne, sagte Carla; darum habe er ja auch so hart gearbeitet. Er habe seine Kinder, die in Lissabon studierten, ermahnt, unter keinen Umständen öffentliche Verkehrsmittel zu benutzen, sondern immer ein Taxi zu nehmen. Die Leute sollten nicht denken, sie seien irgendwelche Niemande aus den Kolonien. Nur wenige Tage vor seinem Tod habe er ihnen das noch einmal eingeschärft. Und mit dieser Geschichte über Jacintos Fürsorge für seine Kinder und anderen Schilderungen seiner Qualitäten als Familienoberhaupt weinte sie sich von Haus zu Haus.

Mit Álvaro verfuhr sie brutal. Drei Wochen nach ihrer Rückkehr entließ sie ihn und gab ihm und seiner afrikanischen Familie vier Wochen Zeit, sein Betonhäuschen zu räumen; und damit er ja keine neue Stelle fand, ließ sie keine Gelegenheit aus, ihn bei anderen Plantagenbesitzern schlecht zu machen. Er führe ein liederliches Leben, sagte sie, und habe eine Reihe afrikanischer Konkubinen, die er sich von seinem Gehalt als Verwalter unmöglich leisten könne. Selbst damals, als die Leute in der Hauptstadt Jacinto so viel Ärger gemacht hätten, habe er ihr immer wieder gesagt, sie solle in seiner Abwesenheit ein wachsames Auge auf Álvaro haben. Und der Spitzbube habe gezittert, als sie Einsicht in die Bücher genommen habe. Sie besaß nicht Jacintos scharfen Verstand und kannte sich mit Abrechnungen nicht sonderlich gut aus, doch auch sie brauchte nicht lange, um die Tricks zu durchschauen, vor denen Jacinto sie gewarnt hatte. Gefälschte Rechnungen (Álvaro zufolge waren ständig irgendwelche Maschinen ausgefallen, sogar die zuverlässige deutsche Sisalquetsche, ein ungemein robustes Gerät, das im Grunde nichts anderes war als eine sehr große Mangel), überhöhte echte Rechnungen und natürlich Lohnzahlungen an Arbeiter, die überhaupt nicht existierten. Und je länger der Aufenthalt der Correias in Europa gedauert hatte, desto unverschämter war Álvaro geworden.

Carla sagte uns nur, was wir alle bereits mehr oder weniger wussten. Auf seine törichte, prahlerische Art hatte Álvaro angedeutet, dass er Geld von der Plantage abzweigte. Mir gegenüber hatte er es jedenfalls erwähnt, und anderen gegenüber gewiss auch. Er dachte, dass ihm das Status verlieh, beinahe den eines Plantagenbesitzers. Álvaro kannte nur das Plantagenleben; das Haus eines Plantagenbesitzers war für ihn der Inbegriff von Stil. Sein Vater, ein Mulatte, hatte als Mechaniker auf der Plantage seines portugiesischen Vaters angefangen und es bis zum Unteraufseher und einem der aneinander gereihten Zweizimmerhäuser aus Beton gebracht. Schon in jungen Jahren hatte Álvaro sich geschworen, dass auch er es zu etwas bringen würde. Er konnte gut mit Maschinen umgehen; er lernte, was es über Vieh und Feldfrüchte zu lernen gab; er verstand sich mit den Afrikanern. Er stieg auf; er wurde eingebildet. Als Verwalter der Correias, der ein richtiges Betonhaus und einen Land-Rover hatte, gefiel er sich in großen Gesten. Als ich ihn kennen lernte (und bevor mir sein Ruf zu Ohren kam), machte er mir Geschenke; später erzählte er mir, dass er die Sachen in Wirklichkeit von den Correias gestohlen hatte.

Dennoch tat es mir Leid, Álvaro so bloßgestellt zu sehen, so verachtet von den Plantagenbesitzern, bei denen er doch um Anerkennung buhlte (selbstverständlich blieb seine Familie dabei immer daheim). Ich fragte mich, wie seine Familie zurechtkommen würde. Sie hatte die Kündigung bekommen und würde das Betonhaus demnächst verlassen müssen; es würde einige Zeit dauern, bis sich eine vergleichbare Unterkunft für sie fand. Ana sagte: »Vielleicht nutzt er die Gelegenheit, sie sitzen zu lassen.« Ich wollte nicht zu viel darüber nachdenken, doch wahrscheinlich hatte sie Recht. Álvaro hatte mir gegenüber nie von seiner Familie gesprochen, mir nie die Namen seiner Kinder genannt oder sonst etwas von ihnen erzählt. Ich hatte sie nur von der Straße aus gesehen: afrikanisch wirkende Kinder, Dorfkinder fast, die von der Veranda des Betonhauses herüberstarrten oder aus der strohgedeckten Küchenhütte hinter dem Haus gerannt kamen. Wenn Álvaro eine neue Stelle fand, würde er kaum etwas dagegen haben, sich anderswo niederzulassen und mit einer neuen Frau und einer neuen Geliebten einen neuen Anfang zu machen. Eine solche Entwicklung hätte er wahrscheinlich sogar als Segen empfunden; sie hätte ihn mit allem versöhnt.

Ich hatte ihn einige Wochen nicht gesehen. Wir hatten schon lange aufgehört, gemeinsame Ausflüge zu Orten wie dem Lagerhaus zu unternehmen. Als wir uns eines Tages auf der Asphaltstraße begegneten, die in die Stadt führte, wirkte er niedergedrückt. Die Demütigung seiner Entlassung und die Sorge um die Zukunft stand ihm ins Gesicht geschrieben. Doch er gab sich trotzig. Er sagte: »Wofür halten diese Leute sich eigentlich, Willie? Wir sitzen hier auf einem Pulverfass, und sie fahren nach Lissabon und London und Paris und reden über die Ausbildung ihrer Kinder. Sie leben in einer Traumwelt.« Ich fand, dass er den apokalyptischen Ton seines verstorbenen Arbeitgebers kopierte. Aber er hatte echte Neuigkeiten. Er sagte: »Die Guerilleros sind in Lagern gleich hinter der Grenze. Die Regierung dort unterstützt sie. Diesmal sind es richtige

Guerilleros. Diesmal ist es kein Spiel. Wenn sie losschlagen, weiß ich nicht, wer sie aufhalten soll.«

Seit einigen Wochen sah man in der Stadt weniger Soldaten, und es hieß, im Norden und Westen würden tief im Busch Manöver abgehalten. In den Zeitungen stand nur wenig darüber. Erst später, einige Zeit nach meinem Gespräch mit Álvaro, wurde bekannt gegeben, im Norden und Westen, direkt an der Grenze, habe man eine erfolgreiche »Säuberungsaktion« durchgeführt. Die Soldaten kehrten in die Stadt zurück, und alles war wie zuvor. In den Freudenhäusern herrschte ein reges Kommen und Gehen. Doch inzwischen war mein Kontakt zu Álvaro abgebrochen.

Ich fand in den Freudenhäusern immer weniger Freude. Das hatte wohl auch mit meiner Sorge zu tun, ich könnte dort abermals Júlios Tochter begegnen. Der Hauptgrund aber war, dass der Liebesakt, dessen Direktheit und Brutalität mich so erregt hatten, zu etwas Mechanischem geworden war. Im ersten Jahr führte ich in Gedanken Buch über meine Ausflüge; immer wieder rechnete ich die Male zusammen, verknüpfte andere Ereignisse – Mittagessen und Besuche – mit diesen dunkleren, leuchtenderen Augenblicken in den warmen Verschlägen und erstellte so meinen ganz privaten Kalender. Nach und nach aber fuhr ich nicht mehr aus Lust dorthin, sondern lediglich um die Zahl meiner Besuche zu vergrößern. Noch später tat ich es, um meine Leistungsfähigkeit auf die Probe zu stellen. Manchmal musste ich mich antreiben – dann wollte ich den Akt nicht verlängern, sondern so schnell wie möglich hinter mich bringen. Die Mädchen waren stets willig, stets bereit, mir die Kraft und Geschmeidigkeit zu demonstrieren, die mir beim ersten Mal neue Empfindungen, ein ganz neues Selbstbild und eine Zärtlichkeit für alle und alles beschert hatten. Jetzt überkam mich ein Gefühl der Erschöpfung, der Vergeudung; mein Unterleib fühlte sich leer gepumpt an, und ich brauchte jedes Mal ein, zwei Tage, um mich zu erholen. Derart geschwächt begann ich, wieder mit Ana zu schlafen, in der Hoffnung, die alte Nähe wiederherzustellen, die einst so selbstverständlich gewesen war.

Es konnte nicht gelingen. Unsere Nähe hatte nicht auf der körperlichen Liebe beruht, und obgleich mir Ana keine Vorwürfe wegen meiner langen Abwesenheit machte, war sie doch genauso gehemmt, wie ich sie in Erinnerung hatte. Ich verschaffte ihr wenig Lust, und mir selbst verschaffte ich gar keine. Und so war ich rastloser und unbefriedigter als ich es gewesen war, bevor Álvaro mich in dem Café in der Stadt gefragt hatte: »Möchten Sie wissen, wie *die* es machen?« Bevor ich diese Art von Sinnlichkeit kennen gelernt hatte, war mir nicht bewusst gewesen, was mir entging.

***

Carla kündigte an, sie werde nach Portugal übersiedeln, sobald sie einen neuen Verwalter gefunden habe. Die Nachricht warf einen Schatten auf unseren Kreis von Plantagenbesitzern, und im Verlauf der nächsten Wochen versuchten wir, sie davon abzubringen – nicht aus Sorge um sie, sondern, wie so oft, wenn jemand gestorben ist, aus Sorge um uns selbst. Wir waren neidisch und beklommen. Carlas Abschied, das Verschwinden der Correias, schien das Ende unserer einzigartigen Welt einzuläuten. Beides rief neue Ängste wach, über die wir nicht nachdenken wollten; beides stellte das Leben, das wir führten, in Frage. Selbst Ana, der Neid vollkommen fremd war, sagte mit boshaftem Unterton: »Carla sagt, dass sie nach Portugal geht, weil sie es nicht ertragen kann, allein in diesem Haus zu leben, aber ich weiß zufällig, dass sie nur tut, was Jacinto ihr gesagt hat.«

Schon bald war ein neuer Verwalter gefunden. Es war der Mann einer Frau, mit der Carla auf der Klosterschule befreundet gewesen war, und das Leben – wie Carla, die Sympathien für das Paar wecken wollte, allen erzählte – hatte es nicht gut mit den beiden gemeint. Sie würden nicht im Haus des Verwalters wohnen, das Álvaro und seine Familie (wie übrigens auch die von ihnen gebauten Hütten) in einem desolaten Zustand hinterlassen hatten, sondern im Haupthaus. Ana sagte: »Carla spricht von christlicher Nächstenliebe gegenüber einer vom Schicksal geprüften Freundin. Aber diese Freundin wird das Haus in Schuss halten müssen. Als Carla aus Europa zurückkam, war es schon im Verfall begriffen. Ich habe das Gefühl, dass sie in ein paar Jahren, wenn der Markt angezogen hat, verkaufen wird.«

Es gab ein besonders festliches Mittagessen in ihrem Haus, um Carla zu verabschieden und den neuen Verwalter zu begrüßen. Selbst wenn ich über seine Lebensumstände nichts gewusst hätte, wäre er mir aufgefallen. Eine unterdrückte Gewalttätigkeit ging von ihm aus; er wirkte wie ein Mann, der sich ständig im Zaum halten musste. Er war ein Mischling in den Vierzigern, mehr portugiesisch als afrikanisch und von kräftiger Statur, doch mit weichen Gesichtszügen. Er trat höflich auf, ja formell, eifrig darauf bedacht, einen guten Eindruck zu machen, und war doch anders als alle – ein Außenseiter. Sein Blick wirkte abwesend und verriet Distanz zu allem, was er tat. Die Furche auf seiner Oberlippe war ausgeprägt, die Unterlippe voll und glatt und glänzend; es war der Mund eines sinnlichen Mannes.

Senhora Noronha saß zusammengesunken in ihrem Rollstuhl, den Kopf zur Seite gewandt, und sagte auf ihre gewohnte Art: »Ein schlechter Zeitpunkt. Eine schlechte Entscheidung. In Portugal erwartet Sie viel Kummer. Ihre Kinder werden Ihnen viele Sorgen bereiten.« Doch Carla, die noch zwei Jahre zuvor angesichts einer solchen Botschaft der Geister angstvoll zusammengezuckt wäre, hörte gar nicht hin, auch nicht, als Senhora Noronha alles noch einmal wiederholte. Wir anderen folgten ihrem Beispiel und mischten uns nicht ein: Bei dem, was hier zwischen Carla und Senhora Noronha geschah oder bereits geschehen war, handelte es sich offenbar um eine Privatangelegenheit. Senhora Noronha schien zu erkennen, dass sie den Bogen überspannt hatte. Sie zog den Kopf ein, und zunächst sah es so aus, als würde sie in ihrer Wut und Scham beleidigt abziehen, ihrem dünnen, säuerlich blickenden Mann, dem Mann von Geblüt, winken und sich verachtungsvoll aus unserer Halb-Welt entfernen lassen. Doch das geschah nicht. Vielmehr bemühte sich Senhora Noronha im Verlauf der verbleibenden eineinhalb Stunden um Anschluss an die allgemeine Unterhaltung, machte über viele Dinge neutrale oder zustimmende Bemerkungen und gab sich gegen Ende sogar den Anschein, als würde sie sich für die Vorbereitungen interessieren, die Carla in Portugal getroffen hatte. Es war der Anfang vom Ende ihres Status als Wahrsagerin, auch wenn sie uns noch einige Jahre lang immer wieder die Ehre gab. Und es war so leicht gewesen, sie zu entzaubern. Vielleicht lag es daran, dass die rassische und gesellschaftliche Erhabenheit, die die Noronhas verkörperten, angesichts der Gerüchte und unbestätigten Meldungen, die von den bedrohten Grenzen zu uns drangen, einfach keine sehr große Rolle mehr spielte.

Erst nach dem Essen, als wir uns vom Tisch erhoben hatten, wurde ich Graça vorgestellt, der Frau des neuen Verwalters, Carlas Freundin von der Klosterschule. Das Erste, was mir an ihr auffiel, waren ihre hellen Augen: Es waren verstörte Augen. Meine Gedanken kehrten zu ihrem Mann zurück. Und als Zweites fiel mir auf, dass mich diese Augen ein, zwei Sekunden lang, keinesfalls länger, auf eine Weise musterten, wie mich noch keine Frau gemustert hatte. In diesem Moment war ich mir absolut sicher, dass diese Augen in mir nicht Anas Mann oder jemanden von ungewöhnlicher Herkunft sahen, sondern einen Mann, der viele Stunden in den warmen Verschlägen der Freudenhäuser verbracht hatte. Sex kommt auf verschiedenen Wegen zu uns; er verändert uns, und ich nehme an, dass sich unsere Erfahrungen schließlich in unseren Gesichtern widerspiegeln. Es war nur eine Sekunde. Was ich in den Augen dieser Frau sah, mochte lediglich eine Einbildung sein, und dennoch war es eine Entdeckung, die mir etwas über das Wesen der Frauen verriet – etwas, das zur Entwicklung meiner Sinnlichkeit beitrug.

Zwei Wochen später traf ich sie wieder, bei einer patriotischen Veranstaltung in der Stadt, die auf dem Hauptplatz mit einer Militärparade zu Ehren eines Generals begann, der sich auf einer Inspektionsreise durch die Kolonie befand. Es war eine eigenartige Darbietung, voller Pomp und Pracht, die doch niemanden so recht überzeugte. Es war ein offenes Geheimnis, dass diese Wehrpflichtigen, die man hier unter hohen Kosten stationiert hatte, nicht mehr bereit waren, einen Krieg in Afrika zu führen; ihre eigentliche Sorge galt den Entwicklungen in der Heimat. Und während man einst den General gepriesen hatte, der für die Säuberungsaktion an der Grenze verantwortlich gewesen war, hieß es jetzt (da es dem Vernehmen nach für so etwas längst zu spät war), es wäre klüger gewesen, die Armee in einer Kette befestigter Stellungen entlang der Grenze zu stationieren, ausgerüstet mit Fahrzeugen, sodass jede Einheit an jedem beliebigen Punkt hätte eingesetzt werden können. Doch an jenem Samstagmorgen, als die Armee in der Stadt paradierte, war alles noch in Ordnung. Fahnen flatterten, Reden wurden gehalten. Die Musikkapelle spielte, die Soldaten marschierten, und wir alle, Jung und Alt, Portugiesen und Afrikaner und die Angehörigen der Halb-Welt, Kaufleute und Müßiggänger und Bettelkinder, standen da und sahen zu und ließen uns von den Uniformen und Säbeln und dem ganzen Zeremoniell, von der Musik und den marschierenden Soldaten, von den gebrüllten Befehlen und den komplizierten Marschformationen mitreißen.

Danach gab es in dem kleinen Gouverneurshaus, das eigens zu diesem Zweck geöffnet worden war, einen Empfang zu Ehren des Generals. Das Gouverneurshaus war eines der ältesten Gebäude der Stadt, ja eines der ältesten in der ganzen Kolonie. Manche behaupteten, es sei zweihundertfünfzig Jahre alt, aber genau wusste es niemand. Es war zweistöckig, aus Ziegeln und Feldsteinen gebaut und von außen ganz gewöhnlich anzusehen. Vielleicht hatten die Gouverneure vergangener Zeiten darin gewohnt oder waren hier abgestiegen, wenn sie die Stadt besucht hatten, doch nun lebte niemand mehr darin. Es war eine Mischung aus Museum und historischem Monument, und das Erdgeschoss war einmal pro Woche für Besucher geöffnet. Ich war zwei- oder dreimal dort gewesen und niemandem begegnet, und es gab auch nicht viel zu sehen: ein ausgebleichtes, aber recht neu wirkendes Ruderboot (angeblich ein Nachbau des Bootes, mit dem Vasco da Gama hier an Land gerudert war), des Weiteren einige alte Anker – manche davon sehr klein –, ein paar erstaunlich lange Holzruder, die aus großen Planken gefertigt waren und bewiesen, mit welcher Geschicklichkeit die Schiffszimmerleute grobe und schwere Werkzeuge zu handhaben verstanden, sowie diverse Winden und alte Seile. Historische Überbleibsel, die anmuteten wie vergessener Familienplunder, den niemand wegwerfen will, den aber auch niemand zuordnen kann, geschweige denn versteht und in Ehren hält.

Mit der oberen Etage verhielt es sich anders. Dort war ich noch nie gewesen. Sie bestand aus einem großen, düsteren Saal. Die breiten, alten Dielenbretter waren nachgedunkelt und hatten einen samtigen Schimmer. Die Fensterläden saßen tief in den dicken Mauern und dämpften das grelle Licht des Himmels und das Gleißen des Meeres. An der ausgebleichten, ursprünglich dunkel gestrichenen Decke befanden sich die Reste verblasster Verzierungen. Porträts früherer Gouverneure hingen an den Wänden. Sie hatten allesamt dieselbe Größe und waren in einem einheitlichen Stil gemalt – einfache Umrisse, stumpfe Farben –, und darüber stand in altertümelnder Schrift der Name des jeweiligen Gouverneurs. Alles deutete darauf hin, dass diese Werke in jüngerer Zeit vom Kulturministerium in Auftrag gegeben worden waren, und dennoch – vielleicht aufgrund der Geschlossenheit des Arrangements und des Vertrauens, das man in seine Wirkung setzte – hatten die Bilder den gewünschten Effekt und erzeugten einen Eindruck von Altehrwürdigkeit. Das Prächtigste in diesem Raum waren jedoch die Möbel. Sie waren aus Ebenholz oder irgendeinem anderen schwarzen Holz und über und über mit Schnitzereien verziert, so reich, dass es schien, als wäre jedes Stück erst ausgehöhlt und anschließend von vorn und hinten durchbrochen worden. Diese Möbel sollten nicht benutzt, sondern bewundert werden: Holz wie kunstvoll geklöppelte Spitze – das Mobiliar des

Gouverneurs, ein Zeichen seiner Macht. Es war angeblich so alt wie das Haus und stammte, wie der portugiesische Beamte, der neben mir stand, sagte, aus Goa in Portugiesisch-Indien. Dort also waren all die sinnlosen Schnitzereien angefertigt worden.

Und so, ganz unerwartet, sah ich mich mit meiner Heimat konfrontiert. Ich hatte versucht, mich um zweihundertfünfzig Jahre zurückzuversetzen, in die Zeit, in der das Haus erbaut worden war – versucht, einen Orientierungspunkt zu finden in dieser unvorstellbaren Welt mit ihrem immer blauen Himmel, dem (mit Ausnahme der Regenzeit) immer blauen und klaren Meer, den seltsamen, kleinen Schiffen, die angesegelt kamen und ein Stück vom Strand entfernt vor Anker gingen, der Stadt, die damals kaum mehr als eine Siedlung, kaum mehr als ein Stützpunkt an der Küste war und von der keine Straße ins Landesinnere zu den Felskegeln führte, sodass die Menschen dort noch friedlich und unbehelligt lebten – obgleich es so nicht gewesen sein konnte; es hatte schon immer irgendwelche Auseinandersetzungen gegeben, irgendwelche Anlässe, nach dem Fetisch-Mann zu schicken. In diese Richtung hatte ich gedacht, doch dann war nicht Afrika vor meinem inneren Auge aufgetaucht, sondern Indien, Goa und der grausame Gedanke an Hände, die monate- oder gar jahrelang an diesen Stühlen und Bänken für den hiesigen Gouverneur gearbeitet hatten. Es war, als sähe ich unsere Geschichte aus einer ganz neuen Perspektive. Zweihundertfünfzig Jahre: In einigen Vierteln von London war das eine überschaubare Spanne, eine Reise in eine romantisch verklärte Zeit, ebenso wie in Indien, im Schatten des großen Tempels in unserer Stadt – doch hier, im Gouverneurshaus, wo man allem, auch der Geschichte, so weit entrückt war, empfand ich einfach nur Schrecken.

Im Saal hielten sich nun mehr als hundert Menschen auf. Viele davon waren Portugiesen, und ich glaubte nicht, dass einer von ihnen dachte, was ich dachte. Ihre Tage hier in Afrika waren gezählt, und trotz all der Ansprachen und Zeremonien gab es unter ihnen wohl keinen, der daran zweifelte. Dennoch waren sie alle entspannt, genossen diesen Augenblick und erfüllten den Raum mit Gelächter und Geplauder, als scherten sie sich um nichts, als wüssten sie längst, wie man mit der Geschichte lebte. Nie habe ich die Portugiesen mehr bewundert als damals. Ich wünschte mir, ich könnte ebenso unbeschwert mit der Vergangenheit leben, doch wir hatten natürlich entgegengesetzte Ausgangspunkte.

Und dabei dachte ich immerzu an Graça, Carlas Freundin aus Klosterschulzeiten, die Frau des neuen Verwalters. Ich befand mich bereits seit einiger Zeit in dem Saal in der ersten Etage, als ich sie erblickte. Bei der Parade auf dem Hauptplatz hatte ich weder sie noch ihren Mann gesehen, und auch hier hatte ich nicht nach ihr Ausschau gehalten. Es erschien mir wie ein großes Glück, wie eine Art Geschenk des Schicksals, dass ich ihr nun so unverhofft begegnete. Doch ich wollte nichts forcieren, denn abgesehen von dem wenigen, das Carla über sie gesagt hatte, wusste ich nichts von ihr und ihren Blick hatte ich möglicherweise falsch gedeutet. Ich hielt es für besser und sicherer, abzuwarten, ob der Zufall uns zusammenführen würde. Und zu guter Letzt führte er uns zusammen. Wir trafen uns – sie allein, ich allein – vor einer goanischen Sitzbank und einem früheren portugiesischen Gouverneur. Und wieder fand ich in ihren Augen, was ich schon zuvor dort gesehen hatte. Ich war voller Verlangen. Es war nicht das dumpfe, stürmische, selbstbezogene Verlangen, das ich in London kennen gelernt hatte, sondern eines, das in Wissen und Erfahrung gründete und den anderen wirklich einschloss. Zugleich fühlte ich eine große Scheu. Ich brachte es kaum über mich, in ihre Augen zu blicken. Sie verhießen unerhörte Intimitäten.

Ich sagte: »Ich möchte Sie wiedersehen.« Sie sagte: »Mit meinem Mann?« So wurde der arme Kerl also gleich zu Beginn aus dem Weg geräumt. Ich sagte: »Sie wissen, dass das eine törichte Frage ist.« Sie sagte: »Und wann möchten Sie mich wiedersehen?« Ich sagte: »Heute, morgen. Wann Sie wollen.« Sie tat, als nähme sie meine Antwort wörtlich. »Heute ist hier das Festbankett. Und morgen laden wir zum Sonntagsessen ein.« Ich sagte: »Dann am Montag. Ihr Mann wird in die Stadt fahren und mit Regierungsleuten über die Preise für Baumwolle und Cashewnüsse sprechen. Bitten Sie ihn, Sie bis zu uns mitzunehmen. Unser Haus liegt auf dem Weg. Wir werden zu Mittag essen, und dann fahre ich Sie nach Hause. Unterwegs können wir an der deutschen Burg anhalten.« Sie sagte: »Als ich auf der Klosterschule war, haben wir manchmal einen Ausflug dorthin gemacht. Die Afrikaner sagen, dass der Deutsche, der die Burg gebaut hat, als Geist dort umgeht.«

Am Montag, nach dem Mittagessen, gebrauchte ich Ana gegenüber keine Ausrede. Ich hatte mir keine ausgedacht und war, für den Fall, dass sie Einwände hatte, auf das Schlimmste vorbereitet. Ich sagte: »Ich werde Graça nach Hause fahren.« Ana sagte zu Graça: »Es freut mich, dass Sie sich so gut einleben.«

Die deutsche Burg war das verlassene Haupthaus einer alten Plantage. Aus verschiedenen Gesprächen unter Plantagenbesitzern hatte ich mir im Lauf der Jahre zusammengereimt, dass es für Stelldicheins genutzt wurde. Nur darum ging es mir. Wenn man schnell fuhr, brauchte man eine Stunde bis zu dem Anwesen. Es lag in einer Ebene jenseits der Felskegel, die man nach einer Weile nur noch als eine niedrige, blaue, geschlossene Kette wahrnahm. Die Ebene war sandig und nicht sehr fruchtbar, und sie wirkte unbewohnt, denn die Dörfer hatten sich ihrer natürlichen Umgebung aus Sand und Gras angepasst. Die Burg stand inmitten dieser scheinbaren Leere auf einer Anhöhe, weithin sichtbar – ein riesiges, extravagantes Plantagenhaus, sehr breit und sehr hoch, mit runden Betontürmen zu beiden Seiten der vorderen Veranda. Diesen beiden Türmen verdankte das Haus seinen Namen. Der Mann, der mitten in der Wildnis ein Gebäude von dieser Größe errichtet hatte, musste gedacht haben, er werde nie sterben, oder aber er hatte die Geschichte falsch interpretiert und geglaubt, er werde seinen Nachkommen ungeheuren Reichtum hinterlassen. Hierzulande merkte sich niemand irgendwelche Daten, und daher wusste man nicht genau, aus welcher Zeit die Burg stammte.

Manche sagten, sie sei in den zwanziger Jahren von einem deutschen Siedler gebaut worden, der nach dem ersten Weltkrieg aus dem ehemaligen Deutsch-Ostafrika in diese freundlichere portugiesische Kolonie gekommen war. Andere behaupteten, sie sei in den späten dreißiger Jahren von einem Deutschen gebaut worden, der Deutschland und der Wirtschaftskrise und dem nahenden Krieg habe entkommen wollen und gehofft habe, hier autark leben zu können. Doch dann war der Tod gekommen, und die Geschichte war ihren eigenen Weg gegangen, und lange vor meiner Zeit – niemand konnte mir sagen, wann – war die Burg aufgegeben worden.

Ich fuhr mit dem Land-Rover so nahe wie möglich heran. Wo einst vor dem Haus ein Garten mit von Betonplatten eingefassten Beeten gewesen war, sah man nun ödes, verdorrtes Brachland, auf dem sich nur hier und da Grasbüschel, ein paar langstielige Zinnien und eine rankende, verwilderte Bougainvillea gehalten hatten. Breite, sehr glatte und noch immer unversehrte Betonstufen führten zur Veranda hinauf. Die Türme rechts und links waren, wie Wehrtürme, mit Schießscharten versehen. Durch die halb offenen Türen warf ich einen Blick in den riesigen, dunklen Salon. Der Boden war mit grobkörnigem Sand bedeckt. Einiges davon mochte der Wind hereingeweht haben; die größeren Brocken hatten vielleicht Vögel beim Nestbau verloren. Es roch eigenartig nach Fisch – ich hielt das für den Geruch des Verfalls. Ich hatte eine gummierte Plane aus Armeebeständen mitgebracht, die ich nun auf der Veranda ausbreitete. Ohne ein Wort legten wir uns darauf.

Die lange Fahrt war anstrengend gewesen. Graças Verlangen war nicht geringer als meines. Das war für mich etwas Neues. Alles, was ich bis dahin gekannt hatte – die Heimlichkeiten in London, die grässliche Provinzprostituierte, die schwarzen Mädchen aus dem Freudenhaus in der Stadt, die mich so lange befriedigt hatten und denen ich beinahe ein Jahr lang so dankbar gewesen war, und auch die arme Ana, die für mich noch immer das vertrauensvolle Mädchen war, das sich auf meinem Wohnheimsofa in London von mir hatte küssen lassen, die noch immer so sanfte, so großzügige Ana –, all das fiel in der nächsten halben Stunde von mir ab, und ich dachte, wie schrecklich es gewesen wäre, wenn ich, wie es leicht hätte der Fall sein können, gestorben wäre, ohne diese tiefe Befriedigung kennen gelernt zu haben, diesen anderen Menschen, den ich eben erst in mir entdeckt hatte. Dafür erschien mir kein Preis zu hoch, keine Strafe zu hart.

Ich hörte jemanden rufen. Zunächst war ich mir nicht sicher, doch dann erkannte ich eine Männerstimme, die aus dem Garten kam. Ich zog mein Hemd an und erhob mich hinter der halb hohen Balustrade der Veranda. Es war ein Afrikaner, eine jener unablässig durch das Land wandernden Gestalten, der am anderen Ende des Gartens stand, als fürchtete er sich vor dem Haus. Als er mich sah, gestikulierte er und rief: »Da drin gibt es Speikobras.« Das erklärte den Fischgeruch, der mir zuvor aufgefallen war: Es war der Geruch von Schlangen.

Nass geschwitzt, wie wir waren, warfen wir uns rasch etwas über, gingen die breite, herrschaftliche Treppe zu den sandigen, verdorrten Überresten des Gartens hinunter und sahen uns dabei nervös um, denn Speikobras waren imstande, einen Menschen aus mehreren Metern Entfernung zu blenden. Im Land-Rover zogen wir uns fertig an und fuhren schweigend weiter. Nach einer Weile sagte ich zu Graça: »Ich rieche dich immer noch an mir.« Ich wusste nicht, woher ich den Mut dazu nahm, doch es schien ganz einfach und natürlich zu sein, es auszusprechen. Sie sagte: »Und ich rieche dich.« Ich liebte sie für diese Antwort. Ich ließ meine rechte Hand auf ihrem Oberschenkel ruhen, so lange ich konnte, und dachte voller Kummer – und jetzt ohne persönliche Scham – an meinen armen Vater und meine Mutter, denen etwas Derartiges nie zuteil geworden war.

Ich richtete mein Leben nach den Treffen mit Graça aus, unbekümmert darum, ob jemand es bemerkte. Ein Teil von mir staunte über mich, über den Menschen, der ich geworden war. Eine Erinnerung an etwas, das vor fünfundzwanzig Jahren in der Heimat, im Aschram, geschehen war, kehrte zurück. Ich muss damals etwa zehn Jahre alt gewesen sein. Ein Kaufmann aus der Stadt kam, um mit meinem Vater zu sprechen. Dieser Mann war reich und spendete Geld an wohltätige religiöse Einrichtungen, doch die Leute trauten ihm nicht, denn es hieß, er führe ein Leben in Verworfenheit. Ich wusste nicht, was das bedeutete, aber gepaart mit den revolutionären Thesen des Onkels meiner Mutter bewirkte es, dass er und seine Reichtümer für mich etwas Schmutziges hatten. Nun war er in eine Krise geraten, und als frommer Mann suchte er Trost und Rat bei meinem Vater. Nach der üblichen Begrüßung und einigen Floskeln sagte er: »Meister, ich befinde mich in einer schwierigen Situation.« Er hielt inne, mein Vater wartete. Der Kaufmann sagte: »Meister, ich bin wie König Dasaratha.« Das war ein heiliger Name. Dasaratha war Herrscher über das uralte Königreich Kosala und der Vater des Götterhelden Rama gewesen. Der Kaufmann lächelte, sehr angetan von seinen Worten und der frommen Einleitung, die er für seine Geschichte gefunden hatte. Mein Vater dagegen war alles andere als angetan. Streng sagte er: »In welcher Hinsicht bist du wie Dasaratha?« Der strenge Ton hätte den Kaufmann warnen sollen, doch er fuhr fort zu lächeln und sagte: »Vielleicht bin ich nicht ganz wie Dasaratha. Er hatte drei Frauen. Ich habe zwei. Und das, Meister, ist die Wurzel meines Kummers –« Weiter kam er nicht. Mein Vater sagte: »Wie kannst du es wagen, dich mit den Göttern zu vergleichen? Dasaratha war ein ehrenwerter Mann. Er war ein Herrscher von unvergleichlicher Gerechtigkeit. Sein späteres Leben war ein Leben voller Aufopferung. Wie kannst du es wagen, dich und deine niedrigen Lüste mit einem solchen König zu vergleichen? Wenn ich nicht ein Mann des Friedens wäre, würde ich dich mit der Peitsche aus dem Aschram jagen.« Diese Episode vergrößerte das Ansehen, in dem mein Vater stand, und als wir Kinder erfuhren, was für ein schändliches Leben dieser Kaufmann führte, waren wir ebenso entsetzt wie mein Vater. Zwei Frauen und zwei Familien zu haben, verstieß gegen die Gesetze der Natur. Wer Ehe und Liebe verdoppelte, führte ein Leben in ständiger Falschheit. Ein solches

Leben entehrte alle Beteiligten; es ließ alle im Treibsand versinken.

So hatte ich damals, mit zehn Jahren, gedacht. Heute dagegen trat ich Ana täglich ohne jede Scham gegenüber, und wann immer ich Luis, Graças Ehemann, traf, begegnete ich ihm mit einer Freundschaft, die ganz echt war, denn sie entsprang einer tiefen Dankbarkeit für Graças Liebe.

Ich entdeckte bald, dass er ein Trinker war und dass der Eindruck, den er bei unserer ersten Begegnung vermittelt hatte – den eines gewalttätigen Menschen, der sich ständig im Zaum halten musste –, von seiner Sucht herrührte. Er trank den ganzen Tag über, sagte mir Graça, als wäre Alkohol sein Treibstoff. Er trank kleine, unauffällige Mengen – nie mehr als ein oder zwei Schlucke Rum oder Whisky –, und niemandem kam je der Verdacht, er könne betrunken sein oder habe sich nicht mehr unter Kontrolle. In Gesellschaft wirkte er sogar eher wie ein Abstinenzler. Graças ganzes Eheleben hatte unter dem Zeichen dieser Trunksucht gestanden. Sie waren von einer Stadt zur anderen gezogen, von einem Haus, von einer Anstellung zur anderen.

Die Schuld an ihrer Ehe gab sie den Nonnen. Auf der Klosterschule hatten sie ihr irgendwann nahe gelegt, Nonne zu werden. Das legten sie allen Mädchen nahe, die aus armen Familien stammten, und Graças Familie war arm. Ihre Mutter war gemischter Abstammung und nicht vermögend, ihr Vater ein in der Kolonie geborener zweitklassiger Portugiese mit einer untergeordneten Stellung in der Verwaltung. Die Schulgebühren wurden von einer religiösen Stiftung bezahlt, und Graça hatte das Gefühl, dass die Nonnen eine Art Gegenleistung von ihr erhofften. Graça war hilflos; sie war schon immer ein gehorsames Kind gewesen, zu Hause ebenso wie in der Schule. Sie sagte nicht nein, denn sie wollte nicht undankbar erscheinen. Monatelang redeten die Nonnen auf sie ein. Sie schmeichelten ihr. Sie sagten: »Graça, du bist kein gewöhnlicher Mensch. Du hast besondere Fähigkeiten. Wir brauchen Menschen wie dich, die dem Orden helfen, seine schwere Arbeit zu tun.« Sie machten ihr Angst, und als sie in den Ferien nach Hause fuhr, war sie so unglücklich wie nie zuvor in ihrem Leben.

Ihre Familie besaß ein kleines Stück Land, etwa zwei Morgen, mit Obstbäumen, Blumen, Hühnern und anderen Tieren. Graça liebte alles dort. Es war, was sie seit frühester Kindheit kannte. Sie liebte die Hennen, die geduldig auf ihren Eiern saßen, die flauschigen, gelben Küken, die piepsend umherstolperten und allesamt unter den ausgebreiteten Flügeln der entschlossenen Glucke Zuflucht fanden, diese Küken, die der Mutter nachliefen, im Lauf der Wochen größer wurden, ein unverwechselbares Gefieder bekamen und unverwechselbare Eigenschaften entwickelten. Sie liebte die Katzen, die ihr über die Felder folgten und wild umherrannten, nicht aus Angst, sondern aus Freude am Leben. Die Vorstellung, diese kleinen Geschöpfe, seien es nun Hühner oder Katzen, ihrer Freiheit zu berauben, bereitete ihr Qualen. Und der Gedanke, dies alles für immer aufzugeben und selbst der Freiheit beraubt zu werden, war ihr unerträglich. Sie bekam Angst, die Nonnen könnten hinter ihrem Rücken mit ihrer Mutter sprechen und diese, eine religiöse und gehorsame Frau, könnte sie ins Kloster stecken. Graça beschloss, Luis zu heiraten, den Sohn eines Nachbarn. Ihre Mutter bemerkte ihre Panik und gab ihr Einverständnis.

Luis bemühte sich seit einer Weile um sie, und er sah gut aus. Sie war sechzehn, er war einundzwanzig. Gesellschaftlich standen sie auf derselben Stufe. Bei ihm fühlte sie sich wohler als bei ihren Mitschülerinnen im Kloster, die meist aus vermögenden Familien stammten. Er war Mechaniker bei einem Händler für Personenwagen, Lastwagen und landwirtschaftliche Maschinen und wollte sich selbständig machen. Schon damals trank er, doch damals schien ihr das eben eine persönliche Eigenart zu sein, ein Ausdruck seiner Unbekümmertheit.

Nach der Heirat zogen sie in die Hauptstadt. In der Provinz, meinte er, werde er auf keinen grünen Zweig kommen und nie auf eigenen Füßen stehen, denn die Reichen hätten alles in der Hand und ließen den Armen keine Möglichkeiten. In der

Hauptstadt wohnten sie zunächst bei einem von Luis' Verwandten. Dann fand Luis eine Stelle als Mechaniker bei der Eisenbahn, und man wies ihnen ein Haus zu, das seiner Position entsprach, ein kleines Haus mit drei Zimmern, das in einer Reihe anderer Häuser stand und so gebaut war, dass es genau in diese Reihe passte. Das Klima hatte man beim Bau nicht berücksichtigt. Das Haus ging nach Westen; es heizte sich nachmittags auf und kühlte erst gegen neun oder zehn Uhr abends ab. Es war schlimm, jeden Tag darin zuzubringen; dieses Leben zerrte an den Nerven. Hier brachte Graça ihre beiden Kinder zur Welt. Nach der Geburt des zweiten Kindes geschah irgendetwas in ihrem Kopf: Eines Tages irrte sie ziellos in einem Stadtteil umher, den sie nicht kannte. Etwa zur selben Zeit wurde Luis wegen seiner Trinkerei entlassen. So begann ihr Nomadenleben. Luis' Fähigkeiten als Mechaniker hielten die Familie über Wasser, und manchmal ging es ihnen sogar recht gut. Er vermochte die Leute noch immer mit seinem Charme zu bezaubern. Er nahm eine Stelle auf einer Plantage an und stieg schnell zum Verwalter auf. So ging es jedes Mal: Anfangs legte er sich ins Zeug und lernte rasch. Doch jedes Mal waren die guten Vorsätze bald dahin; ein Schatten legte sich über sein Gemüt, es folgte eine Krise, und dann kam der Absturz.

Kaum weniger als das Leben mit Luis belasteten Graça die Lügen, die sie praktisch von Anfang ihrer Ehe an erzählen musste, um seine Trinkerei zu verbergen. Ihre ganze Persönlichkeit hatte sich dadurch verändert. Eines Nachmittags kehrte sie mit den Kindern von einem Ausflug zurück und fand ihren Mann in Gesellschaft des afrikanischen Gärtners, eines berüchtigten Säufers. Die beiden tranken selbst gebrannten Bananenschnaps. Die Kinder bekamen Angst; Graça hatte ihnen einen Ekel vor Alkohol eingeimpft. Nun musste sie sich schnell etwas einfallen lassen. Sie sagte ihnen, was ihr Vater tue, sei richtig; die Zeiten hätten sich geändert, und in Afrika gehöre es jetzt zur Gleichberechtigung, dass ein Plantagenverwalter mit seinem afrikanischen Gärtner Schnaps trinke. Bald stellte sie fest, dass ihre Kinder ebenfalls zu lügen begannen. Das war der

Grund, warum sie sie – obgleich sie selbst auf der Klosterschule so unglücklich gewesen war – auf ein Internat schickte.

Jahrelang hatte sie davon geträumt, aufs Land zurückzukehren, zu dem Leben, das sie als Kind kennen gelernt hatte, als die einfachen Dinge – Tiere, Blumen, Obstbäume – sie während der Schulferien auf dem zwei Morgen großen Stück Land ihrer Eltern so glücklich gemacht hatten. Nun war sie also zurückgekehrt und lebte als Frau des Verwalters in einem Herrenhaus mit antiken Kolonialmöbeln. Doch dieser Glanz war Lug und Trug; alles war so ungewiss wie immer. Es war, als würden die Stimmungen und die Beschwernisse der Vergangenheit immer gegenwärtig sein, als wäre der Kurs ihres Lebens schon vor langer Zeit festgelegt worden.

Dies alles erzählte Graça mir im Lauf vieler Monate. Sie hatte einige Liebhaber gehabt, doch das gehörte in ihren Augen nicht zu ihrer eigentlichen Geschichte. Sie standen sozusagen außerhalb, als wäre Graças sexuelles Leben in ihrem Gedächtnis vom Rest ihres Lebens abgespalten. Und so erfuhr ich eher durch Zufall, dass es vor mir andere gegeben hatte, meist waren es gemeinsame Freunde gewesen und einmal sogar ein Vorgesetzter von Luis, der wie ich den Ausdruck in Graças Augen gesehen und ihre Sehnsucht erkannt hatte. Ich war eifersüchtig auf diese Liebhaber – ich, der ich nie eifersüchtig gewesen war. Und der Gedanke an all diese Männer, die Graças Schwäche wahrgenommen und als Signal zum Angriff gedeutet hatten, brachte mir in Erinnerung, was Percy Cato in London zu mir gesagt hatte, und zum ersten Mal begriff ich wirklich, welch brutales Geschäft die Sexualität war.

Mit Graça war ich nun tief in diese Brutalität eingetaucht. Wenn ich von ihr getrennt war, sah ich sie in allen möglichen Posen vor mir. Sie war erfahrener als ich, und unter ihrer Anleitung nahmen unsere sexuellen Begegnungen Formen an, die mich erstaunten, beunruhigten und schließlich entzückten. Graça sagte dann: »Die Nonnen würden das missbilligen.« Oder: »Wenn ich morgen zur Beichte gehen würde, müsste ich wohl sagen: ›Vater, ich habe unkeusche Dinge getan.‹« Und es war schwer zu vergessen, was sie mich lehrte, und das Erblühen dieser neuen Sinne wieder rückgängig zu machen; es war schwer, zu der sexuellen Einfachheit früherer Tage zurückzukehren. Und wie so oft dachte ich bei solchen Gelegenheiten daran, wie unreif die Begierden meines Vaters gewesen waren.

Monate vergingen. Selbst nach zwei Jahren noch fühlte ich mich dieser Sinnlichkeit hilflos ausgeliefert. Zugleich wuchs in mir ein unbestimmtes Gefühl der Leere, und ich begann zu begreifen, warum die Religionen extreme sexuelle Praktiken verbieten.

Eines Tages sagte Ana zu mir: »Weißt du eigentlich, was man über dich und Graça sagt?«

Ich sagte: »Es stimmt, was man sagt.«

Sie sagte: »So kannst du mit mir nicht reden, Willie.«

Ich sagte: »Ich wollte, du könntest dabei sein, wenn wir miteinander schlafen. Dann würdest du mich verstehen.«

»Du solltest das nicht tun, Willie. Ich dachte, du hättest wenigstens Manieren.«

Ich sagte: »Ich spreche zu dir wie zu einer Freundin. Ich habe sonst niemandem, mit dem ich darüber reden kann.«

Sie sagte: »Ich glaube, du bist verrückt geworden.«

Später schien mir, sie könnte vielleicht Recht haben. Ich hatte in einem Augenblick sexuellen Wahnsinns gesprochen.

Am nächsten Tag sagte sie: »Dir ist klar, dass Graça ein sehr schlichter Mensch ist, oder?«

Ich wusste nicht, was sie meinte. Dass Graça arm war? Dass sie keinen gesellschaftlichen Rang besaß? Dass sie nicht besonders intelligent war?

Sie sagte: »Sie ist schlicht. Du weißt schon, was ich meine.«

Etwas später kam Ana noch einmal zu mir und sagte: »Ich habe einen Halbbruder. Wusstest du das?«

»Das hast du mir nie erzählt.«

»Ich würde dich gern zu ihm mitnehmen. Wenn du einverstanden bist, werde ich es arrangieren. Dann bekommst du vielleicht eine Vorstellung davon, womit ich hier zu kämpfen hatte und warum ich damals, als ich dich kennen gelernt habe, dachte, einen Menschen aus einer anderen Welt getroffen zu haben.«

Ich empfand großes Mitleid mit ihr, und ein wenig war ich auch in Sorge, dass ich für das, was ich getan hatte, bestraft werden sollte. Ich erklärte mich bereit, mit ihr zu ihrem Halbbruder zu fahren.

Er lebte im afrikanischen Viertel am Rand der Stadt.

Ana sagte: »Du darfst nicht vergessen, dass er ein sehr zorniger Mensch ist. Nicht, dass er dich anschreien wird. Aber er wird prahlen. Er wird dich spüren lassen, dass du ihm völlig gleichgültig bist und er es aus eigener Kraft zu etwas gebracht hat.«

Infolge der Truppenverstärkung war das afrikanische Viertel sehr gewachsen. Es glich jetzt einer Kette aneinander gereihter Dörfer, in denen Stroh und Schilfrohr durch Wellblech, Beton und Betonplatten ersetzt worden waren. Von weitem wirkte es geduckt, ausgedehnt und unnatürlich gleichförmig. Baumgruppen am Rand zeigten an, wo die ursprüngliche Hüttensiedlung gestanden hatte, die Schilfrohrstadt, wie man sie genannt hatte. In diesem älteren Teil des afrikanischen Viertels lebte Anas Halbbruder. Die Fahrt dorthin war beschwerlich. Die schmale Straße wand sich hierhin und dorthin, und ständig tauchten Kinder auf, die Wasserkanister auf dem Kopf balancierten. Jetzt, in der Trockenzeit, war der Lehm der Straße zu zentimeterdickem rotem Staub zermahlen, der hinter uns und zu beiden Seiten wie Rauch aufwallte. Aus einigen Höfen schlängelten sich dunkle Rinnsale, die im Staub versickerten, und hin und wieder sah man kleine Teiche oder Lachen mit stehendem Wasser. Manche Höfe waren mit Wellblech oder Schilfrohrmatten eingezäunt. Überall spross Grün aus dem Staub – große, verzweigte Mangobäume und schlanke Papayabäume, und in vielen Höfen hatte man Mais, Maniok und Zuckerrohr angepflanzt, sodass man beinahe den Eindruck hatte, man befände sich in einem Dorf. Hier und da gab es Werkstätten, in denen man Betonplatten oder Möbel herstellte, alte Reifen flickte oder Autos reparierte. Anas Halbbruder war

Mechaniker, und sein Haus stand neben einer großen, geschäftig wirkenden Werkstatt voller alter Personenwagen und Kleinbusse, an denen sich drei oder vier Männer in schmutzstarrenden Shorts und Unterhemden zu schaffen machten. Der Boden war schwarz von altem Motoröl.

Sein Haus war besser als die meisten anderen im afrikanischen Viertel. Es hatte keinen Zaun, sondern stand direkt an der Straße – ein niedriges, sorgfältig mit gelber und grüner Ölfarbe gestrichenes Betonhaus. Der Eingang lag an der Seite. Ein sehr alter Schwarzer, vielleicht ein Diener, vielleicht auch ein entfernter Verwandter, ließ uns ein. Entlang der Haupträume, die den Hof an zwei Seiten begrenzten, befand sich eine Veranda. An den beiden anderen Seiten befanden sich Nebengebäude – möglicherweise Unterkünfte für Gäste und Bedienstete – sowie eine Küche. All diese Gebäude waren durch Plattenwege miteinander verbunden, die sich etwa fünfzehn Zentimeter über den staubigen Boden erhoben, denn dieser würde sich in der Regenzeit in einen Morast verwandeln. Aus der Küche und den Nebengebäuden starrte man uns an, doch erst als wir von dem Diener auf die Veranda des Haupthauses geführt worden waren, erschien der Hausherr.

Er war mittelgroß und dunkelhäutig; er sah weder Ana noch mich an. Er ging barfuß und trug ein Unterhemd und sehr kurze, ausgefranste Shorts. Ohne Ana anzusehen, redete er mit ihr in einer Art Kauderwelsch, das ich nicht gut verstand. Sie antwortete ihm in derselben Sprache. Lässig und mit den bloßen Füßen über den Betonboden schlurfend, führte er uns ins Haus, in das Besucherzimmer. Ein Radio spielte mit voller Lautstärke; der Apparat war ein wichtiger Bestandteil des Mobiliars. Die Fenster waren geschlossen; es war dunkel und sehr warm. Ich glaube, er erbot sich, die Klimaanlage einzuschalten, doch Ana lehnte, ebenso höflich wie er, dankend ab. Es war ein Besucherzimmer mit allem, was dazugehörte: einer mit schimmerndem Synthetikstoff abgedeckten Sitzgarnitur, einem Esstisch und dazu passenden Stühlen aus unlackiertem, rohem Holz, die aus einer der Werkstätten stammen mochten, an denen wir zuvor vorbeigefahren waren. Es war kaum genug Platz für all diese Möbel; sie standen dicht zusammengedrängt. Er sprach die ganze Zeit und zeigte Ana, ohne sie anzusehen, seine Besitztümer, und Ana machte ihm Komplimente. Er lud uns ein, in den Sesseln Platz zu nehmen. Ana erwiderte mit einer Höflichkeit, die der seinen in nichts nachstand, dass wir lieber draußen sitzen würden, und so schaltete er das Radio aus und ging mit uns auf die breite Veranda, wo die Stühle und Tische für den täglichen Gebrauch standen.

Er rief etwas, und aus einem der Zimmer trat eine sehr kleine weiße Frau. Sie war nicht jung und hatte ein volles, ausdrucksloses Gesicht. Er stellte diese Frau – seine Ehefrau, wie ich jetzt begriff – Ana vor, und Ana begrüßte sie äußerst liebenswürdig. Die kleine weiße Frau – sie war wirklich sehr klein, nicht viel größer als die mit Ornamenten verzierte Vitrine, an der sie lehnte – bot uns etwas zu trinken an. Sogleich ertönte lautes Geschrei aus der Küche. Der Mann nahm in einem niedrigen Sessel Platz. Mit den Füßen zog er einen Schemel heran und legte die weit gespreizten Beine darauf. Seine ausgefransten Shorts waren so kurz, dass sie kaum sein Geschlechtsteil bedeckten. Die ganze Zeit waren aus dem Hof, aus der Küche und den Nebengebäuden Blicke auf uns gerichtet, doch er sah auch jetzt weder Ana noch mich an. Mir fiel auf, dass er trotz seiner dunklen Hautfarbe helle Augen hatte. Mit langsamen Bewegungen strich er liebkosend über die Innenseiten seiner Oberschenkel. Ana hatte mich auf diese Art von Aggression vorbereitet, sonst hätte ich nur schwer damit umgehen können. Und sehr spät erst bemerkte ich, dass sich, abgesehen von der Frau und der verzierten Vitrine, noch ein weiterer Schatz auf der Veranda befand: eine große Flasche aus grünem Glas, die eine lebende Schlange enthielt und auf einem Tischchen mit einer Wachstuchdecke neben seinem Sessel stand.

Die Schlange war grünlich. Wenn der Mann sie quälte oder reizte, warf sie sich mit beängstigender, urplötzlicher Wut und weit aufgesperrtem Maul gegen das Glas, das bereits mit einer

Art Schleim verschmiert war. Der Mann freute sich über die Wirkung, die die Schlange auf mich hatte. Er begann, sich auf Portugiesisch mit mir zu unterhalten. Zum ersten Mal sah er mich an. Er sagte: »Das ist eine Speikobra. Die kann Sie aus fünf Meter Entfernung blenden. Sie zielt auf alles, was glänzt – auf Ihre Uhr, Ihre Brille, Ihre Augen. Wenn Sie das Zeug nicht sofort mit Zuckerwasser ausspülen, haben Sie ein echtes Problem.«

Auf dem Rückweg sagte ich zu Ana: »Das war schrecklich. Ich bin froh, dass du mich gewarnt hast. Die Prahlerei hat mir nichts ausgemacht. Aber die Schlange – ich hätte am liebsten die Flasche zerbrochen.«

Sie sagte: »Mein eigen Fleisch und Blut. Zu denken, dass er immer da ist. Und damit habe ich leben müssen. Ich wollte, dass du ihn kennen lernst. Wenn du so weitermachst, dann könntest du einen wie ihn zeugen.«

***

Ich kam nicht auf diesen Besuch zurück. Ich wollte nicht mit ihr streiten. Sie war sehr gut und feinfühlig mit ihrem Halbbruder umgegangen, mit der ganzen üblen Situation, und in mir waren alte Liebe und Hochachtung wieder zum Leben erwacht. Die alte Liebe – es gab sie noch immer, und in Augenblicken wie diesen nahm sie sogar zu, doch sie gehörte inzwischen zu einem anderen Leben oder vielmehr zu einem Abschnitt meines Lebens, der beendet war. Ich schlief nicht mehr im großen, geschnitzten Bett ihres Großvaters, aber wir lebten friedlich unter einem Dach, aßen oft gemeinsam und unterhielten uns über alles Mögliche. Sie machte keine Anstalten mehr, mich zurechtzuweisen. Manchmal hielt sie mitten in einem Gespräch inne und sagte: »Eigentlich sollte ich gar nicht mehr mit dir reden.« Doch wenig später nahm sie den Faden wieder auf. Wenn es um die Plantage oder andere Plantagenbesitzer ging, vertraute ich weiterhin ihrem Urteil.

Und ich war nicht überrascht, als sich herumsprach, dass Carla Correia ihre Plantage verkaufen wollte. Ana hatte von Anfang an gesagt, dass sie das tun werde; und trotz aller Beteuerungen, dass sie einer alten Schulfreundin helfen wolle, hatte Carla Luis und Graça das Haupthaus nur überlassen, damit sie es bis zum Verkauf in gutem Zustand erhielten. Carla verkaufte an eine große Immobilienfirma in Portugal, und zwar zu einem Zeitpunkt, als die Preise auf einem Höchststand waren. Wegen des Buschkriegs im Norden und Westen waren sie erst gefallen, dann aber vollkommen vernunftwidrig wieder gestiegen, weil gewisse einflussreiche Leute in Lissabon erfahren haben wollten, die Regierung und die Rebellen stünden kurz vor einer Übereinkunft.

Luis und Graça würden also abermals weiterziehen müssen. Die Immobilienfirma brauchte das Anwesen für ihre Direktoren, wenn sie auf »Inspektionsreise« kamen (offenbar glaubte man, nach dem Krieg ohne weiteres zur kolonialen Ordnung und zum kolonialen Lebensstil zurückkehren zu können). Doch die Dinge standen nicht so schlecht für Luis und Graça. Die Firma wollte, dass Luis der Verwalter der Plantage blieb. Man würde auf einem zwei Morgen großen Stück Land ein neues Haus für ihn bauen, das er nach einigen Jahren zu günstigen Bedingungen würde erwerben können. Bis zur Fertigstellung des Hauses sollten Luis und Graça im Haupthaus wohnen. Das war Bestandteil des Vertrages, den Carla mit der Firma geschlossen hatte. Ana hatte also sowohl Recht als auch Unrecht gehabt. Zwar hatte Carla Luis und Graça in gewissem Sinne benutzt, um ihr Vermögen zu vergrößern, aber sie hatte ihre Schulfreundin nicht vergessen. Graça war selig. Sie hatte kein eigenes Haus gehabt, seit sie Luis geheiratet hatte. Das war es, wovon sie jahrelang geträumt hatte: ein Haus, ein Garten, Obstbäume, Tiere. Sie hatte gedacht, der Traum würde nie in Erfüllung gehen, aber jetzt, nach vielen Umwegen, wurde er Wirklichkeit.

Sehr bald nach dem Verkauf schickte die Immobilienfirma, die es gewohnt war, alles in großem Stil zu erledigen, einen Architekten aus der Hauptstadt, der Graças Haus bauen sollte.

Sie konnte ihr Glück kaum fassen. Ein Architekt, aus Portugal! Er wohnte in einem der Gästezimmer des Anwesens. Sein Name war Gouveia. Er war lässig, großstädtisch und elegant und ließ alle, die hier lebten, altmodisch erscheinen. Er trug sehr enge Jeans, in denen er ein wenig dick und weichlich wirkte, aber es fiel uns nicht ein, das zu kritisieren. Er war in den Dreißigern, und in Kreisen der Plantagenbesitzer schwärmte man für ihn. Schon bald kam er zu unseren sonntäglichen Mittagessen. Da er aus Portugal stammte und für eine Immobilienfirma tätig war, die alte Plantagenhäuser kaufte und auf den Fortbestand der Vergangenheit setzte, nahmen wir an, dass er ein Gegner der Guerillakämpfer war. Doch das Gegenteil war der Fall. Er malte sich genüsslich das bevorstehende Blutvergießen aus und klang beinahe wie Jacinto Correia in alten Zeiten. Wir kamen zu dem Schluss, dass er einer jener Weißen war, die so taten, als wären sie Schwarze. Das war ein Typus, den man in der Kolonie neuerdings immer häufiger antraf: wohlhabende, rein portugiesische Playboys, die sich, wie Gouveia, leicht aus dem Staub machen und ihre Schäfchen ins Trockene bringen konnten, wenn es brenzlig wurde.

Nach etwa einer Woche sprach sich herum, dass Gouveia in der Hauptstadt ein Verhältnis mit einer Afrikanerin hatte. Wie immer, wenn neue Leute eintrafen, machte sich anscheinend auch diesmal jemand daran, Nachforschungen anzustellen, und in den nächsten Tagen hörten wir allerlei Geschichten über diese Frau. Eine davon besagte, sie sei mit Gouveia nach Portugal gegangen, habe sich aber geweigert, irgendwelche Hausarbeiten zu erledigen, weil sie nicht wollte, dass die Portugiesen sie für eine Dienstbotin hielten. Andere Geschichten handelten von ihren Hausangestellten in der Hauptstadt. In einer davon hieß es, diese stritten sich ständig mit ihr, weil sie vor ihr, der Afrikanerin, keinen Respekt hätten. Ein anderes Gerücht behauptete, jemand habe sie gefragt, warum sie eigentlich so streng mit ihren Angestellten sei, und sie habe geantwortet, sie als Afrikanerin wisse eben, wie man mit Afrikanern umgehen müsse. Diese Geschichten klangen allesamt erfunden; sie waren in der Vergangenheit verhaftet, niemand glaubte sie so recht, niemand hatte etwas davon, und dennoch erzählte man sie weiter. Und dann kam die Frau für ein paar Tage aus der Hauptstadt zu Besuch, und Gouveia brachte sie am Sonntag zum Essen mit. Sie war eine ganz gewöhnliche Frau, die still und mit ausdrucksloser Miene alles aufnahm, eine Dorfbewohnerin, die man in die Stadt verpflanzt hatte. Nach einer Weile bemerkten wir, dass sie schwanger war, und von da an nahmen wir uns ebenfalls sehr zurück. Später sagte jemand: »Sie wissen doch, was er damit bezweckt, oder? Er will sich bei den Guerilleros einschmeicheln. Er glaubt, wenn sie kommen und sehen, dass er eine afrikanische Frau hat, werden sie ihn nicht töten.«

Das Haus war noch nicht fertig, da schliefen Graça und ich miteinander darin. Sie sagte: »Wir müssen alle Zimmer einweihen.« Und das taten wir. Wir nahmen den Geruch von gehobeltem Holz und Sägemehl und frischem Beton von dort mit. Doch das neue Haus lockte auch andere an. Einmal hörten wir Stimmen und sahen hinter einer halb fertigen Wand einige Kinder, unschuldig, erfahren, erschrocken über unseren Anblick. Graça sagte: »Jetzt haben wir keine Geheimnisse mehr.«

Eines Tages stießen wir auf Gouveia. Der Blick seiner glänzenden, dunklen Augen ließ keinen Zweifel daran, dass er unsere Absicht erraten hatte. Mit großer Geste erklärte er uns, wie er sich Graças Haus vorstellte. Dann sagte er: »Aber ich will in der deutschen Burg leben. Jedes Haus hat seine Bestimmung, und die Bestimmung dieser Burg ist es, mir zu gehören. Ich werde sie fabelhaft herrichten, und wenn die Revolution kommt, werde ich dort einziehen.« Ich dachte an dieses Haus, an den Ausblick, den Deutschen, die Schlangen. Er sagte: »Schauen Sie nicht so entsetzt, Willie. Das war ein Zitat aus *Doktor Schiwago*.«

Eines Abends, im flackernden Licht der Glühbirnen, kam Ana in mein Zimmer. Sie war außer sich. Sie trug ein kurzes Nachthemd, das betonte, wie klein und zierlich sie war.

Sie sagte: »Willie, es ist so schrecklich. Ich weiß gar nicht, wie ich es sagen soll. Auf meinem Bett sind Exkremente. Ich habe es gerade erst bemerkt. Es war Júlios Tochter. Komm bitte und hilf mir mit dem Bettzeug. Komm und hilf mir, alles zu verbrennen.«

Wir gingen zu dem großen, geschnitzten Bett und zogen das Bettzeug ab. Das Licht waberte, und Ana geriet immer mehr außer sich. Sie sagte: »Ich fühle mich so beschmutzt. Ich habe das Gefühl, als müsste ich stundenlang baden.«

Ich sagte: »Geh unter die Dusche. Ich werde das Zeug verbrennen.«

Ich trug das große Bündel in den verdorrten Teil des Gartens. Ich schüttete Benzin darüber und warf ein brennendes Streichholz darauf. Die Flammen loderten auf, und ich blieb, bis sie heruntergebrannt waren, während der Generator summte und die Lichter im Haus mal stärker, mal schwächer wurden.

Es war eine schlimme Nacht. Ana kam in mein Zimmer, zitternd und noch nass von der Dusche, und ich hielt sie im Arm. Sie ließ es zu, und ich dachte wieder daran, wie sie sich in meinem Studentenzimmer in London von mir hatte küssen lassen. Ich dachte auch an Júlios Tochter, die als junges Mädchen versucht hatte, eine höfliche Unterhaltung mit mir zu führen, die meinen Pass und andere Papiere gestohlen hatte und der ich, ohne mir anmerken zu lassen, dass ich sie kannte, in einem der Freudenhäuser begegnet war.

Ana sagte: »Ich weiß nicht, ob sie es dort hingelegt hat. Vielleicht hat sie sich auch auf das Bett gehockt.«

Ich sagte: »Denk nicht darüber nach. Denk nur daran, dass du sie morgen früh rauswerfen wirst.«

Sie sagte: »Ich will, dass du morgen in der Nähe bist. Du brauchst dich nicht zu zeigen, aber sei in der Nähe, für den Fall, dass sie gewalttätig wird.«

Am nächsten Morgen hatte Ana sich wieder gefasst. Als Júlios Tochter erschien, sagte Ana: »Das war ekelhaft. Du bist seit deiner Geburt in diesem Haus. Du bist ekelhaft. Ich sollte dich von deinem Vater auspeitschen lassen, aber ich werde dich nur hinauswerfen. Du hast eine halbe Stunde Zeit, um zu verschwinden.«

Mit der Keckheit, die sie sich in den Freudenhäusern angewöhnt hatte, entgegnete Júlios Tochter: »Ich bin nicht ekelhaft. Sie wissen ganz genau, wer hier ekelhaft ist.«

Ana sagte: »Verschwinde und komm nie mehr zurück. Du hast eine halbe Stunde Zeit.«

Júlios Tochter sagte: »Sie haben mir nicht vorzuschreiben, ob ich zurückkommen darf oder nicht. Eines Tages werde ich zurückkommen, und zwar eher, als Sie denken. Und dann werde ich nicht in einem Dienstbotenhaus wohnen.«

Ich stand im Badezimmer, hinter der halb geöffneten Tür. Ich war mir beinahe sicher, dass Júlios Tochter meine Anwesenheit spürte, und dachte, was ich die ganze Nacht gedacht hatte: »Ana, was habe ich dir nur angetan?«

Am nächsten Sonntag war unter den Essensgästen ein Mitarbeiter der örtlichen Missionsstation, der soeben von einem Außenposten im Norden zurückgekehrt war. Er sagte: »Die Leute hier und in der Hauptstadt haben keine Ahnung vom Krieg im Busch. Das Leben hier geht weiter wie immer. Aber im Norden gibt es mittlerweile ganze Landstriche, in denen die Guerilleros das Sagen haben. Sie haben Schulen und Krankenhäuser eingerichtet, und sie bewaffnen die Dorfbewohner und bilden sie aus.« Gouveia fragte in scherzhaftem Ton: »Und wann, glauben Sie, werden wir das Donnern der Kanonen in der warmen tropischen Nacht hören?« Der Missionar sagte: »Die Guerilleros sind wahrscheinlich schon längst da. Sie greifen besiedelte Gebiete nie so an, wie Sie es gerade beschrieben haben. Sie schicken unbewaffnete Leute, die wie ganz gewöhnliche Afrikaner aussehen. Und die predigen die Revolution. Sie bereiten die Menschen vor.« Und ich dachte an meinen ersten Tag hier, an die neben der Straße gehenden Afrikaner und daran, dass es mir später so vorgekommen war, als wären diese Anwesen und Häuser aus Beton nichts weiter als Inseln in einem afrikanischen Meer. Gouveia sagte: »Sie meinen, es könnte sein, dass ich jetzt auf der Straße überfallen werde?« Der Missionar sagte: »Gut möglich. Die Guerilleros sind unter uns.« Gouveia sagte: »Ich glaube, ich werde versuchen, zu verschwinden, bevor der Flughafen geschlossen wird.« Sein Ton war jetzt nicht mehr so scherzhaft.

Senhora Noronha sagte mit ihrer Prophetinnenstimme: »Stoff. Wir müssen Stoff horten.« Jemand fragte: »Warum sollten wir das tun?« Außer Carla Correia hatte noch nie jemand so mit Senhora Noronha gesprochen. Sie sagte: »Wir sind jetzt wie die Israeliten in der Wüste.« Jemand sagte: »Ich habe noch nie gehört, dass die Israeliten Stoff gehortet haben.« Und die arme Senhora Noronha, die all ihren mystischen Kredit verspielt hatte, erkannte, dass sie bei ihren Prophezeiungen etwas verwechselt hatte. Sie wandte den Kopf zur Schulter, schloss die Augen und ließ sich im Rollstuhl hinausschieben, hinaus aus unserem Leben. Später erfuhren wir, dass sie nach der Übergabe der Kolonie an die Rebellen als eine der Ersten nach Portugal zurückgekehrt war.

Lange vor dieser Übergabe wurde Graças Haus fertig. Sie und Luis veranstalteten eine Einweihungsfeier. Sie besaßen fast keine Möbel. Doch Luis bewies auch als Gastgeber Stil und bot die Drinks mit einer beinahe verschwörerischen Verbeugung an. Zwei Wochen später waren er und sein Land-Rover verschwunden. Die Polizei, die in unserer Region zu dieser Zeit noch Herr der Lage war, vermutete, dass er von Guerilleros entführt worden war. Da keiner der Beamten in unserer Stadt Kontakte zu den Rebellen hatte, bestand keine Möglichkeit, diesen Verdacht zu bestätigen. Graça war vor Kummer wie von Sinnen. Sie sagte: »Er war so verzweifelt. Ich kann dir nicht sagen, wie verzweifelt er war, seit wir in das Haus gezogen sind. Er hätte glücklich sein sollen, aber es war genau umgekehrt.« Einige Tage später fanden Hirten ihn und den Land-Rover neben einer Viehtränke, ein Stück von der Straße entfernt. Die Tür des Wagens stand offen, leere Schnapsflaschen lagen herum. Luis war beinahe nackt, doch er lebte noch. Er hatte den Verstand verloren – so jedenfalls lautete der Befund. Er konnte nur noch einzelne Worte wiederholen, die man zu ihm sagte. »Sind Sie auf Sauftour gegangen?« Und er sagte: »Sauftour.« – »Haben die Rebellen Sie entführt?« Und er sagte:

»Rebellen.« Sie brachten ihn in das neue, leere Haus. Graça wartete auf ihn. Ich musste an ein Gedicht denken, das ich vor vielen Jahren im Lesebuch der Missionsschule gelesen hatte:

Tot sie ihren Krieger sah,
Jammernd sank sie nicht aufs Knie –
Alle Zofen sagten da:
»Weint sie nicht, so stirbt auch sie.«

Wir schliefen nie wieder miteinander.

Sie pflegte ihn in dem neuen Haus. Das war ihre neue Rolle: Sie war seine Pflegerin. Sie umsorgte ihn so aufopferungsvoll wie eine Nonne eines aktiven Ordens. Hätte nicht Krieg geherrscht, so wäre vielleicht ein Arzt gekommen, der gewusst hätte, was zu tun war. Doch täglich verließen Ärzte und andere das Land; die Plantage war abgelegen und die Straße gefährlich, und Luis mit seiner ruinierten Leber und seinem ruinierten Gehirn siechte in dem leeren Haus dahin.

Von den großen Ereignissen, den Ritualen der Machtübergabe bekam Graça nichts mit. Die Kolonialregierung in der Hauptstadt stellte einfach die Arbeit ein; die Rebellen übernahmen die Macht. Die portugiesische Bevölkerung begann das Land zu verlassen. Die Armee zog ab. Die Kasernen standen leer; nach zwölf Jahren der Geschäftigkeit und der täglich mit geradezu religiösem Eifer veranstalteten militärischen Übungen erschien die Stille beinahe unnatürlich. Nach einigen Wochen der Leere zog eine viel kleinere Rebellentruppe dort ein; sie beanspruchte nur einen Teil des Militärgeländes, das im Verlauf des Krieges beständig erweitert worden war. Der Krieg hatte Menschenleben gefordert, doch es war ein Krieg gewesen, den die Armee eigentlich nicht hatte führen wollen, und das Leben in den Städten verlief bis zum Schluss ganz normal. Der Krieg war wie ein weit entferntes Spiel, und selbst gegen Ende war es schwer zu glauben, dass der Ausgang dieses Spiels irgendwelche tief greifenden Konsequenzen haben würde. Fast schien es, als hätte die Armee aus politischem Kalkül die Guerilleros (mit ihrer Strategie der unbewaffneten Infiltration) unterstützt, um den Frieden in den Gemeinden zu bewahren, sodass die Rebellen, wenn die Zeit gekommen war, funktionierende Städte übernehmen könnten.

Wie nach dem Ausbringen von Herbiziden geschah für eine Weile gar nichts, und man konnte sich der Illusion hingeben, dass sich nichts geändert hatte und dass die Geschäfte weiterhin mit Waren und die Tankstellen weiterhin mit Benzin beliefert werden würden. Doch wie nach dem Ausbringen von Herbiziden traten die Veränderungen unvermittelt ein. Läden wurden geschlossen und nicht wieder geöffnet; ihre Besitzer waren fortgegangen, nach Südafrika oder Portugal. Einige Häuser am Hauptplatz standen leer. Sehr bald waren Lampen auf Torpfosten und Veranden zerbrochen; Glasscheiben, die jahrelang intakt geblieben waren, verschwanden auf geheimnisvolle Weise; schließlich hob irgendjemand die Fenster aus den Angeln, und hier und da faulten Dachbalken, sodass die Ziegeldächer durchhingen. Wir waren der Meinung gewesen, dass die Arbeit der Verwaltung in unserer kleinen Stadt zu wünschen übrig ließ; nun stellten wir fest, dass es sie gar nicht mehr gab. Gullys waren verstopft, und kleine Dünen (auf deren Kämmen büschelweise wildes Gras wuchs und zwischen denen die Rinnsale des ablaufenden Regenwassers Rippen- oder Karomuster aus feinem Sand hinterlassen hatten) wanderten von den Einfahrten Zentimeter um Zentimeter in Richtung der Rinnsteine. Gärten verwilderten und waren binnen kurzem so verdorrt wie der Ziergarten der deutschen Burg, die vor drei Jahrzehnten aufgegeben worden war; das Klima trieb alles in enormem Tempo seiner Bestimmung zu. Die Schlaglöcher auf der Landstraße wurden immer tiefer. Manche Anwesen hatten keine Eigentümer mehr, und afrikanische Familien nahmen, anfangs noch voller Scheu vor Ana und ihresgleichen, die Veranden hinter den rankenden Bougainvilleen in Besitz.

Es waren schwierige Monate. Senhora Noronha hatte uns in den letzten Tagen staatlicher Ordnung geraten, für die bevorstehenden schlechten Zeiten Stoff zu horten. Wir horteten

Treibstoff. Die Plantage verfügte über einen eigenen Tank; wir füllten Kanister und versteckten sie, denn ohne unsere Land-Rover wären wir verloren gewesen. Wir schalteten die Generatoren nicht mehr ein. Unsere Nächte wurden still, und wir entdeckten den Zauber der großen, von Öllampen geworfenen Schatten. Es dauerte nicht lange, und der Verfall setzte ein; bald würde es wieder so sein wie in den Zeiten von Anas Großvater, der dieser Erde, dem Klima, den Insekten, den Krankheiten und auch seinen afrikanischen Nachbarn und Arbeitern ausgeliefert gewesen war – bevor aus der kargen Landschaft eine Art Komfort gepresst worden war wie Blut aus einem Stein.

In ihrem Haus kam Graça recht gut zurecht. In gewisser Weise war dies das Leben, das sie sich immer gewünscht hatte: ein Haus und zwei Morgen Land, dazu Hühner und Obstbäume. Sie war eher als Ana bereit, das neue Regime willkommen zu heißen.

Sie sagte: »Sie wollen, dass wir miteinander teilen. Das Leben ist besser so. Die Nonnen hatten eben doch Recht. Für uns alle ist jetzt die Zeit der Armut gekommen. Wir müssen teilen, was wir haben. Sie haben Recht. Wir müssen sein wie alle anderen. Wir müssen dienen und uns nützlich machen. Ich werde ihnen alles geben, was ich habe. Ich werde nicht warten, bis sie mich darum bitten. Ich werde ihnen dieses Haus schenken.« Ihre beiden Kinder waren, wie viele ihrer Verwandten, nach Portugal gegangen. »Ich war wütend auf sie. In Portugal müssen sie Papiere vorlegen, um zu beweisen, wer sie sind. Wie soll das möglich sein? Wie kann jemand sagen, wer er ist? Sie werden Papiere vorlegen, aus denen hervorgeht, dass sie Portugiesen sind. Das muss ich hier nicht. Mein Großvater ist hier begraben. Er ist jung gestorben. Er ist bei den Ahnen. Ich gehe jedes Jahr zu seinem Grab und spreche mit ihm. Ich erzähle ihm von der Familie. Ich erzähle ihm alles. Das tut mir gut. Natürlich sage ich es niemandem. Die Leute denken, ich gehe zum Markt.«

Ich sah in ihre leidenden Augen und dachte: ›Ich habe mit einer Verrückten geschlafen. Hat es das, von dem ich geglaubt habe, dass es uns verbindet, wirklich gegeben?‹

Als ich Ana davon erzählte, sagte sie: »Sie schenkt ihnen gar nichts. Selbst in ihrem Kummer macht sie sich etwas vor. Sie nehmen es ihr fort. Und sie wollen auch mir alles fortnehmen. Aber ich werde nicht davonlaufen. Mein Vater hat mir die Hälfte von dem gestohlen, was mein Großvater mir hinterlassen hat. Ich werde bleiben und die andere Hälfte verteidigen. Ich werde nicht zulassen, dass irgendwelche Fremden mein Haus in Besitz nehmen oder in meinem Bett schlafen.«

Nach und nach schuf die neue Regierung eine Art Verwaltung. Alles dauerte drei- oder viermal länger als früher, aber wir lernten, damit zurechtzukommen. Es gab wieder so etwas wie einen öffentlichen Dienst. Doch kaum waren die ärgsten Strapazen überstanden, kamen Gerüchte über einen neuen Krieg auf, einen Stammeskrieg. Die Rebellion gegen die Portugiesen hatte im Busch begonnen, und auch der Krieg gegen die Sieger begann im Busch. Die Guerilleros waren von den schwarzen Regierungen der Nachbarstaaten unterstützt worden. Die neuen Rebellen wurden von der weißen Regierung im Westen unterstützt und waren weit gefährlicher. Neue Rekruten wurden bei ihnen mit Blut getauft: Sie mussten jemanden töten. Sie überfielen Siedlungen an den Rändern der Städte, mordeten und brandschatzten und verbreiteten Angst und Schrecken.

Ich glaubte nicht, dass ich einen weiteren Krieg überstehen würde. Für Ana mochte es einen Sinn haben zu bleiben. Für mich hatte es keinen Sinn. Einige Wochen lang war ich völlig durcheinander. Ich wusste nicht, was ich tun sollte. Mir fehlte wohl einfach der Mut, es Ana zu sagen. Es war Regenzeit. Ich hätte gut daran getan, das nicht zu vergessen. Der Schatten spendende Baum vor dem Haus verstreute große Mengen von Blütenstaub, der die halbkreisförmigen Marmorstufen schlüpfrig machte. Ich rutschte aus und stürzte. Als ich in dem heruntergekommenen Militärhospital in der Stadt zu mir kam, waren die Schmerzen in meinem zerschundenen Körper wie ein Spiegelbild jener anderen Schmerzen, mit denen ich seit Monaten, wenn nicht schon seit Jahren lebte.

Als Ana mich im Hospital besuchte, fand ich den Mut, ihr zu sagen, ich wolle mich von ihr scheiden lassen.

Als sie später zurückkehrte, sagte ich: »Ich bin einundvierzig. Ich bin es leid, dein Leben zu leben.«

»Du hast es so gewollt, Willie. Du hast mich darum gebeten. Ich brauchte damals eine Bedenkzeit.«

»Ich weiß. Du hast alles für mich getan. Du hast es mir hier leicht gemacht. Ohne dich hätte ich hier nicht leben können. Als ich dich in London gefragt habe, hatte ich Angst. Ich wusste nicht, wohin ich hätte gehen können. Am Ende des Semesters hätte ich das College verlassen müssen, und ich wusste nicht, wie ich mich über Wasser halten sollte. Aber jetzt ist über die Hälfte meines Lebens vorüber, und ich habe nichts daraus gemacht.«

»Du hast Angst vor dem neuen Krieg.«

»Und selbst wenn wir nach Portugal gehen würden, selbst wenn sie mich hineinlassen würden, wäre es immer noch dein Leben. Ich habe mich zu lange verkrochen.«

Ana sagte: »Vielleicht war es ja auch nicht *mein* Leben.«

März 1999 – August 2000